Shazam!

Coleção Debates

Dirigida por J. Guinsburg

Equipe de realização — Projeto gráfico: Reinaldo de Oliveira; Produçao: Plinio Martins Filho.

álvaro de moya

EDITORA PERSPECTIVA

3ª edição
1977

Direitos reservados à
EDITORA PERSPECTIVA S.A.
Av. Brigadeiro Luís Antônio, 3025
01401 — São Paulo — Brasil
Telefone: 288-8388
1977

COLABORADORES DÊSTE LIVRO

NAUMIM AIZEN, diretor da EBAL.

ENRIQUE LIPSZYC, diretor da Escola Panamericana de Arte (capítulo extraído de seu livro *La historieta mundial*)

HARON COHEN e LAONTE KLAWA, arquitetos, professôres da FAAP

AZIS ABRAHÃO, professor de Pedagogia (capítulo extraído do nº 15 da *Revista Pedagógica*)

JÔ SOARES, autor, ator e diretor de TV e teatro

SÉRGIO AUGUSTO, jornalista, da Editôra Abril e JB.

LUÍS GASCA, jornalista, autor do livro *Tebeo — cultura de massas.*

JOSÉ A. GAIARSA, psiquiatra, autor do livro *A Juventude diante da vida e do amor*

PAULO GAUDÊNCIO, psiquiatra, produtor e apresentador de TV

REINALDO DE OLIVEIRA, produtor gráfico

ÁLVARO DE MOYA, professor de Comunicações da USP, autor, diretor e produtor de Televisão e Cinema.

SUMÁRIO

PREFÁCIO

Os **comics** converteram-se em alimento de consumo de massa para os cidadãos de todo o mundo. Desde princípios do século substituíram aos folhetins semanais, no gôsto do público leitor, de forma parecida à evolução do chocolate solúvel, do café concentrado, ou do purê de batatas ou da sopa desidratada e em envelope. Mas o caso é que êstes produtos de massa, criados sem intuito de transcendência — tal como um nôvo divertimento do qual, como no caso do leite desidratado, não se guarda o recipiente, e que portanto se joga fora depois de ler — sofreram uma incrível transformação, setenta anos depois de sua criação.

É assim que o **comic** popular é hoje em dia objeto de estudo e de análise. A bibliografia mundial sôbre o tema é tão volumosa quanto conseqüente em suas lacunas, quanto minguada em seus temas, quanto limitada em seus alcances. E freqüentemente uma literatura de lugares-comuns e de ditirambos prolongados onde se exalta e enaltece o criador, diferenciando — o que sempre é aconselhável — o bom do mau. Mas esquecendo com freqüência que não só de **foie naturel** vive o homem. E que muitos milhões de leitores se alimentam de batatas cozidas. O **comic** popular, simples, barato, publicou-se e se publica, se consome portanto em grandes quantidades, influi na cultura, língua e costumes de seus inúmeros leitores, modela seus gostos e suas inclinações.

Devemos partir pois da base de que, se aconselhável é exaltar os achados estéticos de Raymond, Hogarth e Caniff, também é imprescindível, vital para esta nova visão da cultura popular, não ater-se aos clássicos e analisar também a êstes compenetrados, humildes e populares personagens criados pelo povo, sem intenção de transcendência.

Considero pois fundamental um livro como o de Alvaro de Moya, que ora se publica no Brasil. Neste país cujas gentes, música, côr e cultura me subjugaram sempre, floresceram também dois tipos de **comics.** Por um lado as criações de um Jayme Cortez, desde seus já distantes tempos de colaborador no semanário *O Mosquito* de Lisboa e de seu antológico *Os Dois Amigos na Cidade dos Monstros Marinhos,* cujo estilo influenciou e influencia ainda os desenhistas brasileiros. Cortez é o zênite da criação artística, o autor que com seu estilo diferenciado e pessoal define tôda uma época. O mesmo sucede com Monteiro Filho e os outros ilustradores, cujas adaptações para as louváveis séries de *Edição Maravilhosa* e *Clássicos Ilustrados* da Editôra Brasil-América merecem ser difundidos para além dos limites brasileiros. E que encontraram no pioneiro Aizen e nos seus filhos o melhor campo editorial. De outro lado, o nìtidamente humorístico, Minas Gerais deu ao mundo a assinatura de Ziraldo, atualmente o maior desenhista do Brasil e um dos mais cotados no mundo. *Pererê* com seus grandes olhos que conhecem tôdas as selvas e tôdas as penas. *Jeremias o Bom* que é vítima complacente ou a *Supermãe* absorvente e amantíssima, trituradora dos melhores sentimentos, são personagens humanos e plenos que dificilmente serão esquecidos.

Ao lado dêles existem no Brasil outras personagens singelas, **tropicalistas** que vão desde *Zé do Caixão* de Mojica Marins no cinema e na fotonovela, até os super-heróis de ficção científica que abundam em tôdas as bancas onde brilham com suas côres de um dia, logo emurchecidas.

Para estudar esta fauna multicolor e dar ao leitor de *Jeremias o Bom* (mas também ao consumidor de *A Filha do Drácula*) uma visão pessoal do **comic** e de seu significado, ninguém melhor que Alvaro de Moya e a equipe que dirige. Moya é hoje em dia amplamente conhecido na Europa devido a suas destacadas participações nos congressos anuais de Lucca, Itália, onde junto com Maurício de Sousa (prêmio especial no último Congresso de Lucca, de Comics), foi um pioneiro e um defensor acérrimo do **comic** brasileiro. Alvaro de Moya, formado na publicidade, televisão e cinema, artes que correm tão paralelas ao **comic**, está realizando um trabalho imprescindível, para dar a conhecer os **comics** de seu país, fora de suas fronteiras. E ninguém melhor capacitado que êle, para divulgar em sua própria terra um indispensável trabalho formativo sôbre o **comic** e seu significado, o qual Moya começou já ao organizar a exposição de São Paulo, a primeira no mundo.

Para dar sua visão panorâmica do **comic**, Moya soube rodear-se dos melhores especialistas radicados no Brasil, velhos amigos meus de outras singraduras nos sucessivos Congressos italianos, nas reuniões de Paris, na Bienal Mundial da Historieta em Buenos Aires, nos longos papos pela madrugada carioca. Naumim Aizen, herdeiro de uma tradição familiar no campo da edição; Sergio Augusto, o primeiro crítico em jornais que iniciou tôda uma escola profissional em um campo inédito quando publicou seus primeiros artigos; Enrique Lipszyc, famoso no mundo inteiro por seus livros, que, em que pêse à sua juventude, lhe valeram o apelido de **avô do comic;** Haron e Laonte, que deram uma nova visão, uma dimensão diferente a seu estudo; e juntamente com êles Reinaldo de Oliveira, Jô Soares, e outros.

Com Alvaro de Moya e sua equipe, o leitor será introduzido num mundo fascinante e ocasionalmente menosprezado. Um mundo que vale a pena ser vivido e recordado.

Luis Gasca

San Sebastian, España
Fevereiro de 1970

Exemplo de página dominical: Suplemento em Quadrinhos *de 1967, tentativa de reeditar o sucesso do "velho"* Suplemento Juvenil. *Nos Estados Unidos, suplemento dos jornais de domingo, em côres, tamanho tablóide, ou seja, 5 colunas de base (aprox. 24x34 cm), com alturas várias. Alguns são do próprio tamanho* standard *do jornal. Histórias completas numa página ou seriado semanal, ou ainda ligando a tira de sábado com a de segunda.*

Exemplo de comic book: *Capa do* Superman em côres *da EBAL de Adolfo Aizen, edição abril de 69, contendo histórias completas em páginas tamanho (caixa) de 15,5x23 cm. Conhecido no Brasil como* gibi.

Exemplo de tira diária: Bidu, *personagem criado por Maurício de Sousa em 59 para* gibi *e hoje divulgado em tiras diárias publicadas em jornais brasileiros. Veiculada em 4 ou 5 colunas. Identificada pelo copyright, assinatura do autor e data ou numeração.* Gags *diárias completas ou histórias em continuação.*

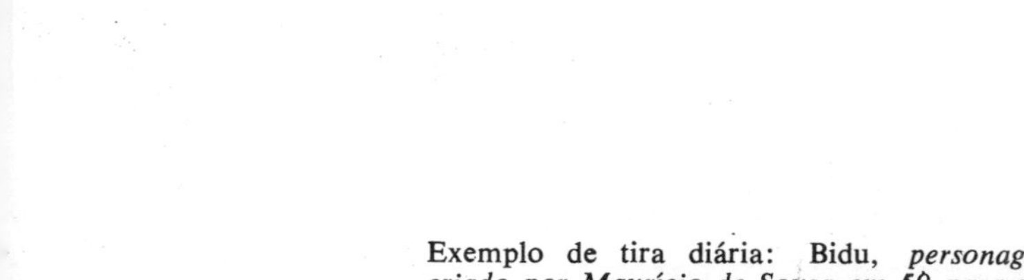

A história em quadrinhos retomou a linguagem gráfica pura e simples das pinturas das cavernas, como vemos neste desenho de J. Carlos na série Lamparina *publicada n'*O Tico Tico *e na pintura neolítica descoberta no Tassili-n-Ajjer no Saara.*

ERA UMA VEZ UM MENINO AMARELO...

Um dia, uma voz no telefone me disse:

— Se eu falar o meu nome, não deve se lembrar, você me conheceu há muitos anos, lá no Progresso. Queria marcar uma entrevista.

Depois, pessoalmente, explicou que era arquiteto, formado pela FAU de São Paulo e estava fazendo um curso pós-graduação sôbre comunicação de massa, contando com a ilustre presença do Prof. Umberto Eco. Acontece que, ouvindo aquêles têrmos modernos e atuais sôbre a voga das comunicações, lembrava-se de já ter ouvido tudo aquilo há muitos anos, lá no Progresso.

Tempo em que era um jovem vindo do interior para prestar exame na Faculdade. Sendo êle judeu, residia nas imediações da Rua José Paulino, onde ficava o Centro Cultura e Progresso, que preparava uma exposição de histórias em quadrinhos. Ajudou a pregar tachinhas e colar legendas naquela mostra feita por um grupo de jovens.

A turma era o Jayme Cortez Martins, desenhista português radicado no Brasil, mestre de desenho de todos nós e que nos tirou de plagiar Raymond, Foster e Caniff para trabalhar com modelos vivos em busca de estilos próprios; Miguel Penteado, desenhista e atualmente editor e industrial gráfico; Reinaldo de Oliveira, produtor gráfico; o escritor Syllas Roberg e eu.

Tínhamos tentado expor no Museu de Arte de São Paulo, mas o secretário, na ante-sala, nos informou não haver interêsse pelos quadrinhos como exposição. Um amigo judeu nos arranjou o Progresso e o nosso grupo de desenhistas brasileiros atacou a exibição para pendurar nas paredes os originais de Alex Raymond, Hal Foster, Milton Caniff, Herrimann, Al Capp, George Wunder, Frank Robbins e outros enviados pelos próprios artistas e pelo **King Features Syndicate.**

Em 18 de junho de 1951, com grande estardalhaço na imprensa (na verdade muito maior do que a exposição, pois nós trabalhávamos em jornal e tínhamos muitos amigos no rádio e na televisão), abrimos a Primeira Exposição Internacional de Histórias em Quadrinhos. Êsse título pomposo foi resultado da carta de um dos artistas americanos que nos confessou ser a primeira vez a lhe pedirem um original para dependurar numa parede duma exposição de arte.

Compreendemos que, por incrível que parecesse, éramos pioneiros no mundo.

O texto, motivo de grandes brigas nossas com seu autor — Syllas Roberg — super-intelectualizado, o mais letrado de nós e guia de nossa cultura literária, era pretensioso.

Debaixo de fotos de Orson Welles, John Steinbeck, Thornton Wilder, Dorothy Parker, Thomas Mann e William Faulkner — não sei se tínhamos lido em algum lugar que êles seguiram **comics**, ou se eram apenas nossos ídolos — via-se escrito, com letrinhas de balõezinhos, "a criança lê, apaixonadamente, histórias em quadrinhos porque já se substituiu, por fôrça de natural evolução, o romantismo, o lirismo enfadonho e ridìculamente fantasiado das histórias de fadas de épocas passadas. Ela lê aquilo que lhe serve de catarse numa idade em que a despreocupação pela leitura é notória".

É bom observar que os nossos escassos recursos de subsistência naqueles tempos eram exatamente ilustrar histórias de fadas para as editôras locais...

Para não deixar margens às dúvidas, adiante, noutro painel, sob o título de **plágio**, colocamos ilustrações de livros de Monteiro Lobato, totalmente plagiadas de *Flash Gordon* e *Príncipe Valente,* ao lado de suas fontes de inspiração, e, não satisfeitos, insistimos com o dono da Editôra Brasiliense, Caio Prado Jr., para que fôsse ver a exposição.

Finalmente, para garantir nosso desemprêgo e fechar definitivamente as portas das editôras do gênero que nos pagavam o jantar de sanduíche de salsicha, antes de irmos ao cinema à noite, sob o título **paradoxo,** colocamos uma página de Wilhelm Busch, com a data de 1892 (o ano certo é 1865) e com a data de 1950, diversas páginas da edição brasileira de *Max und Moritz,* sob o título nacionalidade de *Juca e Chico* e sacamos:

"A maioria de nossas editôras de 'livros infantis' não é, em absoluto, contra as histórias em quadrinhos, apenas encontra-se mais de meio século atrasada no assunto."

Depois dessa, a Melhoramentos pagou-me as ilustrações de um livro, mas qual não foi a minha surprêsa quando, ao sair a publicação, as ilustrações eram de outro. Fui à editôra e explicaram-me que meu traço era excessivamente influenciado pelos quadrinhos...

A continuação do texto de **nós lemos histórias em quadrinhos** seguia: "o adulto lê, atenciosamente, história em quadrinhos porque manterá estreita aproximação com a sátira do genial Al Capp; porque estudará as notáveis exteriorizações do expressionista Will Eisner; porque se embevecerá com o 'poeta da linha' E. T. Coelho; porque apreenderá ou aprenderá extraordinárias composições artísticas com Alex Raymond, Milton Caniff, Hal Foster, etc."

E concluía, "o adulto lê história em quadrinhos porque não será completa a sua atualidade sem mais essa fôrça de expressão".

Em diversos artigos publicados nos jornais da época assinados pelo Syllas e por mim, analisávamos os quadrinhos e na exposição colocamos, sob o título **tendência artística,** Al Capp e Will Eisner juntos. "John Steinbeck disse: Al Capp é o maior escritor da América" e a legenda sob um original do Dia de Maria Cebola (Sadie Hawkins Day), entre uma foto de Steinbeck e Capp, "ao lado de Swift, Tchekhov, Avertchenko, Bernard Shaw, figura Al Capp como um dos maiores satirizadores de tôdas as épocas".

"Tendo vivido na extrema pobreza, grande parte de sua vida nos sótãos de **Greenwich Village** (sic), lutou sempre contra as eternas mentalidades ultrapassadas e bolorentas que hoje fazem parte de suas histórias." Como se vê, nós tínhamos a mania de transferir os nossos problemas para os nossos ídolos, embora estivéssemos fazendo referência à exploração de que Al Capp fôra vítima do autor de *Joe Palooka* (Joe Sopapo), Ham Fisher, quando era seu assistente.

"Genialmente, suas figuras são apresentadas pela parte de dentro, isto é, no avêsso, deixando transparecer tôdas as faculdades negativas e seu lógico simbolismo inerente a todo o mundo, conforme suas próprias palavras: "Decididamente, não é fácil ser humorista 365 dias por ano, em 12 línguas diferentes".

"E então, *Juca Faz Tudo,* o detetive *Fearless Fosdick, Maria Cebola,* o milionário *Fatback, Samuel Casamenteiro,* o *Shmoo,* etc. se identificam com tantas personalidades do mundo atual, bem como satirizadas por outras, que só mais tarde, quem sabe, poderão retirar o véu da genialidade que os cobre."

No painel **o gênio** Will Eisner, embaixo os três quadrinhos superiores duma página de **comic book** de *O Espírito,* estava uma nossa ampliação esquematizada da mesma seqüência (já Eisner nos escrevera que *The Spirit* pertencia ao passado e todos seus originais estavam jogados na garagem de sua casa, impossibilitando-o de figurar ao lado de tão ilustres artistas como os que mencionáramos na carta), a legenda "é, sem dúvida, Will Eisner, o genial criador de *O Espírito,* um dos mais extraordinários artistas do mundo". É o ponto máximo

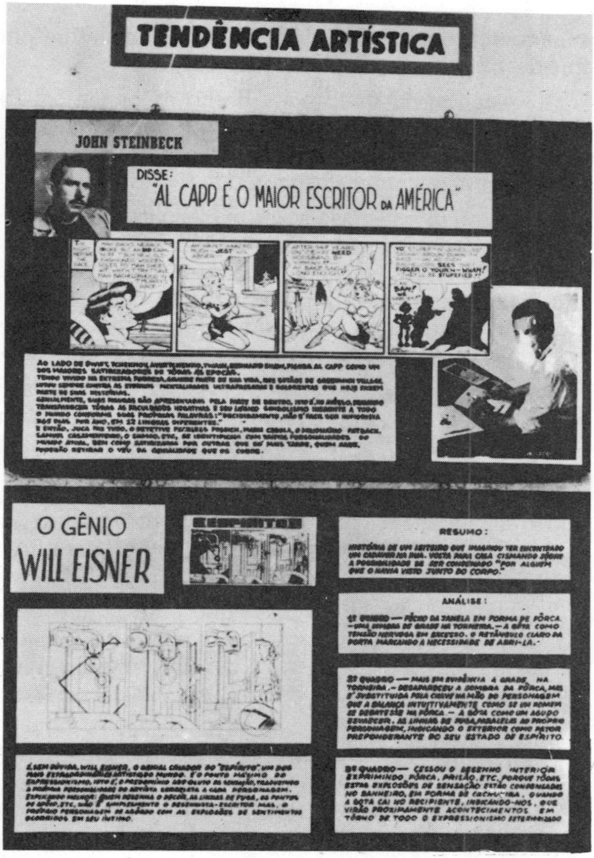

Painel "artesanal" da Primeira Exposição de Comics *feita no mundo, em São Paulo, 18 de junho de 1951.*

do expressionismo, isto é, o predomínio absoluto da sensação, traduzindo a própria personalidade de artista correlata a cada personagem. Explicando melhor: quem desenha o **décor,** as linhas de fuga, os pontos de apoio, etc. não é simplesmente o desenhista-escritor, mas o próprio personagem de acôrdo com as explosões de sentimentos ocorridos em seu íntimo.

"Resumo: história de um leiteiro que imaginou ter encontrado um cadáver na rua. Volta para casa, cismando sôbre a possibilidade de ser condenado "por alguém que o havia visto junto do corpo".

"Análise: 1º quadro — Fecho da janela em forma de fôrca. — Uma sombra de grade na torneira. — A gôta como tensão nervosa em excesso. O retângulo claro da porta marcando a necessidade de abri-la.

"2º quadro — Mais em evidência a grade na torneira. — Desapareceu a sombra da fôrca, mas é substituída pela chave na mão do personagem, que a balança intuitivamente como se um homem se debatesse na fôrca. — A gôta como um agudo esvaecer. As linhas de fuga, paralelas ao próprio personagem, indicando o exterior como fator preponderante do seu estado de espírito.

"3º quadro — Cessou o desenho interior exprimindo fôrca, prisão etc. porque tôdas estas explosões de sensação estão condensadas no banheiro, em forma de cachoeira, quando a gôta cai no recipiente, indicando-nos que virão, pròximamente, acontecimentos em tôrno de todo o expressionismo exteriorizado."

Quando o arquiteto disse que tudo aquilo que ouvia no curso de comunicação de massa lhe parecia coisa já ouvida há muitos anos, lá no Progresso, referia-se, provàvelmente, mais às brigas que sucederam à exposição.

Fundamos a Associação Paulista de Desenho (que não foi além das pernas), para nacionalizar as histórias em quadrinhos, motivo pelo qual os conservadores da época nos acusaram de comunistas, ao mesmo tempo em que as esquerdas nos acusavam de promover a decadente cultura imperialista. . .

De qualquer maneira, êle apresentou sua tese baseada sòmente na minha entrevista, prometendo fazer uma mesa redonda com todos nós para saber, em profundidade, dos verdadeiros motivos que nos levaram a fazer aquela exposição.

Então, sòzinho, pesquisei internamente, honestamente, quais seriam os meus motivos e, no fundo, o que eu, como desenhista, queria mesmo era ver os originais, o papel, a tinta, o uso do pincel e da pena, os retoques, o guache, o tamanho da fôlha etc. Mas nós tínhamos um motivo principal: queríamos fazer quadrinhos e não podíamos concorrer artística e financeiramente com as que vinham do exterior; queríamos um lugar ao sol, mostrar que éramos capazes de fazer grandes coisas com nosso amor pelo cinema, pela literatura, pelo desenho, pelos quadrinhos. Mas, por outro lado, e isso era o mais importante do mundo, se nós não "exteriorizássemos" tudo o que sabíamos sôbre a arte que tanto amávamos — os quadrinhos — quem o faria? Só nós, sòzinhos, no mundo de 1951, éramos capazes de interpretar e brigar pelos nossos ídolos, lutar pela nossa arte, mesmo que isso nos custasse o emprêgo.

E, no fundo, no fundo mesmo, honestamente, se um editor se empolgasse pelo nosso nacionalismo e propusesse não mais editar no Brasil *Flash Gordon, Li'l Abner,* o *Fantasma, Mandrake, Príncipe Valente, Steve Canyon,* o *Espírito* e tôdas aquelas obras-primas para publicar os meus desenhos, eu preferiria abdicar de ser desenhista e continuar a ser um simples leitor de quadrinhos. . .

Os Colombos descobrem os quadrinhos. . .

Hoje, tudo mudou.

Os quadrinhos (**comics,** nos Estados Unidos; **bande dessinée,** na França, **fumetti,** Itália; **tebeo,** Espanha; **historieta,** na América latina), preocupação de pais e mestres se era bom ou mau para as crianças, virou assunto sério de estudo de intelectuais, professôres e universidades na França e Itália, espalhando-se pelo mundo todo. Hoje é **bem** ser leitor de *Minduim, Luluzinha, Tio Patinhas,* uma prova de ser moderno e pra frente. A tal ponto que, em certa faixa intelectual, a cantada não é mais ouvir discos e sim "vamos ao meu apartamento, gatinha, ver a minha coleção de quadrinhos. . ."

Tudo começou com Alain Resnais, diretor de *O ano passado em Marienbad* e *A guerra acabou,* que, antes de seu primeiro filme em longa metragem *Hiroshima, meu amor,* fêz diversos curta metragens famosos como *Van Gogh, Guernica* e seu último **short** foi *Tout la memoire du monde* sôbre a Biblioteca Nacional Francesa. Nesse curta-metragem, citando as importantes coleções lá existente, filmou uma coleção de **bandes dessinées,** de *Mandrake, o mágico.*

O escritor Francis Lacassin, estudioso de quadrinhos, procurou Resnais e soube então que a tal coleção não era da biblioteca, mas particular de Resnais, que era um admirador dessa arte.

Mais ainda, disse que tudo o que era, literária, artística, gráfica e culturalmente, devia ao amor que dedicava aos quadrinhos.

Quando jovem (como num **flash back** em filme do próprio Resnais), vemo-lo como antifascista, razão pela qual com a guerra teve de interromper sua coleção. No após-guerra pedia aos **G.I.s** americanos não chocolates, mas **comic books** para refazer seu arquivo.

Quando menino **(flash** resnaisiano), vemo-lo filmando, amadorìsticamente, em 8mm, *Mandrake, Dick Tracy.* Posteriormente, já consagrado, fêz *L'année dernière a Marienbad,* todo baseado visualmente nos desenhos de *Mandrake*: os jardins, as estátuas, as roupas, os **décors,** a figura de Sascha Pitoeff.

Era sua homenagem a Lee Falk e Phil Davis, depois de universalmente considerado o mais importante cineasta do mundo de sua época, por introduzir uma nova concepção de tempo cinematográfico com os **flashes back,** o que sem dúvida tem algo a ver com o problema do tempo nos quadrinhos, com sua forte sugestão relativista.

Dêsse encontro entre Resnais e Lacassin surgiu o **Club des Bandes Dessinées,** em Paris, com a participação imediata de figuras importantes do mundo artístico europeu, oportunidade em que todos êles se revelaram assíduos leitores e colecionadores fanáticos de quadrinhos.

Enquanto, na França, os estudiosos cuidavam mais do aspecto artístico e estético das **bandes dessinées,** os italianos viam o aspecto educacional dos **fumetti.** Ao mesmo tempo, o Instituto de Pedagogia da Universidade de Roma, no Centro de Sociologia de Comunicações de Massa, dirigido pelo Prof. Romano Calisi, chegava a surpreendentes conclusões no estudo dos quadrinhos, como informou o Prof. Luigi Volpicelli, presidente do Comitê Científico na Mostra de Bordighera em 1965: "O **fumetto** oferece aquela leitura inteiramente assimilável pelos olhos, erradamente atribuída, no passado, ao cinema".

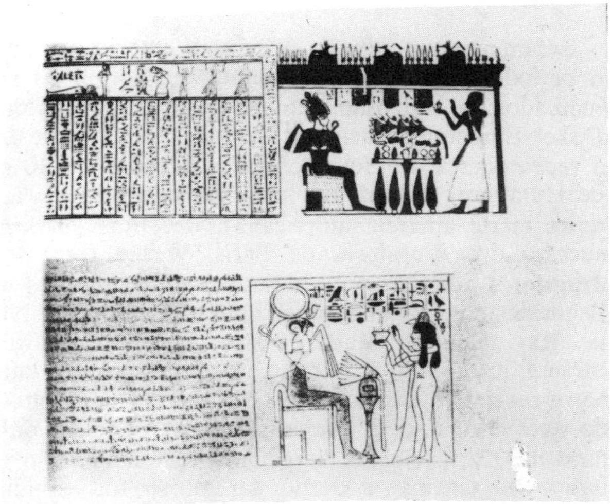

Hieróglifos egípcios sôbre papiro, contendo caracteres hieráticos (na parte superior à direita) que eram utilizados para gravar textos oficiais em pedra. Na foto, gravação sôbre madeira da IIIª dinastia. Os primeiros conhecidos datam do 3º milênio a. C.

Em suma, os quadrinhos são a forma de comunicação mais instantânea e internacional de tôdas as formas modernas de contato entre os homens de nosso século. Mesmo o momento grandioso da história da humanidade, em que o pé do homem pisou na Lua e foi televisado direta e imediatamente, para o mundo todo, já era uma imagem gasta e prevista pelos quadrinhos.

A Terra já era azul nos capítulos domingueiros, em côres, de *Buck Rogers, Brick Bradford* e *Flash Gordon*...

Palmas para êles, que êles merecem!

A fim de compreender como isso foi possível, é preciso pedir emprestado ao matemático inglês Lancelot Hogben, o título de seu livro *From cave painting to comic strip,* para fazer um rápido histórico da comunicação visual e gráfica do Homem.

Antes, porém, convém esclarecer que essa retomada dos quadrinhos pelos europeus tem algo a ver com o isolamento em relação à cultura americana, durante o período da guerra. O encantamento com os supermercados; o endeusamento do **jazz**, a receptividade a Duke Ellington, Thelonius Monk, Louie Armstrong; a redescoberta de Hollywood das décadas de 30 e 40; de Humphrey Bogart; dos policiais que geraram a **série noire** (série amarela americana); das fitas em série; o sucesso dos **drugstores** de Paris, versão francesa dos **drugstores** americanos; a descoberta de diretores classe B americanos, como Samuel Fuller, Don Siegel, Nicholas Ray, além de Raoul Walsh, Henry Hathaway, é exemplificada com o fato de *Citizen Kane*, o filme elo entre o clássico Eisenstein e Griffith com uma antevisão do que viria a ser a **nouvelle vague**, o cinema publicitário na TV, o cinema bergmaniano, felliniano, o filme básico do cinema moderno, enfim, só foi exibido na Europa depois de finda a guerra. Isso tudo levou um crítico inglês a escrever que *Cidadão Kane* adquiria uma importância maior visto no após-guerra do que no ano de 1941, quando fôra produzido em Hollywood. Finalmente, enquanto os americanos, cansados da produção em massa, passam a apreciar o artesanato, os europeus americanizam-se, apaixonando-se pela massificação **made in USA.**

Quando o govêrno fascista italiano começou a censurar e proibir os quadrinhos americanos, Cesare Zavattini era roteirista de **fumetti**, Fellini desenhava e escrevia quadrinhos seus e alheios, Damiano Damiani desenhava quadrinhos seus.

Mas foi graças àquele grupo de europeus que, corajosamente, depois de consagrados artìsticamente no mundo todo, tiveram a honestidade de se confessar formados pelo meio de expressão que seus pais e professôres condenavam como deletérios para a infância, mostrando, pelo contrário, com suas próprias vidas, a negação das acusações do Dr. Frederic Wertham, no livro *Sedução dos Inocentes*, que preconizava quase a danação dos infernos para as crianças que tivessem lido **comics.**

O mundo deu um enorme salto à frente, corrigindo uma injustiça da crítica de arte, que ignorou, durante

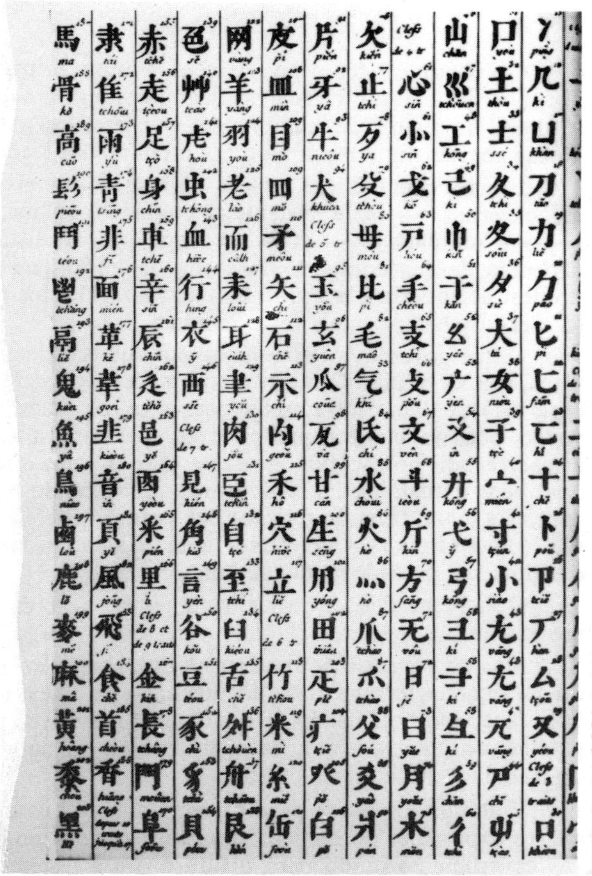

Grafia chinesa de cantão, kanji, *usada também pelos japonêses, têm, contudo, significados completamente diferentes nos dois países: uma só figuração quer dizer uma coisa na China, outra no Japão...*

meio século, a importância dos quadrinhos no mundo contemporâneo.

O mundo é grato aos europeus por mais essa.

Da pintura das cavernas aos quadrinhos

Vejamos o que o homem das cavernas fazia.

Ou o que êle fêz e nos deixou. Pintou as paredes das cavernas em que vivia e nos legou a imagem simples e direta da figura de um homem a correr, as pernas longas abertas, uma lança na mão, atrás de um bisonte.

E eis a maravilhosa síntese de um **modus vivendi:** nas cavernas, — onde sustentava mulheres, velhos, crianças e mutilados, — vivia da caça, sua subsistência dependia de sua coragem, da sorte, da vitória ou não, do destino; a vida e a morte estavam ali. O mais corajoso era o chefe, o mais forte dominava.

O que governava impunha-se por sua coragem, sua fôrça, sua violência. O mais fraco e mais inteligente (ou esperto?) se lhe contrapunha com seus oráculos, prevendo boa ou má fortuna na caça, perigos, ameaças, estabelecendo horóscopos, deuses e diabos, céus e infernos, bem e mal, justiça e injustiça, divinizando astros como sol e lua, fazendo fetiches dos grandes chefes mortos, conversando, — conversas com o além e com os espíritos do passado e do desconhecimento.

O homem das cavernas vivia entre a fôrça e a ignorância.

Mas o progresso se revelou na descoberta do fogo, do fabrico de ferramentas, do machado de sílex (símbolo fálico até hoje usado pelo *Alley Oop, Brucutu*), do plantio, do planejamento, da compreensão da natureza, do trabalho, do interêsse coletivo.

Voltemos os olhos para aquelas maravilhosas primeiras expressões do homem, imortalizadas nas pinturas das cavernas, deixando para o futuro o seu testemunho de sua época, não acreditando tão-sòmente no canto e na dança, nos gritos guturais de caça, nos choros e nos risos, mas sentindo a necessidade de gravar, eternizar a vida na pintura rupestre.

Infelizmente, a separação dos homens, as migrações, a derrota diante da natureza hostil, as lutas e as guerras, os sacerdotes e os generais, as dissensões, a distância, a incomunicação, os costumes, o progresso de uns e o atraso de outros, os interêsses de poucos querendo prevalecer sôbre a maioria, tudo isso foi separando os homens, clãs, tribos, agrupamentos, ilhas, árvores, cavernas, palafitas, em diferentes agrupamentos de sons, cantos e danças, em desenhos diferentes e em línguas diferentes.

"A linguagem escrita se destacou daquela comumente falada e conduziu depois a uma linguagem falada restrita às elites. Duas classes e duas línguas." Ugo Spirito em *Problemas de Ulysses,* 1961.

Os hieróglifos já eram uma mistura de letras aos desenhos. Todo mundo se lembra disso: na escola, os

Detalhe (acima) e conjunto da cena de Adoração de Cristo. Extraído do manuscrito do Apocalipse (aprox. 1230) do Trinity College Library, *em Cambridge.*

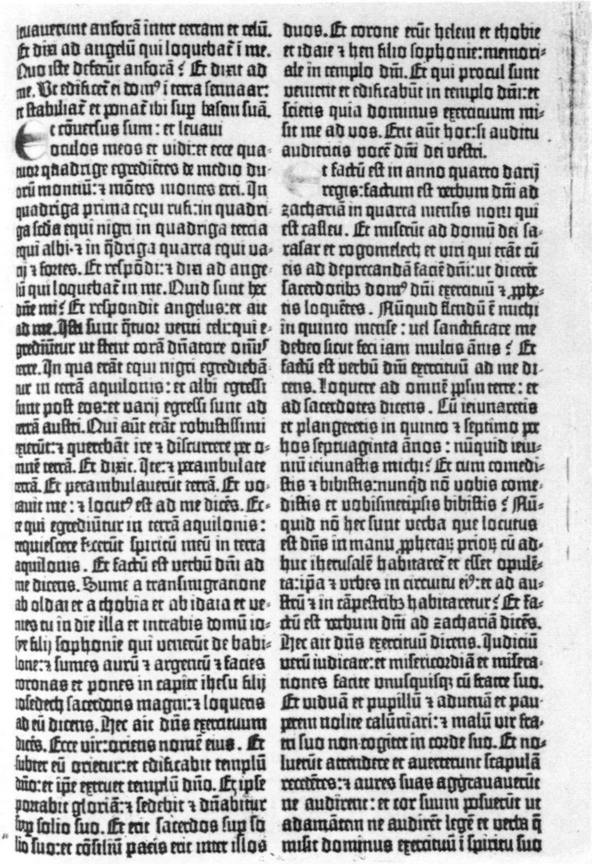

Página da Bíblia de Gutemberg de 42 linhas (1452).

livros traziam o nome de Cleópatra, graças a Champollion, a pedra Rosetta, etc. Nesse tempo, os egípcios faziam **charges** ou **cartoons** colocando cabeças de animais em corpos de homens ou mulheres, para fazer sátiras.

Os monumentos egípcios, trazidos pelo Império Romano (como a Coluna de Trajano), mostram, como numa história em quadrinhos, tal faraó construindo uma pirâmide para seu túmulo, glorificando seu govêrno. Tal historieta começa lá em cima e vem, enrolada qual um pergaminho, descendo até o pé.

Como se vê, o primeiro gibi **(comic book)** importado para a Itália custou um bocado de sangue e suor.

As letras japonêsas (conforme a grafia chinesa de cantão, kanji) são as mais próximas do figurativismo inicial das letras. Hoje, a figuração gráfica de gente (hito) é um *Y* de cabeça para baixo, lembrando as pernas e o corpo daquela figura das cavernas. Uma figu-

O alemão Albrecht Dürer narra, em seqüência de gravuras, o drama da Paixão de Cristo. Note-se o quadro do alto à esquerda datado de 1509 e o seguinte, 1510.

Goya, que desenhou a série Desastres da guerra *entre 1810 e 1820, aqui mostra um antecedente da historieta sem palavras na* Captura do bandido maragato pelo monge Pedro de Zaldivia. *Seqüencia pintada a óleo.*

ração gráfica de árvore (ki) aliada a outra figura igual quer dizer bosque (hayashi), e uma figura grande de árvore com outras menores quer dizer floresta (mori).

Eis a filosofia oriental. Uma figura de homem ao lado de uma figura de árvore quer dizer repouso, ou seja, brasileiramente, sombra e água fresca.

O nome Japão, em japonês, é Nippon e significa Terra do Sol Nascente. A figuração gráfica de sol era o desenho como as crianças fazem o sol: uma bola, com os riscos do brilho em tôrno. Ficou um sol quadrado e os riscos se resumiram num só, cortando-o.

Os cantores da Idade Média valorizavam suas apresentações populares com posters *em imagens seriadas. Embaixo,* Voyages et aventures du Dr. Festus, *do suíço Töpffer, surgiu em 1829. Foi reeditado com novos desenhos em 1840. O sucesso fêz surgir muitas contrafacções.*

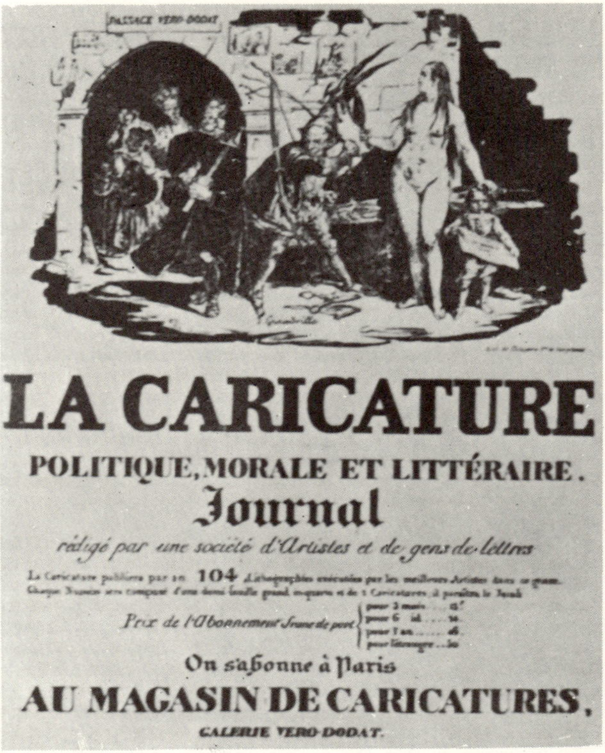

Philipon em 1830 lança La Caricature, *jornal satírico ilustrado por Daumier, Decamps, Monnier e Gavarni.*

A figuração gráfica que significa mulher (onna), junto com a figuração gráfica de casa (ie), quer dizer mulher na casa. Novamente a filosofia oriental. Duas figuras de mulheres na casa quer dizer: briga.

Aquêles quadrinhos ("Via Sacra") que vemos nas igrejas de interior contando a Paixão de Cristo (desde Dürer) já eram as histórias em quadrinhos de então.

As sombras chinesas, a lanterna oriental, precursoras do cinema, tinham uma origem nas ilustrações continuadas. Os painéis miniaturas de Bruegel, mostrando as estações do ano, formam uma continuidade. E as gravuras de Goya contra os desastres da guerra, man-

O ilustrador alemão Busch cria diversos personagens em histórias completas entre os quais Max und Moritz *(1865), gênese de uma série de garotos terríveis dos quadrinhos.*

O estilo inglês de ilustração, com legenda na França em L'espiègle Lili (*1909*) *por Jo Valle e A. Vallet.*

tendo a tradição de documento de época gravado para a posteridade.

Mas foi com a descoberta da impressão, por Gutemberg, que tudo se precipitou, o grande salto foi dado. Os livros começaram a divulgar a escrita e foram ilustrados.

A Bíblia de Gutemberg passou a ser a Bíblia de Doré.

Os folhetins ilustrados, romances seriados, eram vendidos de porta em porta, regularmente, como as novelas de hoje na TV. Os crimes pavorosos da época eram vendidos em **posters** nas feiras populares, como a literatura de cordel do nordeste brasileiro. O ilustrador inglês William Hogarth retratou sua época política com grande minúcia de costumes, em crítica violenta. Charles Dickens, o escritor mais popular de sua época, editou os *Pickwick Papers.* Pellerin publicou *Images d'Épinal* ilustrados por Caran d'Ache e Benjamin Rabier. Töpffer, pintor suíço, realiza em imagens *Les Amours de Monsieur Vieux-bois,* endereçado aos adultos. Em 1845, Hoffmann publica *Struwwelpeter,* um menino distraído e desobediente. Também na Alemanha, em 1865, o pintor Wilhelm Busch cria os primeiros personagens célebres das ilustrações em continuação: a obra-prima *Max und Moritz.*

Yellow Kid.

O amarelo na bandeira americana

Mas foi com o **boom** da imprensa americana, a luta Pulitzer vs. Randolph Hearst (vulgo *Citizen Kane*), que os suplementos dominicais coloridos surgiram, acompanhando os jornais, na figura de *Yellow Kid* (O Menino Amarelo), com seu panfletário camisolão amarelo, desenhado por Richard Fenton Outcault no *New York World,* de 1895.

Os editôres notaram que o público preferia os textos com imagens e a possibilidade de lançar jornais coloridos aos domingos levou-os a encomendar máquinas especiais.

Dizem que, quando o *World* instalou uma impressora em côres, em 1893, um dos técnicos do jornal, Benjamin Ben-day, se encaminhou à prancheta do ilustrador e pediu para testar a côr amarela naquele camisolão. Nesse momento histórico, nasciam duas coisas importantes: os **comics** como os concebemos hoje, com personagens periódicos e seriados; e o têrmo "jornalismo amarelo" para designar a imprensa sensacionalista, em busca do sucesso fácil com o grande público. Na verdade, tratava-se, nada mais nada menos, do que uma reação de conservadores que temiam a divulgação dos fatos de maneira massiva, através de uma imprensa cada vez mais popular, cada vez mais ao alcance de todos.

"A **alfabetização,** por assim dizer, da sociedade é um fenômeno que alcança sòmente zonas restritas sociais, as quais inevitàvelmente tendem a excluir o acesso ao restante vastíssimo setor da sociedade." Karl Mannheim, *Ideologia e Utopia,* 1957.

No Brasil, a tal "imprensa amarela" ficou conhecida como "imprensa marrom". Talvez porque o subdesenvolvimento era tal que a tentativa de imprimir a riqueza do nosso amarelo se frustrou num amarronzado de m (*)...

O Menino Amarelo se transferiu do *World* de Pulitzer para o *New York Journal* de Hearst em 18 de outubro de 1896, motivando um dos primeiros processos

A. Mutt *(1907) de Fisher, possìvelmente a primeira tira diária em quadrinhos nos jornais americanos.*

Krazy Kat, de Herriman.(1911), a primeira historieta a ser elogiada por um crítico: Gilbert Seldes em 1926.

autorais na imprensa. E também abrindo caminho para a posterior formação de **trustes** econômicos americanos para distribuir (sob o nome de **Syndicates**) os **comics** no mundo todo, como *King Features, United Featurës, NEA Service, Chicago Tribune, News,* etc.

Mantendo a tradição das **charges** políticas, o camisolão do *Kid* exibia frases panfletárias ou cômicas a cada quadrinho. Seus amigos viviam em *Hogan's Alley,* típica favela **(slum)** nova-iorquina. A anarquia do comportamento do Menino e sua turma era contra o **establishment.**

Os parentes terríveis

Vai daí, Outcault cria *Buster Brown,* a figura típica do menino burguês de então, com sua roupinha e chapéu, durante décadas representando o menino que ganhou um terninho de marinheiro no fim do ano, pelo seu comportamento exemplar.

Mas BB (*Buster Brown*) também era anarquista, mantendo a tradição iniciada por MM (*Max und Moritz*). No Brasil, a primazia coube à revista *O Tico-Tico,* que lançou os quadrinhos para o nosso público em 11 de outubro de 1905, com o *Buster Brown* batizado de *Chiquinho.* Quando Outcault parou de fazer o personagem nos **States,** aqui no Brasil o *Chiquinho* era tamanho sucesso que a revista continuou o personagem, desenhado por artistas brasileiros: Loureiro, Rocha, Alfredo Storni, Paulo Affonso, Osvaldo Storni (filho de Alfredo) e Miguel Hochmann.

Na mesma linha, primos de *Max und Moritz,* Rudolph Dirks cria, nos Estados Unidos, os *Katzenjammer Kids* (Os sobrinhos do Capitão), falando um inglês alemãozado. Dirks briga com Hearst e lança *The Captain and the Kids* com a *United Press,* provocando o aparecimento da legislação americana a respeito do **copyright** do personagem em **comics,** os quais passam à órbita dos **syndicates,** poderosos grupos econômicos internacionais, cujas cabeças são **King Features Syndicate** (de Hearst) e **United Features Syndicate** (da UPI). Naquele tempo, a Justiça deu uma de Salomão, permitindo a existência de Dois Capitães e Quatro Sobrinhos: o da **UP** feito por Dirks e o do **KFS** por Knerr, até a morte de ambos. Atualmente são desenhados por outros, mantendo a mesma linha, ou melhor, a mesma falta de linha dos moleques.

O surgimento de diversas personagens e grandes desenhistas traz grandes confusões nas assertivas dos historiadores — cujo estudo dos **comics** só começou com grande atraso — quanto à introdução do **baloon** ou da onomatopéia (ruídos ilustrados: bang, boom, crash, **zzzz**), pois as **charges** anteriores aos quadrinhos já ti-

Parada dos personagens de Walt Disney, mundialm

nham **baloons.** (V. engano da *Encyclopedia Britanica,* que atribui a Swinnerton os balõezinhos.)

Mas convém destacar algumas criações dessa época pela sua importância. James Swinnerton, com um traço puro e delicado, desenhou bonequinhos infantis quase tridimensionais, como *Little Bears and Tigers.* Bud Fisher criou Mr. Mutt à sua imagem e semelhança: já na primeira tira surgida, apostando em cavalos. Custou a convencer, em 1907, os editôres de jornais a publicar seu personagem com **gags** diárias em tiras (um **daily strip)** em vez da **sunday page in color,** como aparecia até então todo personagem em quadrinho. Mr. Mutt, que era muito alto, logo encontrou Mr. Jeff, que era muito baixo e ficaram os companheiros *Mutt & Jeff,* hoje desenhado com a mesma criatividade por Al Smith. Até a assinatura fora de moda é semelhante entre Fisher e Smith.

Aliás, a assinatura dos desenhistas mereceria um estudo especial. A letra, o quadrado que a circunda ou não, a grafologia, a megalomania, a progressão dos anos, a repetição do clichê em prova **couché** da assinatura padronizada, ou ainda a assinatura feita pelos assistentes. No caso, Jules Feiffer dizia que, quando era assistente de Will Eisner, tinha uma assinatura ainda mais bonita que o próprio autor.

Winsor McCay, em 1905, cria *Little Nemo in Slumberland,* alcançando tal qualidade de desenho e arquitetura, que chegou a antever o uso de lentes de grande abertura, em previsão das grandes telas em Cinema Scope, 70mm ou 140D, coisa que só atualmente a técnica mais avançada da fotografia e do cinema conseguiu alcançar.

...hecidos através do desenho animado e quadrinhos.

Zig et Puce *de Alain Saint Ogan.*

O artista gráfico de prestígio na época, Lyonel Feininger, é trazido da Europa pelo *Chicago Tribune* e estréia em 1906. E, pasmem, nem assim os críticos de arte se dignaram a olhar para os quadrinhos. Hoje, nosso trabalho é muito dificultado pela cegueira dos que deveriam estar vendo a arte naqueles inícios do século XX. Cegos, ou com os olhos voltados para o século anterior e não para o futuro.

Em 1911, George Herriman lança *Krazy Kat,* com um traço característico e um texto excepcional, suscitando o aparecimento de *Gato Félix* logo depois e tôda a fauna de Walt Disney. Quando Herriman morreu, aconteceu um caso único. O *Syndicate* (distribuidor) não tentou publicar a história com outro artista (como já se tornara praxe), por julgar impossível prosseguir uma obra tão pessoal.

É pena que certas séries não fôssem também encerradas quando seus criadores as terminaram, pois a ganância dos distribuidores as fêz continuar com outros ilustradores, em detrimento da qualidade, como *Flash Gordon,* que, depois de abandonado por Alex Raymond, nunca mais logrou o mesmo nível qualitativo, a não ser em algumas poucas partes desenhadas por Briggs ou Al Williamson. A tal ponto que, quando se fala em Gordon, a imagem-ícone que nos vem à memória é a do atleta louro de Yale, tal como Raymond o criou.

O órgão do Partido Comunista Americano, *Daily Worker,* vendo o sucesso dos personagens em quadrinhos, lança a sua versão linha justa: *Lefty Louie.* Em português, Luizinho Esquerdinha...

Na França e na Itália, três anos depois do *Tico Tico,* aparecem *l'Épatant* (publicando, com êxito sem precedentes, o *Pieds-Nickelés* de Forton) e *Corrieri dei Piccoli.*

George Mc Manus que introduzira o tema familiar nos quadrinhos em *The Newlyweds* (Os Recém-Casados), transforma-o no *Bringing up Father* (Pafúncio e Marocas). Com isso, desencadeia o surto de histórias pequeno-burguesas das famílias americanas de subúrbio, refletindo a ascensão destas com a Primeira Guerra Mundial.

O detetive, o homem-macaco e o espaço

Mas, como contrapartida, reflexo duma época, surge a aventura dentro dos **comics** em 7 de Janeiro de 1929, com as ilustrações de Hal Foster para os romances de *Tarzan,* em páginas dominicais e tiras diárias (estas feitas por Rex Maxon, que o *Suplemento Juvenil* assinava como Nixon). Posteriormente, Foster passou a fazer uma história sua, *Príncipe Valente,* e

O gato Félix, *do australiano Sullivan.*

Hogarth veio a ser o criador gráfico mais perfeito do homem-macaco, na mesma época em que Johnny Weissmüller, no cinema, era o intérprete fílmico mais representativo do filho das selvas.

Também em 7 de Janeiro de 29, a **science fiction** aparece nos **comics** com as aventuras de *Buck Rogers* escritas por Philip Nowlan, desenhadas por Dick Calkins, lapidadas por John F. Dille e orientadas por um cientista, Prof. Selby Maxwell.

Os animais socorrem o filho das selvas num quadro característico de Burne Hogarth.

Como reflexo da lei sêca e do **gangsterismo,** surge o desenho rude e vìolento, em traço sêco, de Chester Gould, a imagem do detetive, figura que determinaria a personagem realista do detetive marginal, particular, semipolicial, de tôda a literatura do gênero, tirando-a do ranço **sherlockiano** de Conan Doyle.

O fim do raciocínio, o início da ação.

A substituição do cachimbo torto pelo cigarro no canto da bôca de Bogart.

Em vez do mordomo calculista ou do herdeiro manhoso, o vilão-gangster, violento e ativo. Contra o detetive de revólver e sôco prontos, surgem os vilões sádicos, bandidos atrozes, demonstrando tôda a criatividade do autor, que lança tipos inesquecíveis de bandidos não-quadrados, todos descrevendo aquela aura-chavão, maravilhoso clichê, estereótipo do "pena que êle tenha se dedicado ao crime..."

Essas três criações de sucesso, Tarzan, Rogers e Tracy, produziram uma reviravolta na história dos quadrinhos, iniciando a chamada **golden age** (era dourada) dos **comics.**

A década de 30.

Era em que surgiram alguns dos mais importantes personagens dos quadrinhos, motivo da idéia de massificação e visão cosmopolita dos heróis e sua mitologia, suas figuras fetichistas em ícones gráficos.

O **King Features,** para concorrer com os três sucessos, abriu um concurso que revelou um artista de seu próprio **staff,** pois trabalhava como **fantasma** (ghost) de *Tim Tyler's Luck.* Era o jovem Alexander Gillespie Raymond, **office boy** desempregado na **crack** de Wall Street, vizinho de Russ Westower a quem pediu emprêgo e foi recomendado a Chic Young, o qual achou que o estilo dêle seria mais útil a seu irmão Lyman.

Alex Raymond conseguiu vencer os três certames do **KFS** com *Flash Gordon* (para concorrer com Ro-

A violência da morte de Flattop, um dos extraordinários vilões da série policial de Chester Gould, Dick Tracy.

Jim das Selvas *nos inícios de Raymond.*

gers), *Jungle Jim* (vs. Tarzan) e *Bill, o agente secreto X-9* (anti-Tracy).

X-9 era um roteiro do maior escritor de policiais de todos os tempos: Dashiell Hammett, ex-detetive particular nos duros tempos das **gangs** nascidas em Chicago, começou a escrever histórias baseadas em sua experiência pessoal, muito diferente dos detetives d'antanho. Foi o introdutor do realismo no policial. André Gide diz que Hammett elevou o policial à altura da tragédia grega.

Os críticos literários, porém, não atentaram para esta experiência do grande escritor nos quadrinhos. Já sua participação no cinema teve outra sorte, destacando-se *The Maltese Falcon,* com Bogart, primeiro filme dirigido pelo escritor John Huston, e pela série de filmes do *Thin Man* com Mirna Loy e William Powell, produzido pela **MGM.** Muitos anos depois, a mesma Metro fêz uma série para TV do *Thin Man* com Peter Lawford, omitindo, porém, o nome de seu autor. Por quê?

Uma tragédia americana

Porque a história da vida do maior escritor de policiais americano jamais poderá ser contada na *Seleções do Reader's Digest.* Êle não terminou sua carreira como rico fazendeiro do Texas que descobriu petróleo em suas terras. Terminou um pouco diferente.

Naqueles tempos da Guerra de Espanha, Hammett era membro do Partido Comunista Americano e, tôda vez que era prêso por suas atividades subversivas, tinha sua fiança paga por um milionário da família Vanderbilt, seu admirador fanático. Até que veio a caça às feiticeiras, do Senador Joseph McCarthy, de triste memória na democracia americana. Dashiell Hammett era o presidente de uma comissão para angariar fundos a fim de pagar advogados para a defesa do Comitê Central do PCA que estava prêso.

Nos tempos negros de 1950, todos da comissão foram presos, os advogados idem e mais que todos o presidente da comissão. E Vanderbilt foi avisado de que, se pagasse a fiança de Hammett, seria prêso também...

Uma raridade: ilustração de Alex Raymond para as fotos de propaganda de Captain Blood *com Errol Flynn, produzido pela Warner em 1935, época áurea de* Flash Gordon.

Os Dez de Hollywood foram presos. Liberais como Frank Sinatra, Danny Kaye, Humphrey Bogart, William Wyler, John Huston e muitos outros foram perseguidos e boicotados profissionalmente. A Meca do Cinema partiu para a lista negra, deixando sem trabalho escritores, diretores, atôres, produtores que emigraram para a Europa ou começaram a trabalhar com pseudônimo, ganhando anualmente **Oscars** com nomes falsos, como Dalton Trumbo, Michael Wilson, Nedrick Young, Waldo Salt, Ring Lardner Jr., e outros. Até que o Supremo Tribunal Federal deu ganho de causa para os autores que passaram a assinar novamente seus nomes em filmes como *Spartacus, Friendly Persuasion, Sua Última Façanha, Midnight Cowboy, Madigan, The Sandpiper, M.A.S.H, Modesty Blaise* e etc.

Mas Dashiell Hammett não pôde participar desta volta, pois morrera como indigente no paraíso americano.

Praxíteles em quadrinhos

. Depois da guerra, Alex Raymond lança *Rip Kirby*, tira diária de um detetive sofisticado, em desenhos de

X-9 *de Dashiell Hammet e Alex Raymond.*

Primeira tira diária de Rip Kirby *(1946), onde Raymond retoma o tema policial (de X-9) depois de abandonar* Flash Gordon.

alta técnica e domínio do claro-escuro, aproveitamento de pena e pincel, alternando blocos e traços em síntese de utilização da má qualidade de impressão jornalística, influenciando novamente o desenho publicitário como já fizera antes da guerra.

Mas sua maior obra foi *Flash Gordon.*

(Certa feita, de volta do Congresso de Lucca 3, mostra de **fumetti** organizada pela Universidade de Roma, Maurício de Sousa, Jayme Cortez e eu fomos ao Louvre e, diante do enorme saguão onde está a escultura greco-romana, uma coisa saltou aos nossos olhos. De longe, dava para distinguir o que era romano e o que era grego. A escultura grega tinha uma leveza, um ritmo de linhas, um movimento que atingia as raias da perfeição. Lembramo-nos de Alex Raymond.)

Seu desenho é o mais belo já visto. Se os gregos fizessem quadrinhos em vez de estátuas, teriam a pureza clássica de sua linha. Seus traços mudaram a concepção do desenho a pincel e pena, influenciando o mundo. Sua enquadração, o ritmo das linhas e o aproveitamento balanceado da página tôda, davam um movimento constante às aventuras no Planêta Mongo.

Era helênico.

Além de ser um Jules Verne nas suas concepções, era dono de uma visão gráfica das coisas que lhe permitia ser um **designer.** Previu a mini-saia. Tôda a moda de Paco Rabanne já está de certo modo antevista no desfile de suas belas mulheres. Desenhou o trem Osaca-Tóquio, com todos os detalhes, em 1938. A Fôrça Aérea Americana solicitou ao **KFS** a remessa, para seu departamento de criação, das provas de *Flash Gordon,* pois os foguetes imaginados pelo artista resolviam difíceis problemas de aerodinâmica, tão-sòmente através da estilística artística, confirmando Einstein: "a imaginação é mais importante do que o conhecimento".

Retratou a tirania dos anos 30, na figura do ditador Ming, o Impiedoso, usurpador do poder em Mongo; e anteviu a libertação.

E para provar de vez que a **science fiction** dos quadrinhos estava muito mais próxima da ciência astronáutica do que a própria ciência de então, aí vai uma nota publicada no *Diário de Notícias* do Rio, em 14 de janeiro de 1969:

"Pistola de astronauta é arma de Flash Gordon.

"Ao folhear as páginas de *A Conquista do Espaço,* um livro editado pela NASA, encontro uma informação tão curiosa quanto surpreendente: os cientistas de Houston, velhos aficcionados dos **comics,** encontraram em *Flash Gordon,* a solução para meia dúzia de problemas sérios, em matéria de navegação espacial...

"O melhor exemplo é a pistola que o primeiro astronauta americano usou para se locomover no espaço

Blondie *de Chic Young, reflexo da ascensão pequeno-burguesa americana de após I Guerra Mundial: o matriarcado.*

Little Nemo *de Winsor McCay, iniciado em 1905, aqui de 1907. (Copyright The New York Herald)*

Em 1928, Walt Disney e U. B. Iwerks, na cola de Krazy Kat *de Herriman, iniciam sua fauna com* Mickey *nos desenhos animados passando para os quadrinhos em 30. (Copyright Walt Disney — Editora Abril)*

Mandrake, *sinônimo de Mágico, criação de Lee Falk em 1934, aqui desenhado por Phil Davis, hoje por Fredericks.*

sob contrôle. A idéia surgiu da leitura de uma das primeiras aventuras de *Flash Gordon,* publicada muito antes da elaboração do projeto Apolo."

A relação da previsão, visual e gráfica, das coisas atuais nessa série é tão extensa quanto exaustiva e repetitiva, mas não é surpreendente para quem tem todos os quadrinhos memorizados, como um amigo meu que disse ser importante, isso sim, relacionar e estudar as coisas que Raymond usou e ainda não foram descobertas. Uma delas, em 34, quando Dale Arden é raptada, um Homem-Leão coloca na cabeça de Flash um aparelho através do qual êle se comunica em pensamento com sua eterna companheira. Isso viria acabar de vez com aquelas histórias-tipo, "acordei de madrugada, num pesadelo, gritando o nome de titia exatamente no mesmo horário em que ela morria, coitadinha, lá em Minas Gerais. . ."

E tem mais. . .

O escritor Lee Falk, considerado o melhor roteirista original dos quadrinhos, tem duas criações importantíssimas a seu crédito: *Mandrake* em 11 de junho de 1934 e *Fantasma* em 17 de fevereiro de 1936.

Mandrake é uma síntese em si, passando a ser o próprio sinônimo, uma redundância o adjetivo mágico junto ao nome Mandrake. Phil Davis era o desenhista até sua morte e a figuração de *Mandrake* é uma língua universal, como o seu próprio nome.

O *Fantasma* é supercriativo como concepção básica de um todo: a lenda da imortalidade, o juramento da caveira, a herança da luta contra a pirataria de pai para filho, os pigmeus Bandar da África, seus companheiros Capeto e Herói, além de seu romance interminável com Diana Palmer. Os desenhos eram do magnífico Ray Moore e posteriormente foi ilustrado por Wilson Mc Coy. (V. capítulo de Jô Soares.)

O estilo Caniff no período da AP; Dickie Dare; Te

Milton Caniff, um dos mestres dum nôvo estilo de desenho, partindo da influência de Noel Sickles, para um traço forte de pincel, incisivo, grosso, característico seu, em ilustrações fartamente documentadas, num gênero realista, conseguindo equilibrar a técnica cinematográfica dos ângulos, enquadrações e cortes, uma linha pessoal com um texto de alto nível. Uma página de *Terry e os Piratas* foi transcrita nos anais do Congresso.

Suas mulheres marcaram época. Além de Burma e Madame Dragão, criou, especialmente para os soldados no **front,** em tiras diárias do *Camp Newspaper Service,* a personagem Miss Lace na série *Male Call,* presença insinuante na mente dos soldados, exigida pelos psiquiatras que trataram as **pin ups** do cinema hollywoodiano com idênticos objetivos: levantar o moral sexual dos combatentes.

Em 13 de janeiro de 1947 (depois de deixar *Terry*) sob enorme campanha publicitária, apresenta *Steve Canyon* impondo padrões tìpicamente norte-americanos.

E desde 12 de agôsto de 1934, em super-suspense, Al Capp, com seu *Li'l Abner* e a simbólica população de Dogpatch (Brejo Sêco), satiriza a Bomba, New York, o capitalismo, os astros, os discos voadores, a televisão, a propaganda, a fome, os políticos, a diplomacia, a guerra, e a paz, o FBI, o macarthysmo, o kennedysmo, o matriarcado e até a Coca Cola **(Burp!).**

ky *Miss Lace para os soldados e* Steve Canyon.

O Shmoo, símbolo da alimentação gratuita, despertou polêmica em todo o mundo.

O mundo de Al Capp

(Dados de Robert Benayoun em *Giff-Wiff*)

Abner Yokum é um gigante atlético, duma inocência total, por que não dizer, duma simplicidade beirando a bestialidade, um protótipo do homem perfeito, 100% sangue americano. A família Yokum, cujo nome é uma mistura de **yokel** (camponês) e **hokum** (absurdo), é uma família-sátira da família típica americana dos **comics,** com a porquinha Salomé substituindo o indefectível cãozinho, sob o matriarcado de Mama Yokum (Xulipa Buscapé, no Brasil).

A cidade — com perdão da palavra — de Dogpatch (Brejo Sêco) é fictícia, mas o resto do país não deixa margem a dúvidas. Nem o resto do mundo. "O que me interessa criticar a Suíça? Sou americano e devo criticar os Estados Unidos", diz Capp. E adiante, "perdemos nossa quinta liberdade: a liberdade de nos ridicularizar a nós mesmos".

Os nomes dos personagens, tal como nos grandes satiristas, são excepcionais. Além de Daisy Mae, Marryin' Sam, Stupefyin' Jones, Earthquake McGoon, o azarado Joe Btfsplk, Minnie Moustache, Wild Bill Hickup, Colossal McGenius, temos Reactionary J. Repugnant, Moonbeam McSwine, Eddie McSkunk, Mitzi Mudlark e, finalmente, Appassionatta von Climax e o maestro Concertina Constipato.

E Disgusting Jones, Harry Raspoutine Truman, Daphné Degrandinham, Dumpington Van Lump, Basil Bassoon ou Clark Bagel. Isso tudo misturado com as figuras verdadeiras de Frank Sinatra, Bernard Shaw, General Montgomery, Red Skelton, Danny Kaye, Liberace, Jack Benny, Milton Berle, Marlon Brando, Grace Kelly, Bob Kennedy e todos os presidentes dos Estados Unidos.

Caricaturou-se a si mesmo como Al Yapp.

A terra, êste grande Shmoo

Em 1948, em pleno macarthysmo, Al Capp fêz o seu personagem Li'l Abner ouvir u'a música estranha e descobrir o Vale dos Shmoos, guardado por um velhinho que adverte o nosso herói ser o shmoo a maior ameaça que jamais existiu para a humanidade. Por serem bons demais. Biliões dêles habitam o vale. Aliás, existem mais shmoos no mundo do que qualquer outra coisa. Existiam naquele local desde o início dos tempos. Shmoos botam ovos, dão leite tipo A, bifes finíssimos quando fritos e quando cozidos, viram peito de galinha. Mas não se alimentam de nada. Quando alguém olha com fome, êle morre de felicidade. Não há desperdício: a pele é do melhor couro, os olhos servem para botões e não têm ossos.

Li'l Abner pula de felicidade, pois ninguém mais precisará trabalhar, graças ao Shmoo. Os shmoos se apaixonam entre si com grande facilidade, casam-se e

Peter Palmer, intérprete de Li'l Abner *da versão musical na Broadway, posteriormente vertido para o cinema onde não obteve o mesmo sucesso que no palco.*

ao transpor a porta em direção à noite de núpcias, já do outro lado do batente têm uma enorme família. São brincalhões, jogam boliche consigo mesmos. Apostando corrida, começam em dois e, no final, já são centenas. Às vêzes, o vencedor nem tinha nascido quando a corrida teve início.

Quando Li'l Abner pega dois shmoos para ir a Dogpatch, evidentemente, chegam milhares de felizes shmoos no simbólico vilarejo, enquanto o velho se lamenta.

— Oh — suspiro! — é **tarde demais!** Os shmoos gostaram dêle como gostarão de todos. Seguirão botando ovos frescos, dando manteiga cremosa e leite tipo A — caindo mortos de **alegria** quando alguém olhar **faminto** para êles. Existem shmoos para suprir a **todos na terra** com **tudo** que êles podem comer, para sempre. E os shmoos não comem nada, mas se multiplicam ràpidamente. **Oh, êste é um dia negro para a humanidade!**

A cidade fica em festa, brincando com os Shmoos. Todos estão saudáveis e felizes, menos Soft-hearted John, o dono do armazém. Ninguém compra em sua loja. E nem precisam.

— Eu estarei arruinado se todos tiverem grátis o que necessitam e eu não farei dinheiro.

Ninguém precisa mais de dinheiro! — respondem.

Mendigos não precisam mais esmolar. Casais podem se casar, sem necessidade de economizar: basta ter um casal de Shmoos. Mesmo os Scraggs que vinham brigar com os vizinhos, ao deparar com aquêles bichinhos apetitosos, em vez de guerrear, ficam comendo shmoos até fartar.

Chegamos a uma certa grande cidade do leste, cujo nome ficará sem citação. (Legenda para um quadrinho onde se lêem as placas de rua: Broadway esquina com rua 42. . .)

Os mordomos e motoristas se despedem de seus patrões, prostitutas rejeitam convites para jantar.

Em Wall Street, J. Roaringham Fatback (Porcolino Suíno), que começou como **office-boy** em Central Pork, hoje dono do truste da carne de porco, nota que seu gráfico de vendas cai assustadoramente até saber que, quando assado (esquecêramos de dizer), shmoo tem o mesmo gôsto de carne de porco. De tanto lidar com porcos, sua aparência é a de um porco. O dono do truste de ovos, que tem exatamente a cabeça de um ôvo, está face ao mesmo problema. Porcolino urra.

— Camaradas! Esta é uma crise! Se não fizermos algo depressa todos serão **felizes!**

É uma nova **crack** de 29 em Wall Street! Os capitalistas jogam-se das janelas de seus prédios, atiram-se debaixo de trens. Porcolino chama D.D. Teasdale, exterminador de pestes, que argumenta serem os shmoos **anti-**americanos, pois fazem um americano lídimo (Porcolino) se sentir mal.

Li'l Abner (Ferdinando), Daisy Mae (Violeta) e o Shmoo

As senhoras mal-amadas fazem passeatas contra as pestes de Shmoos. Dan'l Shmoone é encarregado de exterminar os shmoos.

Chegam ao antro nacional dos shmoos (Brejo Sêco) e começam a fuzilá-los. Li'l Abner não sabe o que quer dizer exterminador, mas é uma grande palavra e êle respeita grandes palavras. Dizendo isso, bate continência. Os exterminadores pedem que os shmoos marchem em grupo de seis, pois dessa forma serão fuzilados mais fàcilmente.

O povo chora sob a fuzilaria. Depois do extermínio o povo é exortado a voltar ao seu modo **normal** de vida. Porcolino, D.D. Teasdale e Soft-hearted John ficam eufóricos. Êste, imediatamente, aumenta os preços de sua mercadoria.

Li'l Abner, porém, salvou dois shmoos e os leva correndo de volta para o vale dos shmoos. Quando êles descem, é claro, o vale está novamente povoado de bichinhos, pois já se reproduziram na descida. E então

Li'l Abner (cuja burrice só é simular a Brucutu) chega a uma conclusão:

As gentes não precisam dêstes **pequenos** shmoos! Elas já **têm** um — o maior shmoo de todos — a própria **Terra!** Tal como êstes pequenos shmoos, está pronta para dar a todos tudo o que êles necessitam. Se as gentes parassem de lutar e brigar — compreenderiam que êste shmoo — a Terra — tem muito de tudo para todos! **Então,** estariam prontos para receber êstes **pequenos** shmoos... Exceto... (treme)... **Então,** não precisariam dêles!!!

Republicanos vs. Shmoo

A tradicional revista republicana *Life* escreveu um editorial defendendo Capp, acusado pelos republicanos de ter feito uma história usando o shmoo como símbolo do socialismo futuro.

— Como que você não foi chamado pelo Senador McCarthy a depor como antiamericano, com o Shmoo? — perguntei a Capp quando o entrevistei, muitos anos depois, em New York.

— Não sei — respondeu. — Não foi por falta de esfôrço de minha parte...

Os europeus vs. Al Capp

Alain Resnais perguntou em New York a Al Capp — Você trabalha para o público adulto ou para as crianças? Capp respondeu que as tiras diárias são destinadas aos adultos, em princípio, e as páginas de domingo às crianças. Mas não sabe se isso é o certo ou não. Cada pesquisa de opinião dá um resultado diferente. — Amo os desenhos delirantes, as ações loucas, tôdas as coisas que agradam aos garotos. Não penso que minhas **idéias** possam especialmente lhes dizer respeito, mas não estou certo que as crianças sejam atraídas apenas pelas coisas simples.

Enquanto Resnais, honestamente, fazia uma entrevista séria com Capp, para ser publicada na Europa, o autor de *Li'l Abner* escreveu um artigo ferino para a revista *Life,* usando tôda sua verve para gozar a seriedade dos intelectuais europeus em estudar os **comics.**

Um tipo Marcello Mastroianni — escreve Capp — perguntou, olhando para a intérprete (não porque ela fôsse especial, mas porque era a única figura feminina presente e êle era italiano). Ela traduziu: Qual era a sua motivação para criar Li'l Abner em 1934?

Fome, repliquei. Eu tinha muita fome em 1934. Então criei *Li'l Abner*. Transformou-se em grande negócio e eu engordei. Daí em diante, a motivação tem sido ganância.

Falk, Andriola e o fotógrafo americano riram. Verdades diretas agradam americanos. A garôta traduziu. Nenhum italiano riu. Todos concordaram gravemente. Não agradei — disse.

— Na tradução — o fotógrafo explicou — saiu que você criou *Li'l Abner* como um protesto contra a ganância dos grandes negócios americanos.

— Quis dizer **minha** ganância — disse à intérprete. Diga **isso** a êles. Ela traduziu. Os italianos concordaram simpàticamente. Alguns aplaudiram.

— Para traduzir a tradução dela, disse o fotógrafo, considere a sua pena uma lança contra as fôrças do materialismo obsessivo. Sabe, ela gosta de você. Os pequenos toques acrescentados estão fazendo melhor im-

Os shmoos, acusados de antiamericanos, são fuzilados.

All Capp "repreendido" por Mama Yokum (Xulipa Buscapé)

pressão nesta multidão, do que se êles soubessem realmente o que você está dizendo. Melhor deixar do jeito dela.

Nos quadrinhos como nos livros

Capp referia-se à presença de Lee Falk escritor de *Mandrake* e *Fantasma,* Alfred Andriola desenhista de *Charlie Chan* e *Kerry Drake* e um fotógrafo americano que falava italiano, todos presentes à Primeira Mostra de Comics em Bordighera, onde chegara com atraso, motivando o adiamento do fim do Congresso.

Os europeus não gostaram do artigo de Capp e passaram a criticá-lo, descobrindo até uma decadência na obra ferina de Capp. E Benayoun diz que Capp é um satírico aburguesado porque ridiculariza também os estudantes pacifistas americanos, os jovens e **hippies** que não tomam banho.

O que os europeus não observaram é que um escritor satírico nunca é parcial. Satiriza tudo o que lhe aparece diante dos olhos e foi por isso que Avertchenkho — um dos maiores escritores satíricos russos, autor de obras-primas como *A Vaca* — foi expulso do seu país após a revolução de outubro, pois, em vez de se tornar um autor épico glorificando o Exército Vermelho, continuou satirizando o que estava diante de seus olhos.

O escritor satírico é um homem maldito de todos os lados.

É bom lembrar que, por causa de uma dessas, um dos maiores romances de todos os tempos é incompleto.

Quando Gogol leu para seu amigo Pushkin a sua obra-prima *Almas Mortas,* o poeta-príncipe comentou triste: — Pobre povo russo...

Êsse comentário amargo quase enlouqueceu de vez o grande escritor satírico que jogou no fogo o seu livro. Felizmente para a humanidade, um seu empregado recolheu a primeira parte e o comêço do segundo livro.

Parece que o fogo é sempre uma solução radical para os impressos que incomodam as partes.

— Pobre povo do mundo...

Um dos primeiros quadrinhos (em 37) de Abbie an' Slats *(Zé Mulambo, no Brasil), Carpincho em castelhano.*

Bronc Peeler, *que depois ficou* Red Ryder *no desenho rústico de Fred Harman, realizado ao vivo em seu rancho.*

Para não dizer que não falei de flôres

Harold Foster, deixando a página dominical de *Tarzan,* iniciou para o **KFS**, em 13 de fevereiro de 1937, *Príncipe Valente nos Tempos do Rei Arthur,* num dos mais perfeitos levantamentos iconográficos da Idade Média, em desenho clássico, texto bem cuidado, estilo épico, numa saga dos cavaleiros andantes, misturando lenda, ficção e realidade histórica em admirável balanço e um belíssimo trabalho de uso de retícula para aproveita-

Frank Frazzetta, hoje excepcional ilustrador em côres, nos tempos de Johnny Comet, *tira diária em jornais.*

Mary Perkins on stage *(Glória, no Brasil) de Starr.*

mento da impressão em côr. (V. capítulo de Reinaldo de Oliveira.)

Nesse período, 30/50, tivemos diversas histórias com altos e baixos no texto, mas sempre com notável qualidade de desenho como *Abbie an'Slats* (Zé Mulambo), do ilustrador R. Van Bueren, *Buz Sawyer* (Jim Gordon) de Roy Crane, que fizera *Captain Easy* (Capitão César), posteriormente continuado por Leslie Turner, *Johnny Hazard* de Frank Robbins, *Peter Pat* de Mó léff, *Red Barry* de Will Gould, *Betty* de Charles A. Voigt, *Rei da Polícia Montada* de Allen Dean e, depois, Jim Gary, *Lone Ranger* (no Brasil erradamente chamada Zorro) texto de Fran Striker, ilustrado por Char-

Primeira tira diária de Ben Bolt *(50) de J. Cullen Murphy.*

les Flanders, *Dicks' Adventures* escrito por Max Trell e ilustrado por Neil O'Keeffe, *John Carter of Mars* de John Coleman Burroughs, *Rusty Riley* de Frank Goodwin que fizera *Connie no Século XXX*, *Annie Rooney* de Darrel Mc Clure, *Red Ryder* (Bronco Piler) de Fred Harman, *Bruce Gentry* de Ray Bailey, *Big Ben Bolt* de John Cullen Murphy, *The heart of Juliet Jones* (O coração de Julieta) de Stan Drake, *Johnny Comet* de Frank Frazetta, *Mary Perkins on stage* (Glória), de Leonard Starr, e uma infinidade que só teria sentido como legenda de uma tira, para identificação imediata, já que estamos falando de imediata comunicação visual.

"É um pássaro...? É um homem...?"

Na verdade, em 1934, surgiram os primeiros **comic books** (gibis), com a republicação em histórias completas das **gags** de *Mutt & Jeff* de Bud Fisher, mas foi em 1938 que aconteceu o **boom.**

Foi quando os habitantes de Metrópolis olharam para o céu:

— É um pássaro...?

— É um avião...?

— É um homem.

Era o Super-homem.

Dois jovens de pouco mais de vinte anos, de Cleveland, Ohio, chacoalharam o mundo com a criação do *Superman*. A idéia lhes veio ainda na escola. Jerry Siegel, o escritor, criou o personagem e ofereceu a seu amigo Joe Shuster a oportunidade de desenhar o personagem. Durante cinco anos, ofereceram o personagem a todos os **syndicates.**

Os editôres e distribuidores consideravam-no fantástico demais, recusando sempre. Mas os rapazes tinham fé em sua criação e continuaram a oferecer de sindicato a sindicato, de revista em revista.

Finalmente, enviaram pelo correio os originais para J. S. Liebowitz, um dos líderes das revistas mensais completas. Êle acreditou que o Super-homem seria a história que buscava e ofereceu uma série experimental de suas aventuras em junho de 1938, dentro do *Action*

Comics Magazine. Depois de uns números, a revista dobrou a circulação.

Versões em tiras diárias e páginas dominicais foram distribuídas pelo **McClure Newspaper Syndicate** em 39. Dois anos depois já tinham uma circulação total de 20.000.000 em exemplares de jornais. O *Superman Quarterly Magazine* surgiu em maio de 39, atingindo a tiragem de 1.400.000.

Depois, foi para o rádio, cinema, e posteriormente apareceu na TV. Foi feito em desenhos animados por Fleischer Studios. Uma sucessão contínua de sucessos no mundo todo. Seu nome passou a ser um símbolo.

Durante a Segunda Guerra Mundial, atendendo a um apêlo do Presidente Roosevelt aos criadores de personagens em quadrinhos, também ingressou na guerra contra os nazistas, provocando a célebre frase de Goebbels, ministro da propaganda de Hitler:

— O Super-homem é um judeu!

Apesar disso, a criação de Cleveland estava mais próxima da idéia de superioridade racial de Nietzsche, teórico ariano, do que a luta pela democracia.

Mesmo sendo, segundo a história, um habitante de Krypton, planêta condenado à destruição e, como qualquer idiota sabe, enviado pelos seus pais num foguete à Terra e educado pelos Kent. Mesmo assim, os psiquiatras americanos, carregando algum complexo de culpa a respeito, criaram a *Wonder Woman,* uma supermulher de mini-saia, para amenizar a coisa. Mas, não colou. **Muié macho, não!**

Superman, *supermito, superprecursor dos super-heróis.*

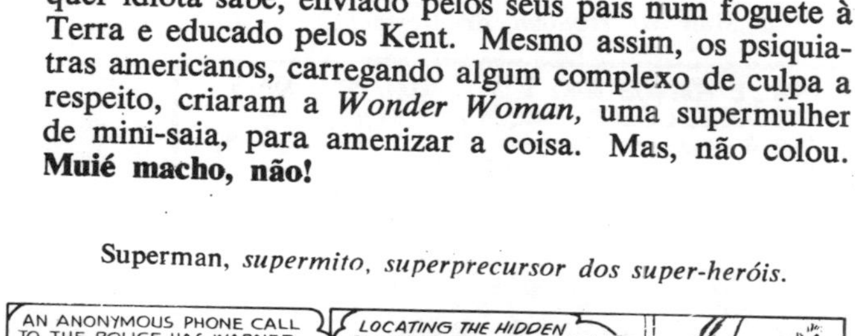

Sendo uma das maiores figuras míticas do gênero, o Super-homem é universalmente conhecido e é quase um têrmo popular no mundo todo, tornando-se até redundante.

Muitas contrafacções foram feitas pela revista *Mad,* em observação genial, Super-homem entrando numa cabine telefônica para trocar de roupa e uma mulher, ao entrar, depara com êle usando cuecas de bolinhas.

Acrescido de Supermôça, Superboy, Supercão, pedras de kryptonita, aventuras com Batman e outros, "disfarçado" de Clark Kent, com seu eterno terno de ombreiras e gola larga, o Super-homem é uma enorme possibilidade do estudo do absurdo absoluto e da psicologia de massas.

Plastic Man (*o Homem de Borracha*) *de Cole.*

Em 1938, depois de diversas figurações em historietas anteriores, o irascível Pato Donald *de Disney estréia nos quadrinhos como titular, vindo dos desenhos animados. (Copyright Walt Disney — Editora Abril)*

Bringing up father *(Pafúncio e Marocas, no Brasil), foi criado em 1913, por George Mc Manus que se auto-retratou em* Jiggs *(Pafúncio), uma espécie de continuação de* The newlyweds *de 1904, agora, como na ilustração acima, feita por Fletcher em 1967. (KFS)*

Johnny Hazard *de Frank Robbins, único discípulo de Caniff à altura do mestre. (KFS).*

O Super-homem foi a gênese de uma série interminável de super-heróis. Bob Kane apresenta, em maio de 1939, a figura do homem-morcêgo, *Batman,* também na cidade imaginária de Gotham City. Em abril de 40, começam as aventuras de Batman com Robin, o menino-prodígio.

Seu desenho era "duro", no estilo policial de Chester Gould, autor de *Dick Tracy,* e mais ainda no traço de Will Gould (nenhum parentesco com Chester) de *Red Barry.* Seu escrito, atribuído a Bill Finger, era imaginoso, principalmente na criação dos bandidões, em retornos cíclicos, e na maneira como Batman decifra charadas para localizar onde se dará o próximo atentado à lei e à ordem.

Em matéria de vilões, sem dúvida nenhuma, das mais brilhantes é o Dr. Silvana, personagem do *Captain Marvel* nos *Whiz Comics* em 1937. Ao pronunciar a palavra *SHAZAM* (que significa Salomão, Hércules, Atlante, Zeus, Aquiles e Mercúrio) um trovão (BUM) transforma o menino Billy Batson no poderoso Capitão Marvel.

Essas histórias em gibis (cujos **royalties** pertenciam à editôra) eram iniciadas por um escritor e um desenhista, em geral, para, posteriormente, se desdobrar em mil e um desenhistas fantasmas, que mal conseguiam assinar as histórias. Os editôres de **comic books** procuravam fugir à luta patrão vs. empregado que se notava nas histórias publicadas em jornais pelos **syndicates** (distribuidores), cujos criadores tinham fôrça demais como autores. Como em tôdas as séries, surgiram "burguêsmente" as famílias: Família Marvel, Marvel Jr., cujo

desenhista Mac Roby, posteriormente, passou para o KFS a fim de desenhar o capítulo domingueiro de *Flash Gordon,* piorando muito como desenhista. Dan Barry, assistente de Hogarth na tira diária de *Tarzan,* passou para a tira diária de *Flash Gordon,* também decaindo.

Capitão América, escrito por Joe Simon (depois, Stan Lee) e desenhado por Jack Kirby, iniciou-se em março de 1941, refletindo o clima americano da Segunda Guerra Mundial, lutando contra o Caveira, líder dos nazistas. Seu companheiro Bucky morreu em circunstâncias estranhas, causando um complexo de culpa no herói. (V. capítulo de Jô Soares.)

Sumiu com o fim da guerra, para ressurgir no relançamento dos super-heróis, juntamente com *Hulk, Thor, Homem de Ferro* e outros entre os quais *The Submariner* o retôrno de Namor, o Príncipe Submarino.

Namor retratava bem a posição antiburguesa dessa explosão de heróis, pois surgia dos mares, com ódio aos terrestres, pronto a arrasá-los da face da terra. Seu aparecimento em 1937 coincidiu com o prenúncio das hostilidades e o famoso apêlo do Presidente Roosevelt para que todos os heróis dos quadrinhos envidassem seus esforços na luta contra a tirania do Eixo, fêz com que o belicoso Príncipe Submarino se adoçasse e ingressasse na luta dos Aliados, numa aventura homérica, famosa, ao lado do *Tocha Humana* em inesquecível superprodução da época.

The Human Torch era outra criação diferente, escrita por Mickey Spillane. Um homem de fogo que atirava bolas de fogo e, é claro, tinha um companheirinho também fogoso. Carl Burgos desenhava.

Em 1940, o escritor Gardner Fox cria *Justice Society of America,* reunindo grandes personagens de quadrinhos numa só série, desenhada pelos diversos artistas que davam existência a êsses heróis. Posteriormente, em 1960, mudando para *League* a *Society,* continua a série com histórias ainda melhores.

Nesse período, surge um elenco imenso de personagens, enxurrada supercriativa de histórias impossíveis, trazendo à luz uma plêiade de desenhistas jovens e ávidos de fazer carreira num gênero de arte em que haviam sido forjados.

Nyoka, o Raio (com maravilhosos escorços de Richard Bryant), *Homem-Borracha* (de Jack Cole), *Flash* (escrito por Garner Fox), *Hércules, G-2, Capitão Meia-Noite, Justy* (de Dan Barry), *Meia Noite* (também de Jack Cole), *Águia Negra, Vigilante* (Jerry Robinson), *Fighting Yankee, Snake Cantrell, Steel Sterling, Black Cat* (de Lee Elias), *Miss America, Sheena,* muitos outros personagens e revelam grandes desenhistas nômades como Jack Kirby, Irving Novick, George Tuska, John Celardo, Rubem Moreyra (trabalhando com o pseudônimo de Rubimor), Bernard Kristen, Paul Norris, John Lehti, Wayne Boring, George Roussos, Fred Kida, Bob Wells, Hubbard, Lawrence, Bob Lubbers, Ken Stafford, Richard Fletcher, Klaus Nordling, Fred Gardiner, Glen Cravath, Paul Powell, Kreigh Collins, Ogden Whitney, Dale Messick, John Douglas, Murphy Anderson (depois substituto de Dick Calkins em *Buck Rogers*), Shelly (que copiava Alex Raymond em *Hawkman*, O Falcão), mas tinha estilo próprio, como observou Feiffer em seu livro), Peters e Zolne Rowich.

Mas o auge artístico do gênero **comic book** foi, sem dúvida, *The Spirit.*

O Espírito de Will Eisner

Um dos pontos mais altos no gênero coroou e encerrou a carreira de um dos maiores artistas, cujo senso de equilíbrio entre texto e imagem é dos mais agudos.

Antes, fizera diversas histórias, como *Yarkó, Uncle Sam, K-5, Black Condor* (Águia Azul/Pirata dos Sete Mares), algumas com o pseudônimo de Will Rensie.

Mas foi com o lançamento de *O Espírito* que culminou sua arte.

Harvey Kurtzman, Bill Elder e Jack Davis, criadores da revista *Mad,* tratam Eisner como mestre. Feiffer, que trabalhou como assistente dêle, considera-o "o mestre de todos nós".

Seus textos eram visìvelmente influenciados por Gogol e Tchecov em seu balanço típico de conto literário, amargo, irônico, sutil, humorístico, num traço que receberia os mesmos adjetivos. O equilíbrio perfeito, o paralelismo e simultaneidade de texto e uso da imagem em desenvolvimento idêntico fizeram desta experiência uma das mais bem logradas em arte.

Desenvolvida em 1940, sua obra era, curiosamente, similar ao *Citizen Kane* de Orson Welles em técnica expressionista da luz, enquadrações e do som. Os detalhes eram delicadamente estudados, resultando num inesgotável poder de sugestão que revela coisas novas a cada releitura de uma dessas "aventuras". O cotidiano tchecoviano estava sempre presente, inclusive na negação dos lugares-comuns. (Um matador profissional, emboscado para matar o Espírito, lembra-se que êsse dia era seu aniversário.)

O tom levemente humorístico das histórias tinha um equivalente no traço sempre pronto a inovações e quebrando regras clássicas quanto à perspectiva. (Um sujeito seguindo outro numa rua mal iluminada é notado pelo perseguido, pelo simples êrro proposital de perspectiva.)

O **travelling,** o contracampo cinematográfico, os cortes, os **close ups,** a ligação das seqüências quase em fusão ou sobreposição, cortes sonoros e efeitos, como um ruidinho sutil no meio de um quarto na escuridão, tudo era motivo de rendimento cinematográfico, lembrando também a série de terror de Val Lewton para a **RKO** na época. (Uma história era feita totalmente em plano subjetivo, sendo o requadro formal do quadrinho substituído pela forma do ôlho do personagem que narra a história.)

Êsses efeitos de aproximação, com uma tira duma página de **comic book**, fazendo o **travelling** até **big close up** foi usado até a exaustão pela revista **Mad**, dez anos mais tarde. O próprio Eisner citou as séries de detetive na TV americana como uma experiência já feita por êle.

Sem, porém, acrescentamos nós, atingir a sua qualidade artística, ficando tão-sòmente na idéia de conto completo.

(O personagem do outro planêta, ao ver que seus planos fracassaram, abandona seu emprêgo no departamento do govêrno de previsão meteorológica — lugar moldado para êle, já que jamais errara um único boletim, — e, burocràticamente, qual funcionário público de Tchecov, assina o ponto antes de voltar para o seu planêta. . .)

Num tempo aristotélico, marcando dez minutos para o leitor ler a história-conto, narra a revolta de Freddy

Parte superior da primeira página duma história típica do Espírito *de Will Eisner, em 1940, exemplo do uso de som, luz, montagem,* travelling *e fusões, na sua obra.*

em seu quarteirão tìpicamente nova-iorquino, onde êle mata o dono do bar para tomar-lhe o dinheiro, e vem a morrer acidentalmente no metrô, ao cruzar com o Espírito e o Inspetor Dolan, enquanto um homem tenta desculpar-se junto a uma mulher, que reclama de seu atraso: — Mas, querida, são apenas 10:41! Dez minutos de atraso... O que são dez minutos na vida de um homem?

Durante a Guerra, servindo na frente, começou a utilizar sua criatividade a serviço da luta da Democracia contra o Nazismo. Produziu folhetos com informações úteis para os soldados: como evitar que o carro derrapasse na neve, como dirigir tanques, como fazer medicamentos de emergência, usando em tudo sua técnica de desenhar e escrever **comics.**

Depois do conflito, muita gente importante que estivera lutando lembrou-se daquelas histórias e contratou os serviços de Eisner para sua indústria. Foi a conta. Iniciou então uma profícua carreira de homem de negócios, com um estúdio de arte, uma editôra especializada e uma gráfica, fazendo folhetos para a indústria e o comércio. Enriqueceu e abandonou os quadrinhos.

Na sua genial antevisão do futuro dos **comics,** numa das suas histórias (tal como observou Jô Soares), temos a própria autobiografia de Eisner.

Prevenindo que esta não é uma história humorística, Eisner narra a vida de um humilde guarda-noturno que, quando criança, sabia voar. Sim, Gerhard Shnobble sabia voar como um pássaro. Mas apanhou de seus pais: — Nunca mais faça isso, menino!

Muitos anos depois, porém, foi despedido do seu emprêgo, quando assaltaram o prédio. Humilhado, resolve voar e mostrar a todos do que é capaz. Sobe no alto de seu prédio, juntamente com o Espírito que vai caçar os bandidos no alto do edifício, onde trava furioso tiroteio com os assaltantes. O povo todo lá embaixo, olhando a luta, faz com que Gerhard Shnobble pense que olham para êle. Salta e voa. Mas é atingido por uma bala endereçada ao Espírito. Cai morto de lá de cima.

E Eisner conclui:

"Não chore por Shnobble...

Melhor chorar pela humanidade inteira...

Porque nenhuma pessoa naquela multidão que

Jerry Robinson foi dos ilustradores mais importantes dos inícios dos comic-books, *desenhando diversas historietas e influenciando vários artistas dessa faixa.*

olhava, nenhum dêles notou ou sequer suspeitou que naquele dia Gerhard Shnobble tinha voado."

Não choremos por Will Eisner, melhor chorar pela humanidade inteira, pois ninguém notou que, naqueles anos, um gênio tinha escrito e desenhado *The Spirit.*

Da caça às feiticeiras para a caça aos gibis

Então, assim como nos tempos de Salem, Massachusetts, havia a história da caça às feiticeiras, surgiu o Senador Joseph McCarthy dos **comics**, o Dr. Frederic Wertham, no seu terrificante livro *The Seduction of the Innocents,* uma versão moderna da danação dos infernos da *Divina Comédia.*

Tal livro, confirmando que é muito mais fácil destruir do que construir, levantava o terror, a ameaça, com maior violência do que a contida nos **comics books**, a condenação do meio de expressão, através das exceções. Como numa história satírica de Al Capp, onde não há o menor senso de ridículo, levantou-se uma onda de protestos dos famigerados representantes dos pais, professôres, da família unida, do casamento (tão desprestigiado nos quadrinhos), das Filhas da Revolução — *Daughters of Revolution* — das Marchadeiras, da religião, dos verdadeiros Capitães e Coronéis, da castidade sexual, da América, do patriotismo, do conformismo, da escola, da velhice, do reacionarismo, do "no-meu-tempo-não-era-assim", do passado, tudo isso e mais alguma coisa, em fúria contra o mundo dos quadrinhos.

A parte industrial, financeira, editorial dos **comics** fraquejou diante de tamanha campanha e chegaram as partes a um meio-têrmo: um código. Tal como aquêle que fôra feito havia muito tempo em Hollywood e debilitara o cinema americano diante da agressividade realista do cinema europeu. Com a concorrência da TV americana e do cinema da Europa, já caía o Código Hayes no cinema. Mas com os **comics**, sem concorrência, sucedeu uma queda diante da TV e da onda moralista.

Até agora, êste meio de expressão se ressente dessa crise.

O psiquiatra, ignorando as cifras oficiais a respeito do homossexualismo no Exército americano, corajosamente preocupa-se com as relações entre Batman e Robin.

"Constantemente êles se salvam um ao outro de ataques violentos de um número sem-fim de inimigos. Transmite-se a sensação de que nós, homens, devemos nos manter juntos porque há muitas criaturas malvadas que têm que ser exterminadas... Às vêzes, Batman acaba numa cama, ferido, e mostra-se o jovem Robin sentado ao seu lado. Em casa, levam uma vida idílica. São Bruce Wayne e Dick Grayson. Bruce é descrito como um grã-fino e o relacionamento oficial é que Dick é pupilo de Bruce. Vivem em aposentos suntuosos com lindas flôres em grandes vasos... Batman é, às vêzes, mostrado num **robe de chambre**... é como um sonho de dois homossexuais vivendo juntos."

Nesse parágrafo, não se sabe quem é mais doentio a respeito de **robe de chambre**, Bob Kane ou o Dr. Frederic Wertham. Portanto, o maior perigo já enfrentado por Batman e Robin está representado num **robe de chambre** e num vaso de flôres. Êsses e outros símbolos sexuais ficaram no subconsciente dos jovens que se pederastizaram nas fileiras das fôrças armadas norte-americanas...

Jules Feiffer, no seu livro sôbre sua vida de leitor de **comic books** a desenhista, dedica o livro à sua mulher e seus filhos, como garantia de que, lendo gibis desde menino, nunca reparou nas "sujeiras" existentes na cabeça do Dr. Wertham.

Feiffer conclui seu livro: "as historietas, que tiveram poucos defensores públicos nos tempos em que o Dr. Wertham as atacava, são agora recordadas por um número crescente da minha geração como exemplos de nossa inocência juvenil, em vez de nossa corrupção juvenil. Um sinal, talvez dessa corrupção — uma mentira, realmente — que nos pôs em guarda mesmo temporàriamente, do mundo em que vivíamos; e nos deu os meios, mesmo que arbitràriamente, de distinguir o certo do errado, o bom do mau, o herói do vilão. E alguma coisa pela qual os velhos fãs podem, compreensivamente, desejar ardentemente — quase como se tivesse tornado demasiadamente consciente da imposicão do lixo em nossos valores adultos: na arquitetura, estradas, publicidade, **mass media**, política e até no ar que respiramos, voando negros pedacos dêle — nós representamos um refúgio para o tipo de lixo melhor relembrado. Um lixo que sabia ser seu lugar no subterrâneo onde não tinha poder e portanto só fazia cócegas, em vez de abertamente

Lucy, contestada por sua eterna "vítima", Linus, julga que a resposta a seus problemas está do outro lado da colina. Como todo mundo...

onde realmente tem poder — e portanto, apenas deprime."

O Freud dos quadrinhos

Um psiquiatra, ao chegar no seu consultório para abri-lo e atender seu primeiro cliente, encontrou um recado dêste, dispensando o tratamento com o médico, por haver encontrado o motivo de seus complexos. E ilustrava a solução com uma tira diária recortada de

Peanuts (no Brasil, *Minduim,* nome dado por Naumim Aizen, na EBAL).

As estatísticas americanas dão *Peanuts* como a tira diária mais recortada e exibida ou enviada nos **States.** Tal é a catarse coletiva dêsse autor, Charles M. Schulz, chamado o Freud dos **comics.**

Charlie Brown, seu personagem principal, é a síntese de todos os complexos de todos os homens, adquiridos na infância. Eis a insegurança, o insucesso, a dúvida, a ingenuidade, a inabilidade de empinar papagaios, os braços caídos ao longo do corpo em incapacidade total, desistência de ação, impossibilidade de reação.

Linus, o menorzinho, anda sempre com um cobertor na mão, chupando o dedo, vítima constante de sua irmã mais velha Lucy Van Pelt, figura destinada ao matriarcado desde a infância, torturando, perseguindo, carregando de complexos o pobre Linus. Mas ela é vítima de Schroeder, menino que toca Beethoven sem parar, desde que ganhou um piano de brinquedo e não corresponde ao amor que a menina lhe vota, em ataques diretos.

Snoopy (Xerêta, no Brasil), o cãozinho filósofo, pleno de meditações e tiradas próprias. Pilôto da Primeira Guerra Mundial, encarapitado no teto de sua casinha, olha o mundo e pensa.

No mundo de *Minduim* não aparecem adultos a não ser em citações a respeito de sua existência. Mas não são vistos. Em *Minduim,* o mundo é retratado com agudeza através das crianças. Incansàvelmente, diàriamente, sem assistentes, não subdelegando podêres, Schulz usa uma linguagem com grande dignidade literária, colocando na bôca de seus personagens frases surpreenden-

O estilo Mad *(de Harvey Kurtzmann) exemplificado com uma ilustração de Jack Davis para o Superduperman...*

temente adultas ou mesmo pensamentos profundos num cãozinho. Seus traços são simples, quase infantis, bastando pouco para expressar, com grande felicidade, qualquer alteração psicológica de seus tipos.

Um dos maiores sucessos comerciais do seu país, já apareceu em séries de TV, bonecos, capa do *Time,* musical da Broadway, filme de longa metragem em desenhos coloridos, **pocket books,** publicidade e até personagem seu foi nome de módulo lunar.

MAD

Em 1950, um grupo de artistas, entre os quais Bill Elder, Jack Davis, Wallace Wood, liderados por Harvey Kurtzman que desenhavam e escreviam histórias de guerra para as revistas de William M. Gaines, criaram uma revista humorística em quadrinhos sob o titulo *Mad,* obra de Kurtzman que viria a influenciar e até modificar o estilo de humor nos Estados Unidos (v. Jerry Lewis e Frank Tashlin) e no mundo todo.

A revista conheceu um sucesso imediato tão estrondoso que surgiram mil e uma imitações. Sua serve, seu senso de sátira, sua acurada reconstituição de tipos, os detalhes, a mítica, o fetiche das roupas, tudo com esmerado desenho caricatural, — em imediato reconhecimento de quem se tratava, — começaram a criticar principalmente os filmes famosos, as histórias em quadrinhos, os programas de TV e a publicidade.

Príncipe Valente (Prince Valiant) virou Príncipe Violento (Prince Violent), *Flash Gordon:* Flesh Garden (Jardim de Carne) — onde um monstro horroroso se preparava, com guardanapo ao pescoço, garfo e faca numa mesa posta, para devorar o Dr. Zarkof e Flesh Garden perguntava a Dale Arden: — Não vamos nos precipitar em conclusões. Por que você acredita que aquêle monstro vai devorar o dr. Zarkof? — *Mandrake* era Manduck (Homem-pato), *Popeye* era Poopeye, *King Kong*: Ping Pong, *Baby Doll*: Doll Baby, *Frankenstein*: Frank N. Stein, além de sátiras a filmes como *A Volta ao Mundo em 80 Dias, Giant,* a programas famosos de TV como os do senador Joseph McCarthy, telejornais, musicais da Broadway como *My Fair Lady.* Nada, enfim, escapava à fúria demolidora da revista, que anunciava um carro especial para gangsters, com diversas vantagens específicas, produzido pela *General Murders Corporation.*

É dêles a famosa imagem de um supermercado cheio de Super-homens fazendo compras. O *Superman* sempre surgiu em sátiras às suas histórias, como também em sátiras à *Wonder Woman, Popeye, Batman, Capitão Marvel* etc. Com tantos super-heróis trocando de roupas em cabines telefônicas, tinha que surgir uma revista como *Mad* para mostrar que havia uma probabilidade do *Superman* e da *Wonder Woman* se encontrarem no mesmo lugar, em **strip-tease** de identidades secretas.

Os chavões da cultura de massa americana sempre estavam presentes, sob qualquer pretexto. Vítimas constantes dos ataques de *Mad* eram Walt Disney, que sempre surgia como Walt Dizzy (Tonto), e suas milhões de assinaturas espalhadas pelo mundo todo, em crítica ao exército internacional de **ghosts** (fantasmas) que redesenhavam seus personagens. *Tarzan,* sempre aparecendo como Melvin of the Apes, era outra constante. *Aninha, a pequena órfã,* a famosa personagem em quadrinhos de Harold Gray, aquela que tinha bolotas em vez de olhos e um cabelo pixaim, sempre se revelava ao final, num dramático **strip-tease**, em espetacular **vamp** que estava disfarçada de menina ingênua. Na verdade, essa deveria ser a verdadeira imagem da protegida de Daddy Warbucks, o fazedor de guerras, vendedor de armas, milionário protetor da òrfãzinha.

Quando a revista estava no auge, ainda com suas características de **comic book** (formato e côr), Kurtzman tentou realizar um velho sonho: fazer de *Mad* o *Punch* americano, publicar nos **States** a versão da revista tradicional inglêsa que tanto amava. Mas, ao apresentar seus planos ao editor William M. Gaines, êste estremeceu. Como transformar um gibi americano vitorioso em imitação de uma velha e decadente revista inglêsa cuja tiragem mal chegava aos pés de *Mad?* Nunca.

Mas havia um precedente histórico na imprensa americana. Um redator-chefe da revista *Esquire* pediu um aumento de 50 dólares no seu salário e viu sua proposta recusada. Pediu demissão e fundou uma revista para concorrer com sua antiga casa. E surgiu *Playboy* no cenário do mundo, uma das revistas de maior resultado financeiro em tôda a história da imprensa.

Hugh M. Hefner ofereceu oportunidade semelhante a Kurtzman: financiar e editar a revista de seus sonhos. A melhor equipe de *Mad* seguiu seu criador, menos Wally Wood que ficou. Então, na redação em Madison Avenue de *Playboy*, a equipe planejou *Trump*, uma das mais belas revistas já feitas nos Estados Unidos.

O mesmo formato, o mesmo papel de *Playboy*. Não teve, porém, o mesmo sucesso de *Playboy*. Não chegou ao terceiro número. Isso porque o editor Gaines, apavorado com a perspectiva de se transformar num nôvo *Esquire,* não teve dúvidas: mal Kurtzman virou as costas, êle reabriu a gaveta e colocou em prática os planos previstos pelo criador em editar o *Punch* americano — transformou o *Mad* em revista. Quando *Trump* surgiu, algum tempo depois, perdeu-se no meio de mil e uma imitações de *Mad.* Aos olhos do grande público aquêle estilo de humor era um estilo *Mad* e não um estilo Kurtzman.

Hefner deu mais uma chance ao grupo, deixando-os fazer novas tentativas em sua redação. Surgiu então *Humbug*, uma versão econômica de *Trump*.

Esta série durou mais tempo, porém com grandes dificuldades. A mágoa e a amargura tomavam conta do grupo que se desfez. Kurtzman tentou ainda, sòzinho, fazer *Help*, com texto e desenhos seus è lançando mais uma: fotos sérias com legendas humorísticas. Terminou também.

Acabaram-se as revistas de Kurtzman, mas deixaram um legado inesquecível ao mundo da sátira. Como quando os russos lançaram o primeiro **sputnik**, com um intróito rico de humor, em autocrítica, reconheciam que os americanos tinham sido enganados pela **science fiction** durante anos e propunham-se a corrigir tal êrro, fazendo uma versão: Flash Gordonovich, comissário soviétivo do espaço, agente sideral de Kruschev. Ou ainda, quando usou uma foto de Tonto, o índio amigo fiel de *Lone Ranger* (o Zorro) escalpelando seu antigo chefe. O humor que influenciou tôda uma década no mundo, na verdade, não era de *Mad* e sim do grupo de Kurtzman.

Arranjemos um **happy end**, a fim de que êste livro tão dedicado à "decadente cultura americana", não seja acusado de "anti-americano". Vejamos um final tipo *Seleções do Reader's Digest*. Não, não. Kurtzman não encontrou petróleo nas suas terras nem virou um rico fazendeiro do Texas.

Junto com Bill Elder, em 59, na revista *Playboy*, lançou uma nova versão-sátira de sua velha marcação: *Aninha a pequena órfã* virou a **sexy** *Little Annie Fanny* (uma mistura da personagem em quadrinhos com o primeiro nome de *Fanny Hill*, romance pornográfico muito famoso), visualmente um misto de Marilyn Monroe e Brigitte Bardot. Tais histórias tiveram sucesso e foram editadas em luxuoso álbum em côres. Conseguiram juntar a velha turma, contando com arte final primorosa de Jack Davis, Larry Siegel, Russ Heath, Frank Frazetta, Al Jaffe e Werner Roth.

The happy end.

Feiffer, New York, N. Y.

Milt Gross fizera, em 1930, a grande novela americana sem palavras *He done her wrong* (Êle fêz mal a ela), obra-prima lembrando *Greed* (de Stroheim), as

Uma página sindicalizada (distribuída a jornais) pelo Hall Syndicate, na fase atual de Jules Feiffer, em Linus.

novelas de Kathleen Norris e mesmo Dreiser, em síntese maravilhosa de detalhes nos desenhos e admirável senso de coletânea de estereótipos da literatura americana, prenunciando o cinema hollywoodiano que atingiria seu apogeu econômico e industrial nesse período.

Trinta anos depois, outro gênio retoma êsse estilo, também desdenhando da criação contínua de um personagem, mas esgotando-o numa página de *Playboy* ou estendendo-o até uma novela como *Munro* e *Passionella.*

Jules Feiffer, ex-assistente de Eisner, autor do livro *The Great Comic Books Heroes,* surge na década de 60 como seu analista. Superintelectualizado, suas colocações são fechadas, mantendo a tradição americana de humor, mas com conhecimento da extensão de uma idéia, espreme até o sumo as possibilidades dum ponto de partida já genial, mas que, nas mãos de outro, não renderia o suficiente.

Munro é a história de um menino de 4 anos convocado pelo Exército Americano, por engano, e enfrenta as situações mais kafkianas que se possam imaginar, num choque criativo da ingenuidade infantil com a mentalidade militar.

Passionella é uma limpadora de chaminés da cidade de New York, que se transforma em estrêla de cinema, graças à boa fada da televisão e desenvolve sua carreira de maneira espantosa, até conseguir um **happy-end** hollywoodiano, saindo duma situação que parecia uma entalada impossível.

Tin Tin *do belga Hergé.*

Primeira página de uma edição de 1923 de La Semaine de Suzette *(que começou em 1905) com* Bécassine *de Pinchon.*

Refletindo bem o estilo da revista *New Yorker,* em tom moderno, contando histórias de fadas nova-iorquinas, ou colocando o **spleen** da discussão festiva ou do círculo vicioso do nada, Feiffer junta a velha fórmula da **charge** americana aos temas modernos, Hollywood, TV, Madison Avenue, Village, **underground.**

Rino Albertarelli ilustrando Os **mistérios da floresta negra** *do escritor de aventuras Emilio Salgari.*

Quadro do português E. T. Coelho ilustrando Eça de Queiroz. Começou no Mosquito *e continua hoje em França.*

Jesus Blasco, ilustrador espanhol, criador de Cuto.

Feiffer sintetiza o humor de New York, como Simon & Garfunkel sintetizam sua música.

Fumetti e Bande Dessinée

"A grande mágoa de minha vida é nunca ter feito quadrinhos," disse Picasso. Isso resume anos de presença da Europa nos quadrinhos, refletida hoje no alto nível dos estudos dos intelectuais europeus a respeito dêsse importante meio de comunicação.

Em 1820 Pellerin publica *Images d'Épinal.* Em 27, o pedagogo suíço Töpffer realiza uma história em imagens: *Monsieur Vieux-bois.* Na Alemanha, já sabemos, Hoffmann e Busch realizaram trabalhos geniais.

La Famille Fenouillard começa em 1889 feito por Colomb. Depois de *Yellow Kid,* em 1905, *La Semaine de Suzette* lança *Bécassine*. Em 1908 começa o sucesso espetacular em França de *Pieds Nickelés* de Forton. No mesmo ano, na Itália surge *Corrieri dei Piccolli*, periódico existente até nossos dias. Na Inglaterra em 1919, Payne lança *Pip*.

Na França, surge *Zig et Puce* de Saint Ogan em 1925. Na Bélgica, em 29, *Tintin* de Hergé. Mas já em 32, a Inglaterra lança *Jane*, de Pett, uma das primeiras histórias em quadrinhos a colocar o sexo em primeiro plano, transformando cada tira em um nôvo motivo para a heroína fazer o **strip-tease**, em antevisão da futura fase dos quadrinhos europeus nos 60.

34 foi um ano fértil para a Europa com o surgimento da distribuidora Opera Mundi, da historieta *Professor Nimbus* de Daix e da revista *l'Avventuroso* que desempenhou na Itália o mesmo papel que *Journal de Mickey* e *Robinson* na França, êste surgindo em 36 com os grandes heróis americanos da década de 30, tal como o *Suplemento Juvenil*, de Aizen, no Brasil.

Em 38 a revista *Spirou* começa na Bélgica.

Em Portugal, E. T. Coelho e, na Espanha, Jesus Blasco criam histórias com desenhos de qualidade comparável aos melhores desenhistas americanos.

No após-guerra, depois de um hiato no mundo dos **fumetti** e da **bande dessinée**, ressurgem as revistas, com o lançamento, entre outras, de *Vaillant* onde se encontra *Pif, le chien* e *Les Pionniers de l'Espérance* de Lecoureux e Poivet.

Em 59, começa a revista *Pilote* onde surge *Asterix* de Goscinny e Uderzo. Funda-se o *Club des Bandes*

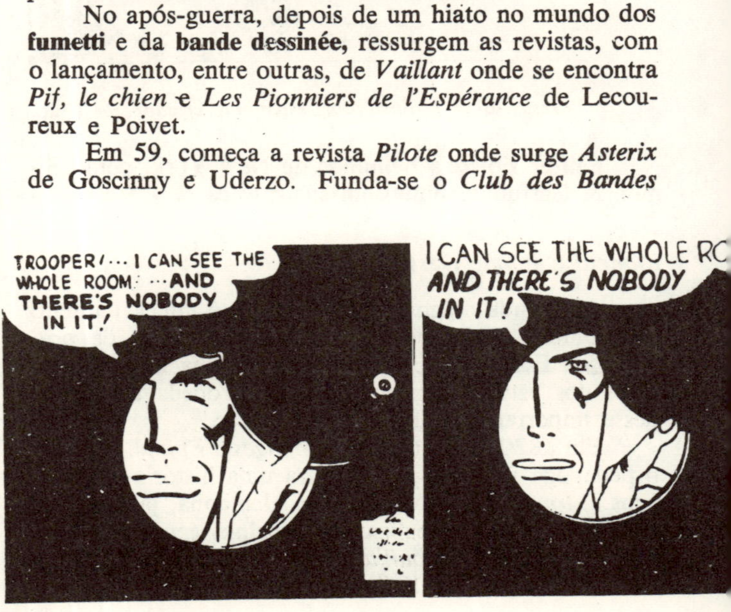

Em 1906, o artista plástico Lyonel Feininger foi contratado pelo Chicago Tribune *para fazer quadrinhos. Os críticos de arte ignoraram o fato. Na década de 60, Andy Warhol (Dick Tracy, 1960) e Roy Lichenstein (cuja pintura se vê ao lado do quadrinho de* Steve Roper, *sua origem), ampliaram o quadrinho e surgiu a arte* pop. *Arte, porque seus quadros eram "a óleo" e vendidos em galeria de arte, por* marchand de tableaux. *Ou seja, a forma como Fenninger divulgou sua obra, nos jornais, é que não era aceita como arte, e a forma como Warhol e Lichenstein divulgaram sua obra, nos têrmos tradicionais da pintura, é que fêz tôda a diferença. O meio (ou veículo) é que é decisivo, não a mensagem (o conteúdo).*

Blake & Mortimer de *Edgar P. Jacobs na Bélgica em 46.*

Dessinées em 62. Aparece a primeira revista no mundo especializada no estudo dos quadrinhos *Giff Wiff*, um ano depois dos Estados Unidos serem inundados por revistas de fanzines. Magazines de fãs, são revistas amadorísticas impressas em universidades ou quintais e porões por jovens damiradores de **comics.**

Então, começa na Europa e no mundo a febre dos quadrinhos. Livros, revistas, artigos, reuniões, conferências, adesões importantes, nomes que abriam notícias de jornais no mundo todo como Resnais, Fellini, Zavattini, Lelouch, Eco, McLuhan, Marcuse, Morin, Damiani e o apoio e prestígio da Universidade de Roma.

Surgem as manifestações de **pop art** em 63, com influência (ou ampliação pura e simples) de quadrinhos como Roy Lichenstein. O *Club des Bandes Dessinées,* pela sua importância, transforma-se em *Centre d'Étude des Literatures d'Expression Graphique.* Um grupo dissidente desta funda a *Societé d'Études et de Recherches des Litératures Dessinées.*

No mundo todo, finalmente, reeditam-se albuns luxuosos de histórias antigas, como *Flash Gordon, Buck Rogers, Tarzan, Pieds Nickelés, Little Nemus* e outros, com estudos sérios e introduções importantes, que ultrapassam a esfera das publicações puramente comerciais.

Em 65 a revista italiana *Linus* começa a ser editada e alcança grande sucesso comercial, abrindo perspectivas para outras iniciativas semelhantes no mundo todo, em estudos de qualidades sôbre os **fumetti.**

Nesse mesmo ano importante, realiza-se em Bordighera, na Itália, o *Primeiro Congresso sôbre Comics* organizado pela Universidade de Roma e com a CELEG de Paris. Al Capp, Lee Falk, Alfred Andriola comparecem. O mundo todo arregala os olhos com mais de um século de atraso, compreendendo a importância dos **comics** no mundo atual. Em seguida, essa exposição vem para a Bienal de São Paulo, Brasil, trazida pelo prof. Romano Calisi que faz uma conferência no Brasil, e seria seguido por Umberto Eco, Edgar Morin, Carpenter e outros. Os Congressos continuam na cidade de Lucca, também na Itália.

Numa vitória final, a SOCERLID organiza uma exposição de histórias em quadrinhos no Museu do Louvre, em Paris.

Os intelectuais, professôres, pais e mestres, mães, críticos de arte, escritores e autores infantis, editôres, museólogos, pedagogos, pintores, artistas plásticos, todos agora com a bênção da alta cultura, passam a dizer que nunca foram contra os quadrinhos, muito pelo contrário. . .

O cartunista David Pascal, representante americano aos congressos europeus de comics, *fêz esta ilustração, utilizada pelo V Congresso, dos heróis invadindo Lucca.*

Com os estudos a respeito da problemática da comunicação de massa, cai definitivamente por terra a antiga assertiva gratuita de que os quadrinhos deixavam as crianças preguiçosas mentalmente para, numa reviravolta total, chegar à conclusão exatamente contrária: os quadrinhos despertam uma resposta imediata, fulminante na mentalidade infantil.

A tal ponto que surgem muitas indagações a respeito, como a réplica do sobrinho da socióloga Evelyne Sullerot quanto aos balõezinhos: "Isso não se aprende na escola". E a escritora concluía, "Êle tinha razão, um balão: êle diz. Outro balão: resposta. Duas nuvens: êle pensa. Trovãozinho: está colérico. O balãozinho treme: treme de mêdo. Eis uma linguagem econômica, surpreendentemente universal. A surprêsa, a alegria, o terror, a velocidade, tudo em pontos de exclamação, interrogação, de raios solares, de tremeliques, de spaghetis, de traços lançados! Uma olhadela sôbre êstes códigos, símbolos populares, será rica para exploração".

Seraphina *de Eric Nemés,* Jeune Afrique *1967, tem um interêsse político. Os maus são brancos ou negros aliados dos brancos. Os bons são os negros.*

Num livro em que cada página tem uma ilustração 13x10 cm, com uma legenda em inglês, a Foreign Language Press *de Peking, em 1954, publica esta historieta* The sheperd's message, *texto de Hua Shan e desenhos de Liu Chi-Yu, com a justificativa que por mais de 40 anos os livros de histórias ilustradas foram muito populares com crianças na China. São considerados fáceis de compreender mesmo pelos semiletrados. No passado, citam, êstes livros apresentavam histórias que traziam má influência. Desde 1949, houve uma melhora na qualidade técnica e uma radical transformação no seu conteúdo, refletindo as aspirações e desejos do povo chinês, conclui o prólogo dêste livrinho raro.*

Andy Capp (*Zé do Boné, no Brasil*) *de Smythe, criação inglêsa: a revolta contra o matriarcado nos* comics.

A Universidade de Roma, segundo o Professor Romano Calisi, chegou a preparar pranchas ilustradas, com a finalidade de, por intermédio da UNESCO, testar crianças do mundo todo com as respostas mentais imediatas a respeito dos lugares-comuns dos gibis. Por exemplo, por que as crianças sempre vêem o símbolo do bem, da justiça, do mocinho enfim, numa máscara como a do *Zorro,* do *Fantasma* e o símbolo do mal num capuz como o da Ku Klux Klan?

Décio Pignatari, em seu livro *Informação. Linguagem. Comunicação,* diz, "claro é, no entanto, que a comunicação não é apenas a resposta, mas a relação estabelecida pela transmissão de estímulos e pela provocação de respostas". Na mesma obra cita que, psicològicamente, interessa a "resposta discriminada ou selecionada a um estímulo." (V. capítulo do Dr. Gaiarsa.)

O que é mais importante: o estudo do fenômeno, o resultado/resposta do fenômeno ou o próprio fenômeno?

Umberto Eco em *A estrutura iterativa nos quadrinhos* diz "A maior diferença que distingue o apaixonado dos quadrinhos do não-apaixonado é que o não-apaixonado pode, por complacência, ler uma, duas, três páginas da história que lhe é proposta, afirmando tranqüilamente que não encontrou nenhum prazer. Naturalmente, é o não-apaixonado que tem razão". Essa idéia falsa do distanciamento é covarde em relação aos quadrinhos.

Basta mudá-la para um crítico musical da obra de Bach para ver como ela é absurda: "A maior diferença que distingue o apaixonado da música de Bach do não-apaixonado é que o não-apaixonado pode, por complacência, ouvir uma, duas, três composições da obra de Bach que lhe vem proposta, afirmando tranqüilamente que não encontrou nenhum prazer. Naturalmente, é o não--apaixonado que tem razão." (. . .)

Quem tem razão é Henry Miller, colocando o problema relação escritor/leitor da seguinte maneira: "A única vez em que um escritor recebe a recompensa merecida é quando alguém chega a êle ardendo nesta chama que êle atiçou num momento de solidão. A crítica honesta nada representa: o que a gente quer é a paixão irrefreável, o fogo pelo fogo".

Evelyne Sullerot escreve em *Bandes dessinées et culture*: "seu público é tão vasto que pouco importa o que dirá a seu respeito êste ou aquêle pequeno círculo. Os intelectuais racionalizam sôbre algumas produções consumidas em seu microcírculo e se desinteressam das enormes produções da indústria cultural destinada ao grande público." (. . .) "A imprensa escrita, o cinema, as histórias em quadrinhos e as telenovelas são os reservatórios mitológicos de nossa sociedade."

Walt Kelly deixou a charge *política para fazer* comics: Pogo. *Mas continua incluindo a política nas histórias.*

Mac Luhan, em *Understanding Media* (Os Meios de Comunicação), lança a idéia que o **meio é a mensagem.** Ou seja, a forma é o conteúdo. A televisão, o cinema, o quadrinho, qualquer que seja o meio utilizado é que representa em si sua finalidade. Podemos exemplificar isso com a transmissão do encerramento da copa do Mundo, no México em 70 quando mais de meio bilhão de espectadores foram atingidos simultâneamente, graças aos eléctrons em fila, à eletrônica, satélites artificiais, à tecnologia enfim. Foi a TV, o veículo e não o conteúdo que conseguiu isso, pois em 66 tivemos uma final de Copa com um resultado muito menor. Provàvelmente a próxima final do mundial de futebol supere isso, sempre devido ao progresso tecnológico na TV e não do futebol em si. O mundo voltou a ser uma aldeia, como diz o comunicólogo canadense. Romano Calisi esclarece: "a comunicação de massa, depois de causar a dicotomia entre cidade e campo, sobretudo depois da ruptura da sociedade medieval, em uma certa fase da evolução histórico-social, tende a vir a ser o agente fundamental de uma geral urbanização da cultura nacional. Até que ponto tal resultado unitário tende a coincidir com uma forma nacional popular — superando assim definitivamente a distinção, de origem sócio-econômica, entre cultura dominante e subcultura dominada — poderá não depender do modo de unificação e da parte histórica que assumirão as classes subalternas, portadoras da subcultura em luta contra a hegemonia cultural de classe". Karl Mannheim conclui: "Ao meu juízo, é preciso ainda esclarecer o problema-chave do poder conferido

BC (AC *no Brasil) de Hart.*

Alley Oop *(Brucutu, no Brasil) de V. T. Hamlim. Só recentemente foi conhecido na Itália, lançado como* Cavernicolo Uup. *Muitos personagens dos quadrinhos ficaram inéditos na Europa devido ao período da guerra em que o fascismo proibiu os* comics *americanos no velho mundo.*

a um certo grupo social como depositário da cultura em um determinado contexto social".

"A cultura de massa assume a hereditariedade da cultura popular tradicional (o folclore). As classes subalternas procuram nesta aquilo que a cultura de elite mostra não saber lhe oferecer mais." (A. Gramsci.)

"O cinema, a televisão e a fotografia traumatizaram o movimento na arte. Pois foram as subculturas, menos complexadas diante do cinema que tomaram a peito estas tentativas." (. . .) "Muitos movimentos literários, artísticos, musicais ou novos encontram uma parte importante de sua inspiração renovadora nas manifestações mais vulgares da subcultura. O romantismo foi precedido pelo gôsto popular aos melodramas e romances de "quatro vinténs" que os fascículos e os jornais apresentavam. A Pop Arte nasceu das histórias em quadrinhos." (Evelyne Sullerot.)

"A dificuldade de separar a crítica moral da análise sociológica é uma das causas de divergência de nossas concepções do processamento decisivo da comunicação de massa", escrevem M. Janowitz e R. Schulze.

Finalmente a equilibrada Evelyne Sullerot fecha o ciclo de estudos: "a análise qualitativa é que permitirá situar esta ou aquela historieta na imaginação coletiva e o papel dêste reservatório de tipos e de técnicas na gestação da cultura de amanhã".

Nesse estudo todo da revisão do têrmo arte para a idéia moderna da comunicação, falta uma visão global, descomplexada, filosófica, do objetivo final de tudo, dentro do homem.

Afinal de contas por que o homem pintou a parede das cavernas, por que um pintor pinta um quadro, por que um escritor escreve, por que um desenhista faz quadrinhos?

Por quê, para quê?

Por que tudo isso forma um todo?

Por que um homem, em sua individualidade, cria algo que obtém uma resposta coletiva e sua obra individual entra dentro de um todo, numa idéia de meio de comunicação de massa, a tal ponto que sua obra surge lado a lado com todo o resto, com tôda a obra (boa ou má) dos outros?

O mundo voltou a ser uma aldeia, graças à imprensa, à televisão, aos meios gráficos, graças aos meios de comunicação, enfim.

Um fato, um acontecimento, uma figura é um só conhecimento universal.

O *Pato Donald,* assim escrito, neste livro é uma coisa. Escrito em japonês, hieróglifo, ídiche, inglês.

O Pato Donald (*Donald Duck*) *de Disney.*

italiano, francês é algo diferente em cada lugar do mundo, mas a simples visão de sua figuração gráfica, quebra tudo e transforma o mundo todo numa aldeia só.

Chegamos à ligação final, que nos interessa. A comunicação segundo os **comics.**

Quando o homem fêz a pintura rupestre, naquela figuração simples, na parede de sua caverna, queria comunicar-se, dizer algo a seus semelhantes, a relação indivíduo/coletividade, a resposta coletiva/individual. A tentativa de se aproximar dos outros. A tentativa de aproximar os outros.

Nenhum homem é uma ilha.

A arte ou a comunicação é uma forma superior de entendimento entre os homens. A tentativa de dizer algo, seja em qual forma ou meio, é um desejo básico do homem.

O amor, o ato sexual, a amizade, a fraternidade, a morte, a arte, a comunicação, o canto, o conhecimento, a dança, a música, a televisão, o cinema, o quadrinho, a fala, o pensamento, o afeto, a luta, a sobrevivência, o diálogo, o entendimento mudo e mútuo, a paz, a companhia, a felicidade, tudo enfim que aproxima os homens, em vez de afastá-los, é um meio de comunicação entre os sêres.

Estamos misturando os meios modernos de comunicação entre os homens e seus meios mais primitivos e básicos da sobrevivência e da continuidade das espécies.

O homem é novamente simples como o animal. Mas agora usa meios avançados e tecnológicos da conquista em relação ao seu meio e à natureza e ao espaço e ao tempo por êle dominados.

É o homem comunicando-se com seu semelhante.

CONSEGUIRÁ O AUTOR SE SALVAR DESSA ENRASCADA, OU...??? !!!NÃO PERCA O PRÓXIMO CAPÍTULO, ESCRITO PELO INVETERADO COMEDOR DE GIBIS, JÔ SOARES.

OS DILEMAS DO FANTASMA E DO CAPITÃO AMÉRICA

Jô Soares

Os pensamentos do Fantasma.

Várias calúnias têm sido feitas contra o Fantasma, mas nenhuma tão grave quanto a que escreveu Ernesto G. Laura no seu estudo intitulado "O Homem branco face ao terceiro mundo, segundo o Fantasma". Nesse artigo é emprestada injustamente ao *Espírito que caminha* uma enorme volubilidade política. Diz o senhor Laura que, por ocasião de seu aparecimento em 1936, o Fantasma era racista e colaborador dos colonialistas inglêses, tratando os nativos de "animais", 'bêstas selvagens" e mesmo "canibais" (têrmo aliás que em certas circunstâncias não me parece depreciativo) enquanto que, agora, funciona como uma espécie de agente das Nações Unidas, ajudando a eleger líderes democráticos.

Ora, afirmar esta calúnia tenebrosa é dar mostras de crassa ignorância do assunto, ficando patente que o senhor Ernesto Laura não só é mal informado, como desconhece radicalmente a própria história do Fantasma. Por quê? Simples. O Fantasma racista e colonialista ao qual êle se refere não era o Fantasma mas sim o pai do Fantasma.

Como se sabe perfeitamente, a saga dos Fantasmas começa há 400 anos, quando um jovem nobre inglês, Sr. Christofer, durante uma viagem marítima ao largo do Gôlfo de Bengala, teve seu navio atacado e viu seu pai degolado pelos piratas. Escapando a nado, chegou à costa africana, jurando então solenemente consagrar sua vida e a de seus descendentes à luta contra o crime e a pirataria. Juramento êste que vem se transmitindo através dos séculos. Por conseguinte, o Fantasma de 1936 é sem sombra de dúvida o pai do atual Fantasma e por isso mesmo não podia deixar de ter um espírito mais conservador. Quem dentre nós não sente o problema da divergência entre gerações? Por que seria isenta dêsses choques a dinastia dos Fantasmas? Não podemos esquecer que òbviamente a visão de mundo dos nossos pais é diferente da nossa, como certamente os nossos filhos pensarão de maneira diversa, dentro da evolução social da civilização. É bem provável que o filho do Fantasma atual tenha uma vasta cabeleira, por baixo do seu capuz.

Os mais céticos poderão dizer que nada disto tem importância, visto que o Fantasma só existe na mente do seu criador Lee Falk mas eu afirmo: o Fantasma existe. A consciência de 30 milhões de leitores em todo o mundo grita que êle existe e em verdade vos digo: essa corrente mental deu-lhe vida, fazendo com que Falk não seja mais um escritor e sim um historiador.

Os problemas que afligem o atual Fantasma, no entanto, são bem mais importantes do que essas divagações tôlas e injuriosas feitas por elementos que não privam da sua intimidade. O *Espírito que caminha* deixa seus pensamentos vagarem pela Caverna da Caveira em busca da solução para um problema real.

Devido à evolução das comunidades tribais africanas, torna-se às vêzes difícil ao mascarado manter sua reputação lendária de imortalidade. Vide a edição americana do *The Phantom* — março nº 21 — publicada por King Comics. Quando, no último quadrinho da página 8, o pirata Zeeks pede o auxílio de alguns nativos para a eliminação do Fantasma, a resposta dos curandeiros rebeldes é: "The sailing one speaks truth! We must stop the Phantom!" ou seja: "Aquêle que navega fala a verdade. Nós temos que acabar com o Fantasma", o que demonstra claramente que os ditos curandeiros descrêem (ou estão dispostos a descrer) da eternidade do herói. Há pouco tempo atrás, um africano nunca teria a coragem de colaborar com qualquer atentado contra a integridade física do Fantasma, não acreditando ser possível a sua destruição. A verdade é que vários nativos já se perguntam se realmente o Fantasma não morre e o que há por trás da sua imortalidade.

Diante disso, o *Espírito que caminha* encontra-se face ao seguinte dilema: reforçar, através de uma imensa campanha publicitária com o auxílio da Liga de Feiticeiros de Tribo, a sua aura de imortal (o que sem dúvida lhe daria revalorização mítica), ou pôr de vez as cartas na mesa e, numa entrevista coletiva aos grandes chefes, revelar finalmente a sua origem. Se a primeira hipótese oferece grandes atrativos no plano do mistério, tem como ponto negativo o fato do Fantasma poder a qualquer momento sofrer um acidente e ser desmistificado sem nenhuma possibilidade de recuperação. A segunda opção tem a vantagem de mostrar o mascarado sob um enfoque humanista, o que ajudaria a fortalecer o halo de simpatia em tôrno da sua figura pública, mas, por outro lado, poderia instigar algum fanático a eliminá-lo numa emboscada bem urdida, durante uma de suas visitas a alguma tribo distante.

Êstes são os pensamentos que atormentam o *Espírito que caminha,* dentro da sua floresta guardada pelos fiéis pigmeus Bandar. Enquanto o dedicado Guran cuida de que nada lhe falte e seleciona com cuidado a ração de Herói, o Fantasma no seu trono afaga com a mão descontraída a cabeça de Capeto, tentando decidir se deve ser mito ou realidade.

Qual será a sua opção? Só o futuro dirá.

Do ressurgimento do Capitão América e suas conseqüências

De um chauvinismo muito conveniente a uma época de guerra como 1941, surgiu o *Capitão América.* Valoroso defensor dos ideais americanos à antiga — mais ou menos correspondentes àqueles dos primeiros desbravadores para quem um índio bom era um índio morto — e fruto de uma experiência científica levada a efeito pelo doutor Erskine, que transformou o bem intencionado mas mal proporcionado Steve Rogers no herói do escudo listado, o Capitão América já começa sua carreira liquidando o espião názi que mata o seu benfeitor no próprio momento da experiência (Vide *The origin of Captain America-Marvel Comics Group-Mar*-41 quadro número 23: "Thus, a champion of freedom is born and a foe of Liberty meets his death in a truly symbolic revelation of things to come").

Ao esconder sua verdadeira identidade sob a figura desajeitada e pouco marcial do recruta Rogers, o Capitão América dá a entender claramente que, na sua opinião, o último lugar onde poderia se esconder um bom americano é atrás de um mau soldado. Nota-se assim nesse herói uma preocupação guerreira, sendo êle possìvelmente o mais agressivo dos vigilantes. A própria escolha de seu uniforme, listado e estrelado como a bandeira americana, deixa transparecer as suas intenções, assim como a preocupação de deixar bem claro:

América for Americans. Ousaríamos mesmo acrescentar que o Capitão América está para os **comics** assim como o governador Wallace está para a política americana.

Feita esta análise, torna-se de imediato óbvia a razão pela qual, numa época de liberalismo tipo Kennedy, tal herói tenha caído no ostracismo e resolvido passar por um longo período de hibernação. Agora, passados muitos anos, eis que o moderno deus da guerra volta a brandir seu escudo estrelado. (Abrimos aqui um parêntese para analisar esta arma do capitão. É estranho que um herói tão agressivo tenha escolhido para si um instrumento defensivo. Talvez queira êle, através do escudo, insinuar simbòlicamente que só ataca para se defender. Esta imagem pode parecer paradoxal, mas de certa maneira sintetiza tôdas as desculpas e tomadas de posição da política internacional americana frente aos conflitos em que participa.) Terá a sua reaparição alguma coisa a ver com a participação dos E.U.A. no Vietnã? Não sabemos. Por enquanto o Capitão limita-se a narrar suas aventuras passadas. O que pode ser uma advertência aos guerrilheiros Vietcongs. Que rumo tomaria a crise no sudeste asiático com a participação ativa do Capitão América? É provável que a longa hibernação tenha retardado ligeiramente seus reflexos mas isto é fenômeno de fácil recuperação.

Há de se levar também em conta que qualquer cruzada empreendida atualmente pelo herói terá forçosamente que ser solitária, pois seu companheiro Buck que, na época, contava com 14 anos, não hibernou e tem agora 41 anos aproximadamente.

Do momento, porém, que tão notável combatente opte pela luta do Vietnã, o rumo das operações será imprevisível. Ficariam na balança da história 2 pratos a serem pesados. Para que lado penderia o fiel? Para o escudo de listas ou para as armadilhas precárias? Por outro lado, esta volta do Capitão América contando suas aventuras talvez faça apenas parte de uma manobra do Departamento de Estado que o tenha convocado para melhorar o moral das tropas. Em verdade, só duas saídas existem: ou o Capitão América evocando suas glórias passadas desperta novamente o antigo chauvinismo felizmente adormecido no coração dos jovens, ou terá que travar uma luta solitária e suicida nos pantanais do Vietnã.

DEPOIS DESTAS HILARIANTES PÁGINAS, MERGULHE DE CABEÇA NO EPISÓDIO SEGUINTE QUE... (ACORDES MUSICAIS, SUSPENSE)

Não tema, rainha mãe
Era Laertes
E êle morrerá por minhas mãos!
...Alas! Fui envenenado
E agora, eu também
Vou me juntar ao meu falecido pai!
Eu, também — eu — AGGGRRRAAA!

Cena da Morte — *Hamlet Comics*

OS QUADRINHOS E A COMUNICAÇÃO DE MASSA

LAONTE KLAWA
E HARON COHEN

Indústria e percepção

A Revolução Industrial é uma referência e um exemplo de transformação histórica rápida e radical. As origens próximas e estruturais da moderna sociedade de consumo estão lá localizadas, e não resta dúvida que as importantes mudanças que se processaram no curso da História, no esqueleto e na carne do corpo social são amplamente conhecidas. Assim, a visão do quadro geral teórico de uma estrutura econômica e social será simplesmente assumida e não discutida.

Especìficamente para o assunto sôbre o qual discursaremos, a Revolução Industrial estabelece um limite pelo menos inicial, na gênese nas historietas, pois é no mapa dêsse período que o marco do ano zero da história das estórias em quadrinhos foi estabelecido. No entanto, a necessidade de relacionamento entre as histórias em quadrinhos e a Revolução Industrial não é exclusivamente ditada pela sua origem, mas também pelo levantamento de alguns fatôres decisivos para o entendimento do seu significado histórico estrutural.

O homem urbano era diferentes homens. Sua vida era diferentes vidas. O trabalho estava isolado da sua vida familiar, esta, independente da sua atividade criadora. Contrapõe-se o trabalho ao lazer. Os acontecimentos, os fatos, as coisas, multiplicavam-se, ocorriam desordenadamente; difìcilmente poderiam ser entendidos como um conjunto, mas eram vividos ou percebidos concomitantemente. A História deixava de ser uma referência distante, uma cena inatingível na qual participavam sòmente grandes personagens. O mundo dêsse homem é, massificante, no entanto, cada vez mais êle é cônscio da sua individualidade.

A realidade é fragmentada, apresenta-se em unidades entre as quais não existe mais o encadeamento lógico-linear que caracterizava a visão medieval do universo. A busca de ordem e harmonia no caos poderia ser o lema dos modernos cavaleiros andantes. Por outro lado, a localização do eixo da vida social na relação dominante da produção sôbre o consumo, na transfiguração dos objetos, coisas e até mesmo sentimentos em mercadoria, criou uma racionalidade objetiva e pragmática essencialmente dirigida para a rentabilidade de qualquer atividade humana. O conhecimento, ou pelo menos parcela dêle é também transformado em mercadoria; no entanto, ainda que precàriamente atendeu às indagações motivadas pela ânsia de compreensão do mundo. Essa objetividade pragmática, ao lado de uma realidade aparentemente multipartida, deu origem a uma nova consciência que percebe o sistema nas conseqüências e não em sua estrutura. Havia uma noção difusa e perplexa dêsse fenômeno, não do porquê, mas sim da sua existência. Esta situação é admiràvelmente compreendida por Fernando Pessoa, quando diz:

Olham os cacos absurdamente conscientes
Mas conscientes de si mesmos, não conscientes dêles.

A cultura serve contraditòriamente a dois senhores: à consciência e à alienação; ao conhecimento e à fetichização da realidade; ela é criativa e também paralisadora. É nessa dialética que se debate e cresce a cultura de massas.

A categoria do tempo é um índice claro dessa situação. O homem médio não vê mais no tempo um simples divisor entre a vida e a morte; é agora um elemento de sua **praxis.** Nas operações econômicas o tempo é um fator de sucesso ou fracasso. O homem planeja o seu tempo: êle é dividido, partilhado e coisificado. Se pensarmos que qualquer noção de tempo só pode ser apreendida junto às de espaço e de movimento, poderemos afirmar que a expressão — "nova visão do mundo" — passa a valer também no seu sentido literal. A simultaneidade de acontecimentos, num mesmo tempo, passa a fazer parte do ato de conhecer. Uma diferente consciência da realidade corresponde a uma diferente percepção. Os órgãos sensoriais passam a captar e atribuir um conjunto de relações inéditas entre o espaço, tempo e o movimento. Um espaço multidimensional, dinâmico, fragmentado, onde o tempo é usado como medida de rearticulação da realidade, é o tema, por exemplo, dos pintores cubistas. Muitas vêzes as conquistas do homem na busca da verdade tornam-se no processo econômico elementos de sua alienação.

Palavra e espaço

O exame de uma página de jornal é elucidativo. Pequenos blocos de texto organizados sôbre a fôlha fornecem informações autônomas e independentes entre si. O espaço da página é dividido; o campo não é mais ocupado por um texto unitário e encadeado. Na literatura a proporção era de um texto para muitas páginas, ou, no máximo, de um texto para uma página. O jornal espelhando a nova concepção de espaço, atendendo aos imperativos da venda, às necessidades de um consumo rápido e fluente, subverte essa relação. Ao lado de uma notícia sôbre política está outra sôbre esporte, ou ainda sôbre a moda etc. A aparente desconexão dos textos jornalísticos foi possível devido à referida mudança na percepção do homem médio. Não se pense que êstes fenômenos ocorreram abruptamente. Pelo contrário, desde o Renascimento já poderiam ser identificados. No entanto, é durante a Revolução Industrial que se definem como de massa, que se englobam na tendência geral de formação de um homem estandardizado.

Note-se que a estrutura do romance se modifica. O romance de folhetim, isto é, o romance publicado em capítulos, institui um tempo narrativo nôvo. Cada capítulo é uma unidade que deve criar condições e expectativas para o capítulo seguinte; é um comprimido que diàriamente deve fazer efeito sem contudo resolver a trama que descreve. Fundamentalmente é o esquema que ainda hoje encontramos nas novelas de televisão. Êsse sistema nasce a serviço de um interêsse econômico, o que não impede que seja criativamente utilizado por homens como Dickens e Balzac.

O mesmo processo atinge a palavra, ou, com mais exatidão, o uso da palavra. Na simples observação de uma manchete de jornal percebe-se uma orientada seleção, uma escolha (muitas vêzes intuitiva) apoiada na procura de uma comunicação rápida, eficiente e essencialmente vendável. Uma palavra é cognominada "chave" quando ela excita o consumidor à compra, quando desperta sua curiosidade. Uma mesma notícia pode ser transmitida de diferentes maneiras; a melhor será aquela que vender mais. A palavra é, além de um transmissor de idéias, uma mercadoria, um ente fetichizado.

A imagem

Inicialmente a importância da imagem no conjunto da página do jornal foi relativamente pequena. Desempenhava quase ùnicamente um papel de preenchimento de espaços vazios. Com a crescente solicitação de informações rápidas e fáceis passou gradativamente a ser usada (de maneira diversificada) com uma freqüência cada vez maior.

Examinemos os tipos de imagem que antecederam, no jornal, os quadrinhos. A ilustração que acompanha-

LE FIGARO

Antevendo o futuro da imprensa ilustrada, em 1886, o fotógrafo Nadar (Félix Tourchanon) colou fotos no suplemento literário de Le Figaro *sôbre* a arte de viver cem anos *do físico Chevreul e fêz um* boneco *que foi ignorado pelos editôres.*

va as reportagens não era meramente um elemento de redundância da notícia, mas permitia que além da operação de conhecimento se processasse também a de reconhecimento. Com isso queremos dizer que quando se noticiava um acontecimento qualquer não bastava uma descrição abstrata dos fatos. O homem urbano desejava uma subjetiva participação, mais viva e presente. O rosto dos personagens envolvidos nos acontecimentos, seus gestos, sua roupa, o flagrante do desastre no seu ponto culminante etc., tudo lhe dava uma noção mais completa do evento como também uma sensação de proximidade, de intimidade com um mundo que quanto mais conhecia mais distante ficava. O desenhista "repórter" foi substituído pelo fotógrafo, mas a tradição de texto e ilustração como elementos complementares permaneceu.

Um outro tipo de imagem jornalística que se criou foi a caricatura. Esta não tinha uma função ilustrativa. A posição política do jornal era, na caricatura, expressa de maneira sintética e crítica. A crítica consistia em um texto que procurava ridicularizar personagens reais e atos verdadeiros contrários aos interêsses do jornal; também em um desenho que deformava personalidades famosas e conhecidas conferindo-lhes conotações negativas.

Finalmente a piada, ou **cartoon** que também exercia uma função crítica, embora não tão imediata como a do exemplo anterior. Seu tema eram os costumes, ou classes sociais, a instituição familiar. O **cartoon** era um desenho acompanhado pelo texto (quase sempre um diálogo), ou sòmente o desenho, muitas vêzes batizado com o nome de "história sem palavras" deixando claro que os fatos se bastavam desde que visíveis.

A ilustração, a caricatura, o **cartoon,** e mesmo a fotografia, compõem um conjunto em que a imagem assume funções diferentes, mas mantém a mesma relação com o texto: são complementares e independentes entre si. É possível dispensar a imagem que acompanha um texto que êste continua perfeitamente compreensível. Embora seja mais difícil, o inverso algumas vêzes pode acontecer, isto é, a imagem ter vida própria na página do jornal. Mas o importante é a observação da relativa autonomia de texto e imagem, a independência do espaço em que são compostos.

Os quadrinhos

Principalmente é necessário que a história em quadrinhos seja entendida como um produto típico da cultura de massas, ou especìficamente da cultura jornalística. A necessidade de participação e envolvimento

Luna Toon *em* Zap Comix

catártico motivada pela alienação do indivíduo, a metamorfose da informação em mercadoria, o avanço da ciência, a nova consciência da realidade, enfim, as coordenadas características do estabelecimento da sociedade de consumo criaram as condições para o aparecimento e sucesso do jornal, cinema e história em quadrinhos. O teatro, a pintura foram meios transformados e adaptados à nova situação, enquanto que a história em quadrinhos, como o cinema, podem ser classificados como novos veículos e novas formas.

Seja numa função alegremente digestiva ou sèriamente crítica, constituíram-se numa articulação imagística original e própria. Por isso podemos afirmar sua tipicidade.

A aproximação entre cinema e os quadrinhos é inevitàvel pois os dois surgiram da preocupação de representar e dar a sensação do movimento. Os quadrinhos, como o próprio nome indica, são um conjunto e uma seqüência. O que faz do bloco de imagens uma série é o fato de que cada quadro ganha sentido depois de visto o anterior; a ação contínua estabelece a ligação entre as diferentes figuras. Existem cortes de tempo e espaço, mas estão ligados a uma rêde de ações lógicas e coerentes. Quando feita para o jornal a historieta obedecia ao esquema do romance de folhetim (aliás ela nasceu de ilustrações para os romances), criando uma expectativa para o desenrolar da narrativa.

A aparição dêsse conjunto estruturado de imagens significou uma revolução no tratamento das representações analógicas. Não era mais a fixação pictórica de um instante; agora se observava uma narração figurada onde o desenvolvimento das ações dos personagens, do comêço e do fim de um fenômeno qualquer, podia ser apreendido, visto ou revivido.

Uma característica vital foi acrescentada à representação das imagens: o tempo passava a ser um elemento de organização da série. No entanto, fazia-se necessário que o leitor completasse o "vazio" entre um e outro quadrinho. Um herói vai abrir uma porta; sua mão dirige-se para a maçanêta. No quadro seguinte está

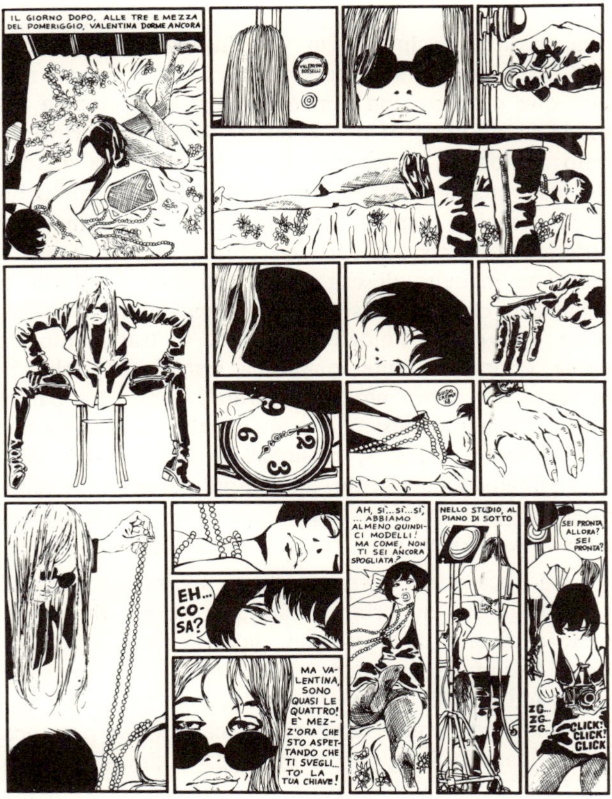

Valentina *do italiano Guido Crepax.*

correndo pelas ruas. Foi preciso que o leitor preenchesse com sua imaginação a falta dos seguintes movimentos — o personagem abre a porta, sai, a porta bate, êle começa a correr — para que houvesse uma coerência entre os dois quadros. Alguns autores argumentam que essa operação perceptiva não é relevante; só é permitida porque as ações não descritas são altamente prováveis e portanto não implicam participação maior do espectador na construção da cena e nem numa concepção espacial nova da linguagem. Pensamos que a grande probabilidade do desfecho da ação não seja uma característica da linguagem das histórias em quadrinhos, mas sim de sua mercantilização, da mesma maneira que o **happy end** também não o é no cinema. A seqüência de quadros não é **obrigatòriamente** provável, como demonstra o desenho *Luna Toon*. Cada quadrinho tem, quando isolado, um grau menor de inteligibilidade e maior quando em conjunto. O grau maior é conferido pela continuidade de tempo, espaço e movimento na maneira descrita anteriormente. Contudo, a articulação dos quadros pode não ser feita exclusivamente através da unidade de ação. O tratamento da página (principalmente quando a história é publicada em revistas), como um todo formal, como um painel onde o elemento básico é o quadrinho, quando compõe diferentes espaços, manchas, claros-escuros, símbolos, independentemente do tempo narrativo, é uma tentativa de acréscimo das conquistas pictóricas às historietas. Hogarth e Crepax são exemplos.

Não fica difícil portanto chegar à conclusão de que as histórias em quadrinhos são uma forma de representação diversa da ilustração, da caricatura e do **cartoon.** A simples constatação do seu caráter de série organizada através de um uso conceitual do tempo não só é suficiente, como também coloca-nos em presença de uma estrutura figurativa original. Todavia, a complexidade da sua linguagem não reside ùnicamente nesse fator. Quando examinamos a relação de texto e imagem na ilustração, caricatura etc., já constatamos a autonomia entre um e outro. No momento em que Richard Outcault, na sua história *The Yellow Kid,* colocou textos dentro do quadrinho e encerrou-os dentro do balão, estava fazendo mais do que mudar a localização das palavras em relação às figuras. De fato, a inclusão de palavras no campo imagístico implicou numa transformação do seu uso, acrescentando conotações e algumas vêzes alterando o seu significado. As palavras sofreram um tratamento plástico; passaram a ser desenhadas; o tamanho, a côr, a forma, a espessura, etc., tornaram-se elementos importantes para o texto. Quando um personagem diz: — Oba! e isto é escrito no balão com letras pequenas e miúdas significa "falando baixo, com cuidado". Ao contrário, desenhada com letras grandes e espêssas quer dizer "falando alto, exaltado". Dois sentidos diversos são dados pela mesma palavra através de tratamentos formais diferentes. É evidente que o desenho da palavra existe também fora do campo das imagens. Mas nesse caso de existir uma conexão e uma síntese que se estabelece entre (e ao mesmo tempo) a linguagem analógica das imagens e a digital das palavras. É exatamente nessa concomitância que está a importância dos mencionados transporte e tratamento do texto, nessa relação organizada entre a informação analógica e a abstrata que criam um conjunto nôvo, possibilitando um conhecimento rápido e preciso.

Testes psicológicos aplicados em crianças demonstaram que a informação quando transformada em história em quadrinhos èra apreendida num tempo assustadoramente pequeno. Numa época em que a complexidade de conhecimento é cada vez maior, fácil é compreender a relevância dêsse fato e, portanto, colocar em discussão a literatura, o ensino, e mesmo a linearidade do conhecimento abstrato.

FUNDIU SUA CUCA? DEITE NO DIVÃ DO NOSSO PSIQUIATRA NO CAPÍTULO SEGUINTE DÊSTE SENSACIONAL LIVRO!

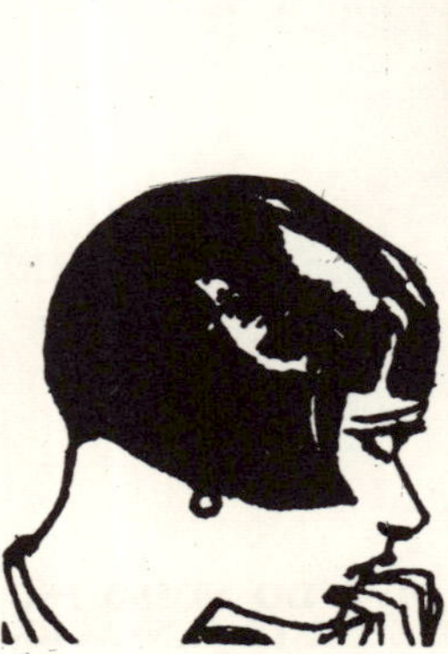

Dixie Dugan, *em 1933, de Mc Evoy por H. J. Striebel, visìvelmente inspirado na maravilhosa estrêla de cinema da época, símbolo do sexo, Louise Brooks.*

DESDE A PRÉ-HISTÓRIA ATÉ McLUHAN

DR. JOSÉ A. GAIARSA

Os acadêmicos são muito chatos, muito sem imaginação e sem senso de humor. Êles dizem que os desenhos famosos das cavernas pré-históricas — que foram a primeira história em quadrinhos que já se fêz — eram "um ensaio de controlar màgicamente o mundo", em particular, a caça.

Ora, acontece que êsses desenhos controlavam mesmo a realidade e eram mágicos — sem mais.

Vejamos como.

Para mim é claro que o desenho foi anterior à fala na história da humanidade.

A primeira abstração que o homem realizou foi um traço sôbre areia ou sôbre lama, feito com a ponta de um pau. Dêste traço nasceu e só dêle poderia ter nascido — aí falha a imaginação dos antropólogos acadêmicos — a primeira abstração humana, isto é, o primeiro lampejo da inteligência.

"Posso fazer um mundo em miniatura!" — esta a luminosa conclusão do troglodita quando riscou no chão um risco e disse (sem palavras!): "êste risco é igual ao pauzinho com que eu risquei a areia".

Para mim é claro que o desenho formou a inteligência e assim gerou a capacidade humana de controlar o mundo. O primitivo, pois, não estava brincando em serviço quando riscou a areia.

A primeira forma de escrita conhecida — os hieróglifos do Egito — foi o segundo tipo de história em quadrinhos que a humanidade conheceu, quando as coisas ainda eram mais importantes do que seus nomes.

Subsistem até hoje sob a forma de cartas enigmáticas.

Depois, descontentes demais com as palavras, que são muito exatas e pobres, inspirando-se na poesia — tôda ela feita de imagens — os homens ensaiaram fazer a primeira história em quadrinhos mesmo, a fim de ver se conseguiam dar uma idéia da sucessão das coisas que fôsse menos pobre do que aquela dada pelas palavras. Em um desenho, como em um olhar, podemos ver em um instante coisas que, se postas em palavras, dariam para encher um pequeno volume.

A visão é simultânea e instantânea; a palavra é sucessiva.

O espaço é fruto da visão, o tempo da audição.

Coisas que vão acontecendo acontecem como quadrinhos de cinema, um quadrinho completo depois do outro, a série inteira contando uma estória.

Para descrever o que acontece em um filme é aquêle desespêro de quem tem amigo muito interessado em contar como foi a fita.

Os recursos de abstração dos desenhos são amplos. Podemos contar uma estória, em desenhos, do comêço para o fim ou do fim para o comêço; ainda, indo e vindo como em um contraponto musical; enfim, jogando todos os "quadrinhos" — todos os momentos da estória — na mais completa desordem. Com paciência e jeito será sempre possível recompor a ordem chamada de natural.

Com as palavras não é assim. Se eu puser ao acaso em um livro tôdas as palavras que êle contém, mas desordenadas de todo, ninguém conseguirá "ler" a estória, por mais que o tente.

As palavras são mais exatas do que as figuras, têm menos sentidos possíveis; nesta mesma medida são mais pobres em significados, em poder de sugestão, em riqueza de possibilidades, em número de interpretações possíveis.

Na história em quadrinhos — como no cinema — podemos compor a figura como nos apraz e podemos focá-la de qualquer ângulo e de qualquer distância — o que jamais nos será dado fazer com a palavra. O desenho, pois, tem mais ângulos e variedades do que a escrita. Enfim, a figura desenhada está muito mais próxima do objeto do que a palavra. Qualquer cidadão de qualquer país reconhecerá um gato desenhado — mesmo que mal desenhado; o mesmo não se poderá dizer da palavra **gato, chat, cat.**

Apesar destas vantagens óbvias, os homens aos poucos foram se deixando engolir pelas palavras e com isso o senso de realidade da humanidade foi-se empobrecendo.

As pessoas desaprenderam de ver na medida exata em que aprendiam a falar.

Pior do que isso: as pessoas começaram a viver em livros o que antes se vivia de fato.

Depois surgiu Gutenberg e com êle começou a invasão letrada de que tão bem e tão mal nos fala McLuhan. A letra engoliu o homem que passou a existir como palavra.

O mundo se resumiu ao dicionário. Saber confundiu-se com saber falar, a justiça se confundiu com a lei, saber fazer acontecer se confundiu com encontrar a fórmula...

A esta luz, a atual "regressão" das crianças, dos adolescentes, dos moços, dos maduros e dos velhos, que preferem ler quadrinhos a ler livros, é uma reação muito saudável, um verdadeiro retôrno à realidade.

A visão é muito mais inteligente do que a audição. Falamos de um homem "de visão" quando queremos dizer que êle foi inteligente; "teoria" como "intuição" significam, etimològicamente, "ver"; o ver não tem limites e entre o ver e o responder, com atos e atitudes, vigora um ciclo dialético interminável, no sentido de a visão gerar a ação e de a ação gerar a visão.

Já a palavra, mais apta como especialidade, joga com uns tantos sons em forma de combinações matemáticas, um a um, dois a dois, três a três etc. Com um número finito, na verdade, com um número relativamente pequeno de sons, e apenas vinte e cinco sinais gráficos em correspondência com êles, a palavra consegue "representar tôda a realidade". É um sistema simbólico muito apto para especialidades estritas — como a matemática e a lógica; mas péssima para usos variados e amplos como se vê na conversa comum, que nunca vai nem vem, e não chega para ninguém a parte nenhuma.

Ou a palavra é exata ou ela é inútil; palavras exatas só existem nas linguagens artificiais que o homem vem desenvolvendo pouco a pouco, a jurídica, a técnica, a religiosa, a matemática, a de computadores e outras. Dentro de cada universo verbal e de cada círculo de especialistas — como os citados — é possível algum entendimento; fora dêles não.

A palavra é o fim, não o comêço. Só depois de ver juntos muitas vêzes coisas parecidas poderemos falar sôbre elas um com o outro — e saber o que estamos dizendo.

Não é muito difícil provar que o desentendimento entre as pessoas, reinante em nosso mundo, se deve acima de tudo à incompreensão verbal tanto de quem fala como de quem ouve.

Não sabemos falar nem sabemos ouvir. Por isso, falar não adianta nada.

Vamos "ler" histórias em quadrinhos a fim de aprender a ver as coisas. É preciso não apenas reaprender a ver como é preciso — e muito mais — aprender que as leis da gramática não são leis naturais, nem da realidade nem do pensamento. A sintaxe verbal é apenas uma das linguagens humanas e apenas uma das

Todo desenhista se auto-retrata no seu herói (Phil Davis criou Mandrake à sua imagem e semelhança), mas George McManus criou Pafúncio em sua antevisão, pois foi envelhecendo e ficando cada vez mais parecido com sua criação a ponto de ser convidado pela Monogram para fazer no cinema um filme baseado nos seus personagens.

formas do pensamento humano; como tudo o mais no homem, êstes instrumentos são ótimos para certos fins e péssimos para outros. No entanto, na escola nunca nos dizem quando o caso é um e quando o caso é outro. Saímos da escola e vamos pela vida afora sempre usando o instrumento certo na hora errada. Acabamos descrentes e isolados e dizendo que é impossível para os homens a comunicação, que cada um é uma ilha e outras baboseiras derivadas do mesmo êrro básico.

Vamos aprender a ver nas histórias em quadrinhos como é o mundo; as miniaturas desenhadas ou fotografadas são mais semelhantes às coisas do que as palavras. São mais curtas e mais claras.

Estimulam mais a inteligência e a imaginação e a abstração; permitem um número maior de combinações porque se podem combinar no espaço e em tôdas as direções, ao passo que as palavras só podem se suceder em uma linha depois da outra, uma palavra dita após outra palavra dita, uma frase dita após uma outra frase dita.

A palavra é linear, a visão é espacial — pode-se desenvolver em tôdas as direções.

É preciso cultivar a visão.

A nossa é a era do espaço.

Agora não temos mais lei, pois tudo se fêz possível.

No pequeno como no grande: na astronáutica como na história em quadrinhos.

Mesmo os super-homens tão idiotas e mal desenhados não serão uma antecipação e um treinamento para nos acostumar a pensar em têrmos de uma humanidade bem diferente da que conhecemos?

A verdade é que a criança de hoje estranha muito pouco as idéias mais extravagantes — e está certa. A ciência está pondo tudo ao alcance do homem e é preciso que o homem se acostume a pensar assim.

A velha geração posta num foguete simplesmente entraria em pânico. O desenho, enfim, põe pessoas e caras dizendo coisas **com uma expressão.** Isto é muito importante. No diálogo cotidiano falamos e ouvimos uns aos outros controlando contìnuamente "o que eu disse" pelo que "êle disse". Esquecemos de ver o outro e por isso o chateamos além de tôda medida — sem desconfiar de nada. Se o chato clássico **olhasse** para sua vítima, êle deixaria de ser um chato. A expressão não-verbal intervém no diálogo complementarmente em relação à expressão verbal. Mas nós não percebemos. De cada dez desentendimentos humanos, a areia entrou no tom de voz, no olhar de viés, no esgar hostil, na atitude de briga — e não "no que êle disse". Depois é um nunca acabar de explicações "porque minha intenção não era a que você pensou" — mas ninguém tem mais paciência para ouvir e o azedume vai-se adensando.

Na história em quadrinhos a posição das personagens, seus gestos e suas expressões faciais são desenhadas explìcitamente e através dos desenhos poderemos reaprender a ver o outro.

Talvez assim diminua o desentendimento entre as pessoas.

As histórias em quadrinhos, pelo que vimos, podem salvar a humanidade. Que assim seja.

SERÁ QUE AS HISTÓRIAS EM QUADRINHOS PODEM SALVAR A HUMANIDADE? OU SERÁ QUE VOCÊ PRECISA DE MAIS UMA SESSÃO? CONSULTA GRÁTIS!

The Phantom *(O Fantasma)*, *escrito por Lee Falk e desenhado por Ray Moore em 36, aqui ilustrado por Sy Barry, na mesma mítica do juramento da caveira, dos piratas, Diana, etc.* (KFS)

Peanuts (*Minduim*) de Schulz, *o Freud dos quadrinhos, em fragmentos de Snoopy (Xerêta) e Linus com seu cobertor. (UFS)*

Vinheta de Katzenjammer Kids/The Captain and the kids *(Os sobrinhos do Capitão), autoria de R. Dirks em 1896. (KFS)*

TIRA x RETIRA

Mandrake *criado literàriamente por Lee Falk e gràficamente por Phil Davis em 34, aqui ilustrado por Fredericks em 67, conta seu primeiro encontro com Lothar. (KFS)*

ELEMENTAR, MEU CARO FREUD

DR. PAULO GAUDÊNCIO

Dentre os inúmeros aspectos que podem ser estudados no campo da história em quadrinhos, o psicológico surge como um dos mais importantes e interessantes. Dentro do seu âmbito, porém, há vários fatôres distintos que devem ser explorados.

Selecionamos apenas dois que nos parecem essenciais na configuração psicológica da história em quadrinhos. São temas extensos, complexos, mas tentaremos dar uma visão geral para que o leitor possa, partindo dêsses elementos, analisar o contexto dos quadrinhos, e considerando, nesse sentido, suas variantes.

Estudaremos o **mecanismo básico pelo qual a história em quadrinhos participa ativamente do processo educacional** e analisaremos **os aspectos em que a crise de gerações aparece nos quadrinhos.**

Haverá necessidade, nesse caso, de tocarmos em outros campos, como o da sociologia e o da comunicação de massa, uma vez que o processo educacional se dá pelo conjunto de todos os fatôres existentes e o homem está integrado nesse processo, ou melhor, êle é o processo.

1. *Mecanismo básico pelo qual a história participa do processo educacional.*

Inicialmente, como idéia mais geral, vamos ver o mecanismo básico do aprendizado em relação aos meios de comunicação.

Perguntamos, então, o que ocorre com uma pessoa que vai ao cinema **assistir** a um filme?

Ela entra em uma sala preparada para o repouso e o relaxamento muscular: poltronas cômodas, ar condicionado, sala escura e um foco luminoso que a conduz ao abandono e aos poucos a pessoa vai-se integrando no que ocorre na tela.

Há ainda, além de todos os fatôres técnicos de um filme, a música que é especialmente preparada, que acompanha as cenas e intensifica as emoções do espectador. Essas emoções vão desde o mêdo à pena, do mais profundo ódio à mais intensa afetividade.

Envolvida pelas cenas, ambiente, música, a pessoa deixa de ser um espectador. Ela já não assiste a um filme: passa a **viver** o filme.

Em têrmos gerais, passamos a ser o herói, o mocinho. Sentimos inúmeras emoções, até aprovamos situações que, conscientemente, condenamos.

Muitos pacifistas tornam-se heróis de guerra. Tranqüilos cidadãos respeitadores da lei, que jamais sonharam agredir fìsicamente alguém e que consideram a família a unidade indissolúvel e base da sociedade, roubam, divorciam-se, traem, mentem e matam.

Tôda uma geração de mulheres massacradas pela dupla moral do regime patriarcal que as proíbe de se realizar sexualmente com a pessoa amada (quem quer que seja ela), passam a ser *Belle de Jour* durante duas horas, vivendo e realizando impulsos conscientemente inconfessáveis.

No fim da sessão, com a consciência tranqüila e a alma lavada (catarse), voltam às suas casas, suas vidas, sentindo-se mais realizadas.

A êsse mecanismo, damos o nome de **identificação projetiva.**

Êle se estabelece em inúmeros processos de comunicação de massa, especialmente pela TV, pelo teatro, mas é pelo cinema que adquire a fôrça máxima.

O que de mais grave e sério existe nesse tipo de mecanismo é a não-participação dos processos conscientes que fariam a triagem dos aspectos que colidissem com nosso código de valores. Um certo cuidado é tomado para que o código de valores conscientes não impeça o processo de identificação, isto é, um mecanismo que permite ludibriar êste código.

A função de tal processo em educação se torna evidente. Talvez seja o processo educativo que mais profundamente atinja o ser humano.

Na vida familiar, o fundamental no processo educativo é a identificação projetiva dos filhos em relação aos pais, com a introjeção destas imagens e a cunhagem inconsciente de inúmeros estereótipos de comportamento ou de critérios de valores.

James Bond mata com a autorização da rainha (super-ego). O mocinho sempre espera que o outro saque a arma primeiro e jamais atira pelas costas. O crime cometido é tão violento que justifica e santifica uma vingança. Neste aspecto, poderíamos definir cinema como um interlocutor ditatorial, na medida em que o diálogo é unilateral. Podemos dizer que quase não temos liberdade assistindo a um filme, pois êle se impõe totalmente.

Os meios de comunicação, com o enorme potencial educativo que possuem, podem transformar-se em arma de dois gumes.

O cinema, por exemplo, quando a serviço de um grupo qualquer, pode moldar (e há inúmeros exemplos históricos) a formação da mentalidade de tôda uma nação. Na Segunda Guerra Mudial, por exemplo, inúmeros filmes foram produzidos segundo esquemas básicos que interessavam à indústria bélica: o môço comum, perdido na imensa multidão, que se torna herói nacional, recebido em carro aberto pelo presidente, medalhas, chuva de papéis na Quinta Avenida, fortuna, fama (*Sargento York*). Tudo isso a trôco da morte e prisão dos inimigos, os membros do eixo que são inevitàvelmente maus, sádicos, desonestos e covardes. A projeção de filmes desta época hoje em dia (quando os **ratos amarelos** são os chineses e não mais os japonêses), são de um ridículo absolutamente impossível de se captar na época.

Os **"rapazes"** sempre foram valentes, altruístas, respeitadores e fundamentalmente honestos e justos. A invasão de Roma pelas tropas americanas, entre outros, e os episódios da guerra do Vietnã provam a realidade.

Tôda a indústria do cinema incutiu em todo um povo a visão de luta do bem contra o mal. Todos os sacrifícios necessários não exigiam imposição. A própria população, trabalhada, motivada, transformada em encarnação do bem, economizou, mudou sua maneira de viver, ofereceu orgulhosamente seus filhos ao sacrifício, morreu, enfim, na gloriosa e orgulhosa luta contra o Anticristo.

Ao mesmo tempo, Hitler usava o cinema no sentido inverso, com filmes mostrando o fim dos judeus nos guetos de Varsóvia (cuidadosamente ocultando os verdadeiros campos de concentração), ou em filmes como as Olimpíadas de Berlim, as películas de Leni Riefensthal, tudo através da máquina espantosa de propaganda de Goebbels.

Roosevelt, como se sabe, solicitou aos autores dos quadrinhos que fizessem os heróis participarem da luta. Até Flash Gordon voltou do planêta Mongo para lutar contra o Imperador Ming da Terra. Foi tôda uma outra indústria trabalhando para formação de um povo num determinado período.

Todo êsse mecanismo básico do aprendizado em relação aos meios de comunicação de massa, favorecendo a identificação projetiva, é valido também para as histórias em quadrinhos.

Há alguns aspectos especiais:

A. A identificação se dá sem a necessidade de

The Phantom *(O Fantasma) escrito por Lee Falk, desenhado por Ray Moore em 36, beija Diana Palmer.*

tantos recursos técnicos. Com uma revista de quadrinhos dentro de um ônibus superlotado, nas piores condições, o indivíduo "desliga-se" do ambiente e passa a ser o herói que tem em mãos. Ao grito de SHAZAM! o auxiliar de escritório imediatamente se transforma no Capitão Marvel.

B. O processo de confecção de uma revista em quadrinhos é infinitamente menos complicado e dispendioso que a elaboração de um filme ou a montagem de uma peça teatral. A grande tiragem faz com que seu preço seja muito acessível e sua distribuição em bancas faz com que as revistas se difundam assustadoramente.

C. Com relação às revistas de histórias em quadrinhos, as crianças constituem o maior mercado consumidor.

É nessa fase evolutiva, na infância, sem dúvida, que se torna mais importante o papel de qualquer processo educativo e, portanto, dos meios de comunicação de massa.

Podemos dizer que as revistas de quadrinhos, o

cinema e o rádio, a televisão são os meios de comunicação para a infância, a adolescência e a idade provecta, respectivamente.

2. *Crise de gerações e histórias em quadrinhos*

Durante séculos e gerações, os pais educaram os filhos seguindo os princípios de educação que tinham recebido dos seus próprios pais, introduzindo algumas mudanças que passavam a ser exigidas pelas novas características dos tempos. E, em geral, eram poucas. Isso dava aos pais e educadores uma condição que é essencial à boa educação: a **segurança.** Um pai sabia exatamente que resposta dar ao seu filho.

Um segundo fator servia para aumentar a segurança dos educadores: a unanimidade de opiniões entre êles, o pai, a mãe, o professor e o sacerdote, ou pastor, compartilhavam da mesma opinião e davam a mesma orientação.

Um terceiro fator completava o quadro de segurança dos educadores: a obediência à autoridade que se apresentava como indiscutível. O pai dentro da família, "as pessoas mais velhas" na sociedade, os bispos nas Igrejas etc.

Neste sêculo, no entanto, ocorreu um fenômeno nôvo na história da humanidade: a estonteante rapidez do progresso técnico. Poderíamos dizer que o mundo caminhou mais em setenta anos do que em tôda sua história pregressa. A industrialização, o processo de produção em série e o surgimento da telecomunicação (com o retôrno do mundo ao estado de aldeia/globo), podem ser apontados como alguns dos principais responsáveis por tal mudança. As conseqüências se fazem sentir nos mais diferentes campos. Importam-nos aqui as repercussões sociológicas e como conseqüência, as psicológicas.

Outra mudança drástica se verificou na própria estrutura social, causada por uma mudança da estrutura patriarcal. Em têrmos de sociedade e de família, o homem era o detentor de todos os podêres. Como era o único elemento a trabalhar, para o depositário da riqueza.

A mulher, adquirindo a possibilidade de produzir econômicamente, colocou por terra a própria base do sistema patriarcal. E daí advieram inúmeras conseqüências:

— a mudança do relacionamento marido e mulher;

— a mudança do papel da mulher na sociedade;

— a mudança da apresentação da moral;

— e no que se refere à crise de gerações, desaparece o mito da autoridade indiscutível. As ordens e as normas são questionáveis e questionadas, com tôdas as suas conseqüências na estruturação familiar e na estruturação familiar e na própria estruturação social.

Outro fator de mudança, como vimos, foi a verificação de que as normas de educação aplicadas estavam em processo de falência, numa profunda desadaptação às exigências das novas gerações.

Os progressos no campo da psicologia humana, principalmente o advento da Psicanálise, deram ao homem um instrumento útil de conhecimento. Inúmeras teorias surgiram propondo as mais diferentes maneiras de agir.

O problema das gerações se estabelece, na realidade, entre as idéias e as estruturas.

O homem necessita de estruturas que possibilitem a concretização de suas idéias. Estas estruturas são criadas para atender, o mais exatamente possível, às idéias humanas.

Verifica-se, porém, de um lado, o progresso rápido no campo das idéias, colocando em prática os princípios que, intelectualmente, haviam informado até um determinado instante, possibilita a descoberta de novos métodos, novas técnicas, surgindo novos aspectos da verdade que até então eram desconhecidos; por outro lado, as estruturas permanecem adaptadas a uma ordem de idéias já superada.

E como as estruturas atualmente são superadas ràpidamente, há a necessidade de uma nova estrutura, adaptada à nova ordem de idéia.

Nesse instante, cria-se uma tensão.

E acontece uma coisa interessante com o ser humano. A ideologia e o espírito progridem muito mais ràpidamente do que as estruturas. Descobrimos coisas

Seqüência de Barbarella *de Jean-Claude Forest, 1*

novas muito mais cedo do que o caminhamento das estruturas.

A tensão daí criada vai terminar com a ruptura da estrutura antiga. Existe, então, um período de paz. E novamente a ideologia caminha. E teremos uma nova tensão exigindo uma nova ruptura, e êsse processo vai repetir-se sempre.

Existe sempre o perigo de envelhecer, de nos ligar afetivamente àquilo que ajudamos a criar e passarmos a lutar por ela, mesmo depois que ela não corresponda à nova realidade.

A estrutura que deveria ser um meio de realização de uma finalidade maior, torna-se um fim, em si. O indivíduo cessa de julgar racionalmente e passa a julgar emocionalmente. Êste fato pode ocorrer também com os jovens de qualquer idade para os quais a ruptura de estrutura passa a ser a finalidade.

Isto tem uma implicação muito séria na colocação e na aceitação dos valores que se tornam estereotipados como normas sociais e formam a base de tôdas as idealizações na confecção dos temas das histórias em quadrinhos, promovendo dessa forma a manutenção de valores estratificados.

onstrando como duas jovens desarmadas podem vencer.

Para superarmos as estruturas é preciso um processo de maturação e de coragem. Rompida a estrutura, acaba a angústia, respiramos e a ideologia caminha. A ideologia aqui corresponde às idéias.

Dentro dêsse panorama há algumas normas que se repetem e que se estratificam e que regem a sociedade. São valores que são aceitos por uma grande maioria e que vêem nêles os únicos ditames ou leis que os sustentam. Tornam-se, portanto, irrevogáveis.

Dessa forma, como a crise de gerações surge na história em quadrinhos e como a história em quadrinhos participa na crise de gerações?

Se compararmos a história em quadrinhos clássica e a moderna e, nesse sentido, vamos tomar o Fantasma no campo clássico e Barbarella no campo moderno, o que vamos notar?

No Fantasma há tôdas as características de conservação de uma determinada estrutura. E essas características são as mesmas que se esperam do pai, na visão infantil. É o mito do herói. O herói é forte, indestrutível (imortal), honesto, altruísta, assexuado e justo.

Bàsicamente encontramos o mesmo mecanismo em quase todos os heróis tradicionais. É o líder messiânico que virá sòzinho resolver todos os problemas.

O Fantasma é forte, heróico, altruísta, imortal.

Ocorre, entretanto, a indestrutibilidade relativa do herói (e por identificação, do leitor) a possibilidade de ser valente, na medida em que não há coragem alguma em enfrentar a ausência de perigos. Criam-se, para isto, situações que colocam a indestrutibilidade do herói em risco. A kriptonita que atinge o Super-Homem é exemplo clássico.

O Fantasma é imortal sem ser indestrutível, pois existe uma geração de fantasmas. Êle pode morrer numa situação de perigo, mas é indestrutível porque o filho tomará seu lugar.

É também um tipo assexuado, totalmente aceito porque é o eterno noivo. Tem Diana, mas passa longe dela o tempo todo e nunca se casa. Parece que vai ser o último da dinastia. O sobrinho tomará seu lugar? E isso se repete. Mandrake é noivo eterno de Narda. O Super-Homem é super-noivo de Miriam Lane etc.

Seria o mecanismo psicológico da projeção, segundo o qual o autor se coloca, se projeta na obra. Tal afirmativa, no entanto, nos parece parte da realidade apenas. Se inserirmos o homem no contexto social em que vive, verificaríamos que outras explicações, tão válidas quanto (talvez muito mais), vêm do campo social. Assim, podemos verificar que tais heróis correspondem a um período durante o qual, paralelamente, em Hollywood se produziram filmes nos quais o herói passava a noite no apartamento de sua amada e **dormia no sofá.** Se não conhecêssemos da existência do Código Hayes e na medida em que sabemos que filmes e estórias são reflexo da mentalidade de um povo, estaríamos até agora nos perguntando por que tal nação se preocupa com métodos anticoncepcionais.

Pode também mostrar o noivado eterno dos heróis **uma visão do casamento como sendo a aposentadoria** definitiva. Ainda mais, que o herói corresponde à visão do homem ideal, certamente perderia IBOPE sendo casado. (Por que será que a Santa Sé insiste no celibato dos padres?) Alguns ídolos de televisão poderiam explicar melhor, com suas vidas, o processo.

Barbarella apresenta-se como a antítese dêsse pólo que acabamos de ver. As atitudes de Barbarella, em têrmos de colocação em dúvida da estrutura, são violentas.

Sua moral sexual não pode, realmente, ser chamada de tradicional, não espera que o adversário puxe a arma. Mata companheiros de luta. Em têrmos psicanalíticos, poderíamos dizer que é a heroína sem super-ego.

O exemplo disso pode ser dado tomando o seguinte trecho de uma de suas histórias: ela e uma môça devem entrar numa astronave e há um guarda. Devem dominar o guarda e não sabem como. Ela finge desmaiar e quando o guarda se aproxima ela o abraça, começa a beijá-lo e começa a tirar a roupa. Aí aparece a outra também sem roupa. Quando o guarda não tem mais fôrças, elas tomam conta da nave.

Há outra situação em que Barbarella tem relações sexuais com um robô. (Saga de Xam, com um avião da Fôrça Aérea Americana!)

Situações que absolutamente não são encontradas nos quadrinhos anteriores. As histórias gênero Barbarella iniciaram-se na década de 60, enquanto as outras na década de 30.

A visão infantil do pai

Sabemos, pela Psicologia Evolutiva, que há um período do desenvolvimento humano, no qual se formam duas entidades altamente importantes do psiquismo do homem.

É na primeira infância que se inicia o processo de cunhagem dos estereótipos de comportamento e de critério de valores.

Essas funções permanecem inconscientes e se depositam no superego, dando as duas funções básicas dêste: ser o **juiz** inconsciente e mostrar o modêlo que o homem deve seguir, é o **ego idealizado.**

Funções de juiz

Os instintos são julgados em dois níveis: o nível consciente (código de valores, conhecido e aceito — consciente) e o nível inconsciente.

O juiz forma um critério, uma escala de valores no plano inconsciente que não conhecemos e que julga nossos atos como bons ou maus. Não existindo o conhecimento dêsse juiz, existe uma diferença com a consciência (entendida como a série de normas conhecidas, código de valores), pois sendo desconhecido é mais difìcilmente mutável. Uma terceira diferença é que a "consciência" impede a ação e êle impede o desejo.

Êsse juiz é formado evolutivamente dentro de uma etapa com a introjeção dos valores dos pais e êste é formado dentro da cultura com a introjeção dos valores sociais.

Talvez seja êste o ponto em que a psicanálise clássica tenha sua maior falha. Tentando analisar o homem isolado de seu contexto social, teima em apresentar a família como sendo a única responsável pela formação dos filhos. O progresso da sociologia tem trazido provas em contrário. Inúmeras coisas agem neste processo. E entre elas as histórias em quadrinhos entre outras formas de comunicação de massa.

Batman também participa na formação de estruturas inconscientes.

Elementar, meu caro Freud.

O indivíduo, então, se sente culpado na medida em que transgride uma norma dêsse juiz, mesmo que êle não tenha objetivamente cometido nenhum crime contra as suas normas de valores conscientes.

Quanto ao ego idealizado, surge como a cunhagem estereotipada de homem, mulher, amigo, filhos, pai, profissional, enfim, inúmeros papéis que o ser humano deverá desempenhar, isto é, o padrão que o indivíduo pretende seguir para o resto da vida.

E isto é feito em têrmos familiares, com o tipo de atitudes que os pais têm, com o tipo de imagem idealizada que as crianças fazem dos pais na infância, com tôdas aquelas características do herói. E acrescenta-se ainda a imagem que os pais têm que manter diante dos filhos — os pais se apresentam de uma maneira idealizada — êles se apresentam em têrmos culturais com uma série de padrões que são apresentados pela cultura como sendo ótimos.

Ocorre, então, que o indivíduo passa o resto da vida se julgando em função daquele padrão estereotipado que êle tem na cabeça. Não é um indivíduo que se julga na horizontal comparativamente com os outros e sim, está sempre se julgando na vertical, com o tipo de padrão que êle tem.

Nessa situação êsse indivíduo está sempre insatisfeito.

Como um menino que amarra uma cenoura na ponta de uma vara, monta num cavalo, a cenoura ficará sempre inacessível, o padrão anda sempre adiante. Se êle se medisse comparativamente, veria que andou muito com seu cavalo, mas está sempre insatisfeito porque o seu padrão é inatingível. Advém uma sensação de insatisfação enorme e uma sensação de falsidade. Se alguém o julga bem, êle acha que está enganado, pois na realidade êle se sente enganado, na medida em que êle não sente aquilo que programou como sendo o ideal.

Visão maniqueísta do mundo

Êste é outro aspecto que se repete nas histórias em quadrinhos. O sentido da divisão do mundo entre bons e maus, mocinho e bandido é característica das histórias em quadrinhos.

E é impressionante verificarmos como os jovens são radicais nos julgamentos de todos e se apresentam radicais até no julgamento de si mesmos. As coisas, então, são analisadas como sendo pretas e brancas.

Uma situação, porém, não pode ser julgada honesta ou desonesta a não ser dentro de um determinado contexto. Mas as pessoas julgam como honesto ou desonesto, sem verificarem todo o cinzento existente que faz com que mude uma situação.

Êsse radicalismo é uma característica básica de um indivíduo que está sendo criado dentro de uma cultura que lhe dá normas rígidas para que êle se sinta seguro e para que seja dominado dentro dessas normas rígidas.

Êle se submete assim, tranqüilamente, e nesse aspecto a história em quadrinhos é "genial" porque só existe o mocinho e o bandido.

A atitude do radical é exatamente para o indivíduo se localizar, mas não há consciência dessa situação. O radical sempre resolve rápido um ato como honesto ou desonesto.

E para o honesto ou desonesto, para a bandido e para o mocinho, há como que máscaras que as crianças identificam mesmo sem lerem os textos. Então, a própria fisionomia, a roupa, classifica os tipos, porque são estereotipadas. São características fixas, passando a ser quase que uma veneração supersticiosa por uma coisa (fetichismo) que aqui seria a visualização da figura do bom ou do mau. E os heróis, como já foi visto e todos sabemos, sempre é bom.

Mesmo Flash Gordon, que em algumas histórias mostrava previsões quanto ao desenvolvimento técnico, como um tipo de trem muito parecido com o atual de Osaka/Tokyo, ou de aviões aerodinâmicos, quando na época só existiam os bimotores, em outros aspectos o tipo de herói é o mesmo.

Êle é absolutamente o tipo tradicional, com as características maniqueístas como o problema do bem e do mal, êle é forte, é indestrutível, é altruísta. E esta última característica é fundamental nos heróis. Êles são sempre bons, sempre ganham para os outros.

As características dos heróis que na visão infantil são características paternas passam a fazer parte do estereótipo de **homem** que cada ser humano cria para si, e que realiza no herói com o qual se identifica.

Isso é válido no plano individual e social. É característico de países em crise social, com esperança messiânica, no homem, que resolverá os problemas da nação: os "heróis" nacionais. Válido tanto para países subdesenvolvidos como para os superdesenvolvidos, como provaria a Alemanha da década de 30 com o nazismo de Hitler. (Não esquecer também que os super-heróis são produto duma nação superdesenvolvida como os Estados Unidos.)

Os enredos das histórias em quadrinhos participam na formação dessas características, como uma série de valores que vão influenciar na linhagem dêsses protótipos.

O processo de identificação tem mais um exemplo que surge no fato que os meninos, no período evolutivo de 7 a 11 anos, se apresentam como os maiores devoradores de história em quadrinhos. As meninas da mesma idade não apresentam êsse mesmo interêsse.

É nesse período que os meninos treinam as atitudes agressivas que a cultura exige para o seu próprio sexo.

O racismo americano estilo Birth of a nation *de Griffith ou Al Jolson satirizados por R: Crumb em* Zap.

Daí a importância dos heróis e o exemplo típico é o Clube do Bolinha.

A explicação de tal incidência pode ser encontrada na psicologia evolutiva.

Depois do aprendizado da leitura e sôbre isso podemos perguntar: até que ponto as histórias em quadrinhos não participam dêsse aprendizado?

Nessa idade, meninos e meninos entram no período de desenvolvimento que chamamos de fase homossexual. Meninos brincam com meninos e meninas brincam com meninas. Qualquer mistura é repudiada por ambos os grupos, especialmente os meninos.

Nesta fase evolutiva êle e ela estão treinando as atitudes que a cultura propõe como sendo aquelas próprias do sexo. Homem deve ser agressivo e mulher afetiva. Nesta fase os heróis se enquadram dentro dos padrões propostos pela cultura: fortes, heróicos, valentes etc.

Não há heroínas, porém, que atendam às necessidades das meninas neste período evolutivo. Só nas fotonovelas encontraremos heroínas nos têrmos culturais. E essas serão lidas na adolescência, não considerando aqui o critério de idade, mas de maturidade.

Concluindo.

As histórias em quadrinhos, como eficiente meio de comunicação de massas, participam do processo educativo, até mesmo em plano inconsciente, atingindo especialmente a fase de pré-adolescência pelo mecanismo de identificação projetiva.

A crise de gerações pode perfeitamente ser encontrada na historieta na medida em que esta é também um reflexo e termômetro do que ocorre na sociedade.

Ao mesmo tempo influem como meio de comunicação na citada crise de gerações. Aqui cabe uma reflexão especial. Sem dúvida alguma, as histórias em quadrinhos são produzidas por grandes emprêsas. Todo o processo de confecção, distribuição, propaganda etc. tornam pràticamente impossível a difusão de revistas **free-lancers** que escapem dêste complexo industrial.

Como estas oligarquias estão em mãos das camadas mais velhas da população (critério de idade), é fácil de verificar em que lado do conflito de gerações se coloca tal tipo de meio de comunicação. Servem, nesse sentido, de instrumento de manutenção de conceitos e estruturas mesmo em heróis que apresentam um incrível avanço técnico, segundo a dialética hegeliana.

No teatro e no cinema, já existe a contestação de autor. Mesmo dentro da estrutura industrial, essa ruptura aparece e é aceita. Como *Oh, Calcutta* e o cinema de Godard.

Nos quadrinhos, uma das primeiras tentativas foi Barbarella; a mais recente é a revista **underground** de quadrinhos, *Zap Comics,* cujo quarto número, assim mesmo, chegou a ser apreendido pela polícia nos Estados Unidos, devido a uma história que era acusada de romper a estrutura da família.

SERÃO AS CRIANÇAS CORROMPIDAS PELOS QUADRINHOS, OU OS QUADRINHOS CORROMPIDOS PELAS CRIANÇAS? PREPARE-SE PARA AS EMOÇÕES DO PRÓXIMO CAPÍTULO!

PEDAGOGIA E QUADRINHOS

AZIS ABRAHÃO

1. Duas posições geralmente se apresentam, extremas e radicais, no tocante à apreciação da literatura em quadrinhos:

a) De um lado, aparecem os incondicionais defensores, que, naquela literatura, nada encontram de nocivo ou prejudicial, quer quanto ao conteúdo quer quanto ao processo. Nenhuma restrição é colocada, a despeito da enorme diversidade de tipos e de procedência das revistas do gênero.

b) No pólo oposto, situa-se intransigentemente a legião dos que, com implacável fúria, se arremetem contra as histórias em quadrinhos, como que ungidos da ardente cólera dos antigos profetas e inquisidores, ante uma praga universal ou pecado coletivo. Não faltam até aquêles que, de ânimo exaltado, numa espécie de proclamação herodiana, afirmam a necessidade da supressão legal de tôda e qualquer edição de literatura em quadrinhos.

Nem tanto ao mar, nem tanto à terra... Qualquer uma daquelas posições extremas se torna insustentável, dados os aspectos muito complexos, tanto negativos como positivos, da literatura em quadrinhos.

Uma observação sincera pode revelar-nos, de fato, uma porcentagem de possíveis deficiências ou desvantagens, ao lado de uma série de vantagens, de ordem formativa e informativa, decorrentes da leitura dêsse gênero.

2. A título de uma classificação mais específica, podem-se admitir quatro posições diferentes, na apreciação da literatura em quadrinhos:

a) Radicalmente negativa: Considera perniciosos, tanto o processo como o conteúdo.

b) Radicalmente positiva: Proveitosos, tanto o processo como o conteúdo.

c) Moderada:
   1. Proveitoso o processo; bom ou mau o conteúdo.
   2. Pernicioso o processo; proveitoso ou indiferente o conteúdo.

d) Neutra: Indiferentes, em si mesmos nem perniciosos nem proveitosos tanto o processo como o conteúdo. É uma literatura, tão boa ou tão má como qualquer outra.

3. As críticas e restrições, geralmente feitas à literatura em quadrinhos, podem ser assim resumidas:

a) Quanto ao processo —
   1. Dispõe para uma atitude de preguiça mental.
   2. Retarda o processo da abstração (desprendimento dos objetos concretos, figuras ou quadrinhos, para as representações, simbólicas e abstratas, da linguagem).
   3. Dificulta o hábito da leitura de livros.

b) Quanto ao conteúdo —

1. Linguagem descuidada (no geral, traduções).
2. Temas nocivos, incluindo valores, de ordem moral, política ou social, estranhos à nossa cultura.
3. Apresenta, em geral, aspecto material, pictórico ou tipográfico falho e imperfeito.

No decorrer de nosso estudo, discutiremos estas diversas objeções, ao mesmo tempo em que iremos anotando, numa síntese global do problema, as vantagens e benefícios que, a nosso ver, podem ser creditados a essa moderna forma de literatura infantil.

4. Qualquer gênero de obras, seja no romance ou no teatro, no cinema ou na poesia, apresenta produções das mais diversas qualidades: ao lado de inúmeras obras de pouco valor literário ou moral, freqüentemente nocivas, existe sempre boa parcela que se salva. A própria literatura infantil, de outro tipo, que não seja o de quadrinhos, a qual também constitui hoje em dia uma enxurrada, tanto na quantidade, como na indiscriminada qualidade, inclui muito livrinho mal feito, inadequado e pernicioso. A literatura em quadrinhos, no encalço ainda de sua maturidade, não poderia fugir à regra geral.

Admitida, pois, a influência, boa ou má, exercida pela literatura, surge a necessidade de um padrão de julgamento, para avaliação do grau e natureza dessa influência.

A relativa facilidade com que se formula um critério de valores para avaliação, por exemplo, de uma peça de teatro ou de romance, explica-se por que essas obras são escritas por adultos e destinadas a adultos.

A possível influência de tais obras sôbre a personalidade dos jovens é mais fácil de aferir do que a influência que se opera na criança. É que a interpretação psicológica do adulto, seja pelo progresso atingido em seu estudo, seja pelo amadurecimento dos resultados obtidos ou porque é feita do adulto pelo adulto, apresenta condições mais favoráveis ao domínio e compreensão do problema.

5. Não muito remota, entretanto, é a conquista pedagógica, verdadeiro estopim da chamada revolução coperniciana da Pedagogia, que consiste na interpretação psicológica da "criança como criança" e não como adulto em miniatura.

O que se tem observado, fora de dúvida, é que muitos estudiosos não conseguiram realmente desprender-se da viciosa atitude que, na análise do comportamento infantil, o aborda sob a influência da introspecção.

Dêste modo, tem sido a criança considerada sob o ponto de vista do adulto, olhada como um adulto ante um binóculo invertido; aquilo que fôsse útil ou inútil para o adulto igualmente o seria, guardadas as proporções, para a criança. Tudo se resumiria numa questão de dosagem ou graduação.

Sabe-se, entretanto, que nada tem sido mais funesto, para a verdadeira compreensão da criança, do que a posição que parte dêsse pressuposto, reduzindo os valores e padrões da natureza infantil aos do adulto. Não deverá, a interpretação dos processos infantis, ser feita à base dos processos do adulto, uma vez que "a criança deve ser compreendida em têrmos de si mesma" (I. King).

Para Claparède (*Psicologia da Criança e Pedagogia Experimental*), a diferença psicológica, entre a criança e o adulto, reside nos processos utilizados para o exercício de qualquer função vital, não na função em si mesma (cujo objeto é a satisfação das necessidades do indivíduo); diferença de meios, mas identidade de fins. "Os meios que a criança emprega são diferentes, afirma êle, mas o fim psicobiológico é o mesmo, assim como, no girino, a respiração tem a mesma função que na rã adulta, se bem que esta função seja exercida por meios completamente diferentes".

É a criança, pois, diferente do adulto, sob os aspectos tanto biológicos quanto psicológicos, quantitativa e qualitativamente.

Em conseqüência de tal princípio, apresenta, a natureza infantil, um quadro próprio de interêsses, o que explica, entre outras coisas, a natural predileção que as crianças manifestam pelas histórias em quadrinhos, revelando uma necessidade que, dêste modo, encontra sua satisfação.

6. A secular advertência de Rousseau, de que o educador deve conhecer a criança, é sempre nova e oportuna; constitui mesmo uma diretriz para a nova Pedagogia.

As normas pedagógicas atuais surgiram do respeito à natureza psicológica da criança, e amplamente utilizam as suas energias, numa canalização de seus desejos e interêsses, sem violentar nem reprimir os seus impulsos naturais.

De modo geral, qualquer atividade humana, quando satisfaz a uma necessidade, apóia-se num estado de profunda motivação, que equivale à preparação ou prontidão, do organismo, para agir.

Entre as necessidades da criança, destaca-se, como fundamental, a de crescimento — dos padrões físicos e mentais. E um dos recursos mais poderosos, para ativar o desenvolvimento psicológico da criança, se encontra, por certo, nos contos e historietas, capazes de seduzir profundamente a imaginação infantil.

Por outro lado, o desenho, apresentado isoladamente ou como elemento de ilustração, constitui técnica notável para despertar o interêsse da criança.

7. Se nos dermos ao trabalho de tomar, isoladamente, de um lado a série dos **quadrinhos**, de uma história dêsse gênero, e, de outro lado, apenas o conjunto dos **textos**, acabaremos por verificar quanto, na verdade, se casam e se completam ambos, quadrinhos e textos.

A simples série de quadrinhos, despojada de texto, não deixa de constituir uma fonte de atrativos, para a imaginação ávida da criança. Por sua vez, a mera apresentação da história, apartada das figuras, guarda sempre certa sugestão à curiosidade infantil.

Incontestàvelmente, porém, a associação do texto e da ilustração, conjugando duas formas sugestivas de expressão, revela-se de especial importância para a compreensão dos pequenos leitores.

8. O processo intuitivo de percepção, que se desenvolve pelo contato direto do sujeito com o objeto concreto, evidencia mais vivamente a situação ou realidade, pela apreensão maciça de sua estrutura global.

Afirmar que a intuição, na aprendizagem infantil, constitui um dos mais necessários e poderosos processos, é proclamar um princípio já secular, notadamente reconhecido a partir de Ratcke, Comenius, Pestalozzi, Froebel, sem dizer de Basedow, Frank e Rousseau. "Transformemos, dizia êste último, nossas sensações em idéias, mas não saltemos abruptamente dos objetos sensíveis para os intelectuais, porque é pelos primeiros que alcançamos os segundos."

Bem avaliam, os bons educadores, a profundidade daquela afirmação que fornece o processo e a medida dos padrões mentais da criança, numa clara restrição à aprendizagem meramente verbalista ou à educação chamada livresca.

A palavra, como rótulo, como símbolo, apresenta natureza de estímulo (visual, auditivo, táctil) encadeada a certas representações mentais. O contato com o vocábulo provoca o ativamento de certos grupos de reação, de certas configurações a êle correspondentes, com êle integradas em situações anteriores, operando uma reconstrução imaginativa da experiência real e comum. Verdadeiro núcleo, compondo-se com inumeráveis experiências, em tempos diferentes e oportunidades diversas, uma palavra pode assumir, no panorama mental, as proporções de um notável esquema, a subordinar extensa rêde de representações.

Dêste modo, pela função que pode desempenhar, como membro integrante de um sem-número de experiências e situações, poderá, uma simples palavra, vir a ser um poderoso estímulo, fecundo e fértil, capaz de envolver apreciável contexto mental.

A criança, entretanto, na indigência dos seus conhecimentos, revela-se pobre em sua estrutura de representações, fato do qual, sem dúvida, decorre a grande aridez que encontra no terreno da linguagem abstrata, desligada de sua experiência sensível, acarretando seu justificado desinterêsse pela leitura. Daí Rousseau ter considerado, a leitura, o flagelo das crianças...

As noções gerais e abstratas, que as palavras buscam sugerir, passam, por intermédio das ilustrações, a tornar-se mais concretas, texto e gravura se completam, como aspectos da mesma realidade significativa, evitando a formação de falsas e errôneas imagens, divorciadas do verdadeiro sentido das palavras.

O desenho, conforme opinião do educador espanhol Victor Masriera, "deve ser considerado como linguagem, como expressão; linguagem de forma bem mais precisa do que a das palavras, estas quase a dar uma idéia distante das coisas, sem às mesmas ajustar-se quando não se evoca ao mesmo tempo a sua representação".

É que o cérebro da criança, escasso ainda de experiências, não dispõe do necessário e suficiente material exigido, como base, para compreensão daquelas estruturas verbais. "A educação das crianças tem chegado a esquecer, por isso, o caráter simbólico das palavras, deixando de ligar a um conteúdo perceptivo — base essencial de todo o edifício verbal — os gestos vocais ou gráficos, aprendidos mecânicamente" (H. Piéron, *Psicologia do Comportamento*).

Esquece-se o adulto de que a linguagem constitui aquêle complexo sistema de símbolos, estímulos de nosso mundo mental; e que êsse mundo mental, compreendido pelo acervo de experiências, adquiridas no decorrer de tôda a nossa existência, não se ajusta ainda à medida do conhecimento infantil. Quantas noções e princípios, para o adulto banalidades e ninharias, na verdade, representam emaranhados problemas a desafiar a relativa percepção da criança.

A literatura em quadrinhos previne o mencionado inconveniente, numa solicitação à experiência de que possam dispor as crianças. Partindo das situações concretas, reveladas pelo desenho, vão-se mais sòlidamente estruturando as configurações mentais, que muito ganham em precisão, fidelidade e correção.

Texto e ilustração se ajustam e se testam, na identificação de seus significados e de suas relações, naquela necessária integração de matéria e forma, que tão bem atende aos princípios atuais da Pedagogia, baseados no caráter sincrético e globalizador do pensamento da criança.

9. Dêste modo, quanto maior o número dos órgãos sensoriais que intervêm no domínio de uma situa-

ção, tanto melhor se fará a organização do campo perceptual, dada a sinergia dos sentidos na integração dos padrões mentais. A boa ou má percepção, que o pimpolho tem de uma laranja, por exemplo, ao lado de outras possíveis causas, é essencialmente explicada pelo número dos sentidos que tiverem concorrido para a sua formação: a visão, o tato, o paladar etc. Acaso será a mesma, para o cego e para o normal, a representação dessa laranja?

Ora, se incontestável, para a percepção de uma criancinha, se apresenta a necessidade do contato com o objeto, por que negar então a um menino, digamos com oito ou dez anos, a mesma contingência psicológica? Estará êle já em condições de emancipar-se das experiências sensíveis, para apenas mover-se na esfera das abstrações?

É preciso não esquecer que a palavra tem função instrumental, de meio e não de fim, é símbolo de uma coisa e não o seu retrato. Se a visão de uma laranja, pelo contato direto com a fruta ou através do seu desenho, se torna imprescindível para a boa percepção da criancinha, sob que fundamento, na mesma linha de consideração, se deve privar, o menino já alfabetizado, das figuras de um índio, por exemplo, ou de um castelo, de um vulcão, ilustrando o texto? Por que deve o menino ler, suponhamos, a frase "a fada se encontrava no palácio, sentada no trono com o monarca", sem que tal afirmação seja ilustrada por um quadro representativo da fada, do monarca, do trono e do palácio?

É diretamente pela observação das coisas, e indiretamente por sua representação (no teatro, na explicação concretizada, no cinema, na literatura em quadrinhos, etc.), que a criança vai colhendo o material básico para o processo de sua dinâmica mental.

Do mesmo modo que a edificação de um prédio se condiciona à existência do respectivo material, o desenvolvimento dos processos mentais supõe a aquisição de uma infinidade de estruturas ou configurações.

Qualquer educador, pai ou mestre-escola, sabe devidamente avaliar a preciosa e atraente função exercida pelas ilustrações, no aprendizado da criança. Isto pela simples razão de que a atividade mental não se processa no vácuo. As palavras, que a memória retém sem ligá-las a outros conteúdos, não passam de mera sucessão de estruturas sonoras, imagens auditivas, espécie de rótulos envolvendo garrafas vazias...

Mais complexamente, reproduz a criança, pelo processo da imitação, comportamentos alheios, dêste modo conformando-se a condutas prèviamente observadas. Atividade muito natural, a imitação se torna instrumento de suma valia para a chamada imaginação reprodutora, na aquisição de matéria-prima, necessária ao provimento da dinâmica construtiva (imaginação criadora e fantasia).

Dewey outra coisa não quer dizer, nos parágrafos que se seguem, colhidos à página 83, de *Vida e Educação.*

"Quando é a abstração falsamente considerada, não há maior mal que infeste a educação. Êsse falso conceito de abstração prende-se à idéia de considerar a atividade mental como qualquer coisa que marche inteiramente por si mesma, à parte do mundo exterior de coisas e pessoas. Ora, retirado o objeto real, alguma outra cousa o deve substituir, para ocupar o pensamento. Essa alguma outra cousa hão de ser, necessàriamente, meros símbolos, isto é, símbolos que não são realmente representativos, que não são realmente sinais de algum objeto, porque êsse objeto que lhe dá sentido é excluído ou desprezado.

De acôrdo com essa concepção, quando o objeto — fato concreto — é apresentado, visa êle sòmente a fornecer à mente ou à inteligência ocasião para exercitar as suas próprias capacidades independentes, do mesmo modo que os halteres, marombas e pesos oferecem oportunidades para se exercitarem os músculos.

O mundo dos estudos torna-se então um mundo estranho e singular, isolado e abstraído do mundo em que os alunos, como sêres humanos, vivem, agem e sofrem.

Falta de interêsse, falta de capacidade de atenção e de capacidade para pensar são as conseqüências inevitáveis da realidade em que está montado êsse mundo. Conclui-se então que a criança ou o homem, em geral, são avessos ao estudo e indiferentes aos interêsses da inteligência.

Entretanto, essa indiferença e essa aversão são sempre a prova, direta ou conseqüente, de más condições prévias, de que as condições apropriadas para o exercício da mente não foram providas, isto é, que não foram providas aquelas situações em que as cousas têm de ser, naturalmente, tratadas pela inteligência. Tudo que é tão criticado com relação aos têrmos — acadêmico, abstrato, formal, teórico — tem aí as suas raízes. Por certo não queremos depreciar, com isso, as admiráveis possibilidades envolvidas, em uma experimentação imaginativa. Sòmente julgamos que elas não devem ser apresentadas senão **depois** que as condições de relação direta com as cousas foram devidamente apreciadas".

10. Pai algum, por mais ignorante, terá dificuldade em perceber os frutos de uma instrução sistemática e formal como, por exemplo, a do tipo escolar.

Mesmo aos olhos do homem mais simples, é o rendimento do filho observado com facilidade, em face do progressivo domínio revelado no mecanismo da escrita, vamos dizer, da leitura ou do cálculo. Tratando-se de noções específicas, restritas a dada ordem de conhecimentos, não terá necessidade de provas técnicas ou de meios especializados, para se dar conta dos efeitos operados na criança. Perceberá o fenômeno, pura e simplesmente, através da objetiva manifestação dos resultados. Do mesmo modo como fará o diagnóstico, intuitivo e direto, seja de uma tosse ou de uma disenteria.

O mesmo não se pode dizer, entretanto, se, ao contrário da avaliação do aprendizado escolar, ou da constatação de uma tosse, fôr o caso de determinar uma ocorrência mais complexa, digamos a importância da leitura recreativa no crescimento mental da criança, ou dos efeitos da subnutrição sôbre o organismo.

Na verdade, o grau de evidência de um fenômeno não constitui critério para o seu grau de importância.

Pouca gente é capaz de profundamente perceber a devida influência que a literatura em quadrinhos pode desempenhar no desenvolvimento das crianças. Conquanto sumamente benéfico e importante, o seu valor, de largo espectro no quadro da personalidade infantil, refoge ao critério das aparentes e intuitivas avaliações.

Tal circunstância, não obstante, da menor evidência da sua função educativa, de maneira alguma pode reduzir a sua própria importância.

Reconhecer o valor da instrução formal, em razão simplesmente de sua fácil contestação, para, em contrapartida, negar a positiva eficácia da instrução informal e abundante, por causa de seu efeito menos imediato e manifesto, não passa de um grosseiro sofisma no campo da Pedagogia.

Há um aprendizado **direto** ou **central**, fàcilmente mensurável, em vista da especificidade do seu conteúdo e das suas linhas, dada a sumária delimitação do seu campo. De natureza mais rígida e limitada, molda-se na determinação de conteúdos e objetivos específicos, na dimensão restrita de suas áreas. É um conhecimento sistematizado, contido em dependências de planos e de esquemas, numa sucessão lógica de quadros e definições.

Não menos importante, porém, que êsse aprendizado direto ou central, se apresenta o aprendizado indireto, de mais difícil medida, chamado **concomitante** ou **incidental**. Consiste êle na aquisição de certos valores educativos, especialmente hábitos, atitudes e ideais desenvolvidos de modo informal e inexplícito, à margem do conhecimento central.

Neste sentido, a literatura em quadrinhos, como veículo de aprendizagem para as crianças, não só é capaz de atingir uma finalidade instrutiva (ensino direto ou central), pela apresentação dos mais diversos assuntos ou noções. Mais do que isto, e principalmente, consegue preencher uma finalidade educativa (ensino concomitante), por um desenvolvimento, que produz, de ordem psico-pedagógica, isto é, dos processos mentais e do interêsse pela leitura.

Sem dificuldade, entende-se então a causa pela qual se pode incorrer naquele raciocínio, que conclui pelo valor do conhecimento mecânico e formal, ainda que homeopático e fragmentário, muitas vêzes desligado da realidade e da vida da criança, mas de resultados visíveis e diretos, para desconhecer a importância cultural da leitura (histórias em quadrinhos), na variedade múltipla e inespecífica dos seus efeitos, em difusa influência sôbre a estruturação mental da criança.

O que não se pode compreender, todavia, é como certos educadores, sejam êles pais ou sejam mestres, dotados de alguma instrução ou cultura possam também trilhar a mesma linha de pensamento, esquecidos de que o processo globalizador, sincrético e intuitivo, que informa a literatura em quadrinhos, constitui o instrumento por excelência fundamental na organização da mente infantil.

A criança que desde o berço se compraz intensamente no jôgo de todos os seus órgãos sensoriais, na realidade, encontra em tal exercício lúdico a lei natural e a dinâmica do seu desenvolvimento mental. Esta, certamente, é a causa pela qual a nova Pedagogia tanto valoriza o papel do jôgo (e por que não o representado pelas histórias em quadrinhos?) em sua função de notável processo educativo, tanto a ser utilizado fora quanto dentro da escola.

11. A mais angustiante necessidade da criança é a do seu crescimento, quer de ordem biológica, na base do desenvolvimento estrutural e funcional do organismo, quer de ordem psicológica, em têrmos específicos de cultivo dos processos mentais, pela aquisição de novos padrões de conduta.

A necessidade de tal crescimento, dos padrões orgânicos ou comportamentais, é valiosamente preenchida em face da fecundidade dos estímulos proporcionados pelos jogos e recreações.

Se, por definição, **motivo** é tudo "aquilo que desperta, dirige e mantém a nossa atividade", sendo o **incentivo** tudo "aquilo que atende ou satisfaz a êsse motivo", constitui o crescimento infantil imperiosa necessidade (motivo) que encontra a sua natural satisfação nos jogos (incentivo).

Verdade já muito surrada é a de que a criança, exatamente por sua condição de ser imaturo, denota irreprimível necessidade de desenvolvimento mental. Daí sua justificada ganância pelas histórias em geral, que, conseguindo manter vivo o seu interêsse, ampliam os horizontes de seus conhecimentos.

Qual seria, em particular, a causa de sua preferência pelas histórias em quadrinhos?

O segrêdo dessa inequívoca predileção tem fundamento na própria dinâmica psicológica da criança, dada a natureza dos seus interêsses e a modalidade da sua percepção (sincrética).

O motivo do interêsse genérico das crianças pelas histórias e contos é, pois, a necessidade de crescimento mental. E o motivo particular de seu interêsse maior pelas histórias em quadrinhos está nos incentivos que êsse tipo de literatura traz à mente infantil, atendendo à sua natureza e às suas necessidades específicas.

a) Necessidade de crescimento mental: o motivo.

Um critério muito simples, de avaliação das necessidades humanas, é o que resulta da tomada dos interêsses, os quais, na opinião de Claparède, se apresentam como sintoma de uma necessidade; os interêsses da criança constituem, de modo particular, sintomas de uma necessidade de crescimento do corpo ou da mente.

Tem o cérebro da criança tanta fome de conhecimento quanto o seu estômago, de alimento. A compreensão de um grande e estranho mundo exige das pequenas criaturas uma constante adaptação a novas e renovadas situações, impondo-lhes a insaciável sêde de saber.

Mas não é em razão de um simples prazer lúdico, inespecífico, semelhante ao do adulto, que se deve analisar o interêsse infantil pelas histórias, e sim em função da necessidade (como sintoma de carência), que o contato com aquela leitura satisfaz; "não é simplesmente uma cousa de que a criança gosta mas algo de que precisa para crescer. É mais do que parte essencial da sua educação: é parte essencial da lei de seu crescimento, do processo através do qual ela se torna adulta" (Joseph Lee).

Assim é que a criança, de bom grado, repartiria todo o seu tempo entre a atividade motriz e a atividade mental; aquela, compreendida pelos jogos em que predomina o exercício físico, destinado ao desenvolvimento do organismo — e esta, pelos jogos de natureza intelectual, que promovem o crescimento mental.

b) A literatura em quadrinhos: um incentivo.

As crianças, geralmente, pouco entendem da literatura produzida para elas. O desinterêsse que nutrem, por qualquer gênero de leitura, que não seja de quadrinhos, pode ser explicado pela falta de familiarização com certas relações abstratas da linguagem comum, particularmente da linguagem escrita, pela dificuldade experimentada na análise do seu vocabulário e do seu sistema de imagens e idéias, pelo defeituoso aprendizado da leitura, pela limitação de seus quadros e experiências etc.

No fundo, está sempre a natureza da criança, com suas peculiaridades psicológicas e mentais, que a fazem pensar mais em têrmos de um sincretismo intuitivo, concreto, global, do que em têrmos da abstração ou generalização que caracterizam normalmente o pensamento do adulto civilizado.

Outra não seria a causa da verdadeira fúria com que os meninos devoram os suplementos e folhetos em quadrinhos, os quais, como vemos, tão bem se adaptam aos padrões de sua atividade mental.

Quantas vêzes, já na condição de adultos, experimentamos dificuldade, no próprio dicionário, em representar-nos o objeto que, dentro de uma definição, tentam as palavras descrever...

Não é para isto que existem os dicionários ilustrados? E os livros chamados didáticos, mesmo as cartilhas, as obras de estudo em geral, por que razão nos devem apresentar ilustrações, desenhos, gráficos, gravuras, esquemas? Qual seria o segrêdo, de especial atração, exercido pelo cinema ou pelo teatro, sôbre as pessoas, a despeito da notável diversidade, entre elas, de cultura, inteligência, gôsto, idade e sexo?

Muito razoável, por outro lado, nos parece a proporção numérica de 20 ilustrações, numa revista de adulto, contra 200 ou 500, numa revista infantil, uma vez que, em proporções bem maiores, se apresenta a diferença de conhecimentos entre os dois tipos de leitores.

A seriação de quadrinhos, que se assemelha a uma lenta projeção cinematográfica — ou a cenas fixas, de uma singela peça de teatro, — pode considerar-se, na medida solicitada pela mente infantil, adequada ilustração do texto; na realidade, assume o caráter de verdadeiro relato visual ou imagístico, que sugestivamente se integra com as rápidas conotações do texto escrito, numa perfeita identificação e entrosamento das duas formas de linguagem: a palavra e o desenho. Exatamente como convém ao caráter sincrético e intuitivo do pensamento infantil.

12. Têm, certos temas abordados nas histórias em quadrinhos, despertado séria preocupação por parte de muitos educadores, alarmados pela influência nociva que acreditam dêles provir; são curiosamente os assuntos de preferência da criançada, tais como vaqueiros e índios, aventuras fantásticas, assaltos e correrias sangrentas, dramas impressionantes etc.

A constância e proeminência de tais temas constituiriam a escola do gatilho e do roubo, da fantasia e do terror; sob a influência dêsse clima artificial e pretensamente pernicioso, seriam as crianças exercitadas, desde cedo, pelo processo da imitação, na aprendizagem do crime.

De observações como estas, deduzem certos observadores uma série de conclusões, tôdas tendentes a condenar a literatura em quadrinhos como fonte de veneno para as personalidades em formação.

Vejamos algumas dessas críticas.

a) O hábito de histórias em quadrinhos aí está, produzindo os seus frutos: uma geração coca-cola, de **play-boys** e de vadios, avessos a uma vida decente, de trabalho e responsabilidade; por obra e graça dos malfadados quadrinhos, uma juventude cresce transviada, sem fôrça de vontade, sem gôsto pelo estudo, amante da vida airada e ociosa.

b) Por outro lado, não se pode fechar os olhos à notável influência exercida, sôbre a criança, pelo exemplo, ao vivo, dos personagens apresentados, agentes do crime e do roubo, em suas façanhas contra a lei, os costumes e a moral.

Ninguém há de contestar a poderosa sugestão dos valores negativos ali existentes, que despertam, na imaginação infantil, a atração pelo vício e pela subversão social. Se a boa leitura produz efeito benéfico, no desenvolvimento da personalidade, a má leitura, recìprocamente, produzirá maléficas conseqüências. O uso do cachimbo, diz o provérbio, faz a bôca torta.

c) A própria ficção, vivida por super-homens, em aeronaves dotadas de exóticos engenhos, movendo-se nos espaços siderais, entre outras fantasmagorias e outras absurdas maravilhas, desvirtuam a imaginação infantil, distanciando-a cada vez mais da realidade. A realidade lógica não é o clima próprio da psicologia infantil; mas, para êsse clima, as crianças devem ser gradativamente preparadas, o que não se consegue precisamente com as leituras em quadrinhos.

d) Habituadas a êsse tipo de leitura, reduzida a migalhas e sempre socorrida com as muletas da figura, as crianças acabam por adquirir, certamente, atitude negativa, espécie de preguiça mental, diante da leitura séria, a que, no futuro, terão que se sujeitar.

Merecem resposta tais críticas, que, a nosso ver, carecem de melhor fundamento.

13. Certas pessoas, não raro, argumentando com sofisma, ligam necessàriamente a dado **efeito** uma **causa** qualquer.

Sem maior análise ou fundamento dão, como origem de um acontecimento, êste ou aquêle fato, numa arbitrária relação, que sòmente existe em sua mente.

Dêste modo, raciocinam: grande parte dos jovens de hoje revela descaso pelos estudos; quando crianças, apreciavam as histórias em quadrinhos; portanto, são, tais histórias, responsáveis pelo seu desinterêsse escolar.

A ser válida essa maneira de raciocinar, qualquer um estaria também autorizado a pensar assim: êste jovem anda muito sem apetite; quando criança, alimentava-se muito de leite; portanto, é o leite, que ingeria na infância, o responsável pela sua falta de apetite...

Resta saber, isto sim, entre outras cousas, se a juventude de hoje é menos propensa aos estudos do que a do passado — e se, de fato, as histórias em quadrinhos contribuem para tal situação. Mas **saber** objetivamente, isto é, através de critérios científicos e pesquisas racionais, com estatísticas na mão, e não através de opiniões arbitrárias, ou de observações subjetivas e perfunctórias.

14. Outra restrição que se faz às histórias em quadrinhos é a que se refere aos assuntos abordados, geralmente de mocinhos e bandidos, em ambiente de

terríveis façanhas, onde estão sempre presentes ferozes tropelias, assaltos, crimes e mortes.

A verdade, porém, é que à criança o que importa é brincar, **jogar** noutras palavras, é de especial importância e interêsse, para a criança, a atividade lúdica, em si mesma, pelo seu processo, pela simples ação que desencadeia, pois que o objetivo consciente ou deliberado do jôgo tem sempre caráter fictício e fortuito.

Êsse objetivo fictício que, no processo lúdico, se propõe a criança, não parece conter necessàriamente nenhuma indicação de seu futuro ideal de adulto, em que pêse à opinião de certos autores que, exagerando os fundamentos absolutamente científicos da chamada "teoria do exercício preparatório", e, por outro lado, restringindo a amplitude e a fecundidade de seus princípios, pretendem reduzi-la a uma árdua armação, feita de encomenda, apenas válida para alguns exemplos clássicos, como o da menina que brinca de boneca, ou do gatinho que caça ratos imaginários.

Na realidade, a teoria do exercício preparatório é muito mais fecunda e ampla, muito mais viva e flexível; daí o seu imenso prestígio nos campos da moderna Pedagogia, pois que o jôgo exercita atividades inespecíficas, desenvolve capacidades e virtualidades gerais, sem qualquer objetivo próprio, relacionadas com o crescimento físico e mental da criança.

A menina que brinca de boneca não está exercitando apenas certas modalidades de ação ou de afetividade ligadas à sua futura condição de mãe, o que ainda seria bem pouco, mas na realidade, como em qualquer outro brinquedo a que se entregue, está ativando inúmeras potencialidades e exercitando as mais diversas funções ou habilidades, que carecem de desenvolvimento, em face de seu crescimento em todos os sentidos.

15. Estas considerações, entre outras, nos autorizam a exigir uma fundamentação mais sólida, por exemplo, para a suposta necessidade do chamado "desarmamento infantil", denominação adulta adotada por certa campanha pseudopedagógica, ùltimamente generalizada, que pretende afastar das crianças os brinquedos de tipo agressivo ou belicoso, como os que utilizam revólveres, canhões, tanques de guerra, aviões, flechas, espadas etc.

Observe-se, a título de ilustração, um grupo de meninos reproduzindo cenas de bandido e mocinho, com os largos cinturões, revólveres de matéria-plástica, os fogosos ginetes de vassoura. Estala-se a língua, simulanço disparos de armas; pela garganta, das próprias crianças, há relinchos de animais, cujos cascos são representados pela sola dos sapatos, em tropel. O mocinho, nervoso, ágil, invulnerável, dá ordens de tática aos companheiros, prende aqui, mata acolá.

Minutos depois, cansados, reagrupam-se à soleira de uma porta qualquer. Um conta um caso, outro narra uma história. Confraternização completa. Ninguém já se lembra mais de que matou, de que morreu, de que brigou, de que por alguns momentos foi cavalo, bandido, assassino ou dragão...

Mais à noite, um por um, do mesmo modo como se juntaram, vão-se naturalmente dispersando para suas casas.

Com tôda a certeza, no outro dia por ali estarão, reproduzindo o mesmo brinquedo ou, com o mesmo entusiasmo, entregando-se a outro. O que os empolga fora de dúvida, não é a significação pròpriamente da atividade lúdica, mas o seu processo; interessa-lhes o jôgo, acima de tudo, pela própria atividade que implica, não pelo seu objeto. A sua satisfação, orgânica e vital, revela-se na base dos interêsses profundos, que comandam o seu crescimento físico ou mental, a sua adaptação à vida ou à sociedade: a competição, a convivência, a cooperação, a dominação etc.

No exemplo dado, o revólver (um pedaço de pau, o próprio dedo da mão) assume um papel meramente simbólico e ocasional, destituído da sua verdadeira função instrumental, de morte e tragédia. O desejo é um só: o de vencer uma dificuldade, o de exibir uma **performance**, quando muito o de sobrepujar um adversário mais simbólico do que real; de modo algum o de causar dano ou infligir sofrimento. Prova disto é a atitude do pirralho, no papel do garboso mocinho, a trucidar impiedosamente o bando de ladrões e de piratas, quando, por acidente, ferindo de leve o amiguinho caçado por êle, põe a bôca no mundo...

No que toca em especial à literatura em quadrinhos, cumpre acentuar, por outro lado, a moral das histórias: como na vida real, depois das proezas e dos casuais sucessos, logrados pelos contraventores e marginais, acabam êstes, de um modo ou de outro, pagando dolorosamente por seus crimes. Esta, pelo menos, é a norma geral.

Nunca nos constou que as crianças delirassem de simpatia, naquelas histórias, pelos bandidos e pelos ladrões. Quando o mocinho, no entanto, expressão da justiça e da lei, se atira ao encalço do foragido, torna-se simplesmente notável a vibração da criançada, a viver o papel que aquêle encarna. E isto, porventura, não é educativo? Despertar, na criança, o amor aos mais nobres ideais, que triunfam sôbre o crime, o roubo e a perversidade, não será por acaso obra desejável?

16. Costuma-se freqüentemente responsabilizar a literatura em quadrinhos pela criação de uma presumível preguiça mental.

Preguiça é têrmo com que de modo geral se busca exprimir um estado negativo da vontade, diante do esfôrço exigido por certa atividade que deve ser realizada. O organismo, não obstante a taxa suficiente de energia de que dispõe, deixa de desenvolver, em condições normais, o esfôrço necessário à atividade que dêle se espera.

Neste sentido, tôda preguiça é mental, porque é sempre uma recusa da vontade (que é um processo mental) a certo esfôrço ou trabalho, seja do corpo ou da inteligência.

Preguiça mental é expressão que, em sentido restrito, designará com certeza uma atitude negativa da vontade, diante de certo esfôrço ou trabalho intelectual, apesar da normal solicitação das situações estimuladoras.

Admitem alguns que o hábito inveterado de ler história em quadrinhos tende a criar certa inibição, que êles chamam **preguiça mental**, diante do esfôrço mais sério, positivo e disciplinado, que, mais tarde, exigirão a leitura e o estudo, fontes de tôda cultura.

No fundo, porém, tal questão se resume na velha controvérsia, ou melhor, na perniciosa confusão, entre o ensino **do** esfôrço e o ensino **pelo** esfôrço.

Ainda aqui, percebe-se a danosa interferência da doutrina das faculdades mentais e da teoria das disciplinas formais.

Referem tais opiniões que a leitura em quadrinhos, como tarefa sedutora para os leitores infantis, leva-os a desprezar futuramente, por fastio ou fácil cansaço, os sérios volumes de estudo, que requerem esfôrço e pertinácia.

Neste passo, e de uma penada, condenam todo brinquedo, bem como tôda atividade fácil, leve ou espontânea, que constituem a própria vida da criança, — uma vez que, a seu ver, tais atividades criam defesas e inibições contra as árduas tarefas que, no futuro, se exigirão do adulto; uma vez que tais atividades, em última análise, não ensinam o esfôrço, à moda de tais censores (pois não implicam num esfôrço **impôsto** à criança), embora às vêzes exijam, na verdade, um trabalho muito maior, realmente intenso, porém espontâneo e natural. Implìcitamentne, decretam referidas opiniões a falência de tôda a moderna Pedagogia, que postula a atividade espontânea e a iniciativa pessoal; que se funda no interêsse, no respeito à natureza e às necessidades profundas da criança; Pedagogia que, afinal, tem no brinquedo o seu mais fecundo e legítimo instrumento.

Se não pretendem fugir à linha de sua dialética, sustentam portanto, tais inimigos da literatura em quadrinhos, que a criança deve aprender de modo penoso, por um processo ou meio que, contrariando seus interêsses naturais, a faça proceder como o adulto, não importa que prematuramente. É o caso de se dizer, como o ilustre educador, que "não é compelindo a criança de peito a comer um bife que se lhe preparará um sólido apetite e um estômago robusto para quando fôr maior"... O lema, que ainda ontem se ostentava, segundo o qual, "a letra, com sangue, entra", é hoje desfraldado sob nova bandeira, que consiste na implacável guerra às histórias em quadrinhos.

"Preservar a infância", o grito de alerta dos modernos pedagogos, é, ainda aqui, a grande norma e o mais sábio princípio. A infância é uma necessidade (acaciana verdade) e deve ser preservada, com a sua natureza intata e as suas características, e não eliminada, em benefício dos falsos direitos de não sabermos que pequeno monstro que seria exatamente a criança em moldes de adulto.

É preciso considerar, além do mais, que forçar a criança a desenvolver atividades completamente desligadas de seu interêsse é exigir-lhe o dispêndio de dupla carga de energia, pois que o trabalho contrariado implica num gasto adicional, relativo aos mecanismos de defesa (fuga à tarefa).

Todo trabalho infantil que não se revista da forma de jôgo, de atividade lúdica, incide em numerosos inconvenientes, tais como: gasto excessivo de energia, perda inútil de tempo, integração mental fraca e incompleta, aquisição de atitudes negativas, num atentado contra o rendimento, a eficiência e a economia de tempo, na aprendizagem. Isto sem falar no suplício impiedoso e inútil que se inflige à infância, que deve ser uma quadra feliz e despreocupada a fim de que possa, em seus domínios tranqüilos, gerar os futuros homens, ajustados e sem problemas.

Quando falamos em atitudes negativas, em aquisição de atitudes negativas, estamos pensando exatamente nos inefáveis forjadores da teoria da preguiça mental, pois que a tese contrária é que é paradoxalmente a única verdadeira. Ou seja: a leitura das histórias em quadrinhos é o meio mais pedagógico e eficaz para despertar nas crianças o amor à leitura, cujo objeto vai-se fazendo cada vez mais sólido, ao passo que vai amadurecendo a inteligência do leitor, através de livros cada vez mais sérios, numa graduação natural, que deverá consultar as diversas fases do crescimento infantil.

Por outro lado, o melhor meio de se criar uma duradoura inibição pela leitura, e portanto pelo estudo, está em colocar, na mão de crianças e de jovens imaturos, livros que não se adaptam aos seus interêsses e à psicologia objetiva e intuitiva que exigem dêles um esfôrço excessivo e inadequado, que, tais livros sim, contrariando todos os preceitos da moderna Pedagogia criarão barreiras e defesas contra a prática da leitura, defesas realmente comuns em nossos adolescentes e adultos, e cujas causas, como se vê, são às vêzes tão mal investigadas.

17. Outra restrição, que se costuma fazer às histórias em quadrinhos, é a que se refere aos temas de ficção, muito cultivados na literatura infantil, sob a acusação de que a exploração da fantasia contribui para distanciar, mais ainda, a criança da realidade.

Em primeiro lugar, é conveniente observar que a realidade da criança não é igual à nossa realidade. O seu afastamento, desta realidade, é absolutamente natural e funcional, é imensamente fecundo e formativo, e não, como já dissemos da própria infância, nenhum êrro de cálculo da natureza. Corresponde exatamente ao tipo de vida que deve levar a criança, e às primeiras fases de sua atividade mental, que deve passar, naturalmente e gradativamente, de uma posição subjetivista e egocentrista, ao mesmo tempo pan-animista e fetichista, para uma posição cada vez mais realista e objetiva, por isso mesmo cada vez mais lógica e científica.

De qualquer maneira, nas primeiras fases do desenvolvimento infantil, a realidade da criança não é igual à nossa realidade, nem a concepção que ela vai lentamente formando da vida se parece em alguma cousa com a nossa; doutra forma, nem poderia a criança ter qualquer concepção orgânica e unitária do universo, necessária entretanto que, embora provisória e fantástica, contribui naquele momento para construir e assegurar a unidade de sua pequena personalidade em desenvolvimento; doutra forma, a realidade seria para ela apenas um impacto, monolítico e impenetrável, onde não haveria qualquer lugar para a sua inteligência, e ela não estaria diante das cousas como um ser pensante: esta é, portanto, a única forma com que a criança, diante da vida, pode exercer a sua inteligência nascente, exercitar a sua função mental, com o seu mecanismo ainda primário, que, realizando-se dentro das suas limitações, ao mesmo tempo se desenvolve e firma os seus processos.

O seu tipo de realidade é exatamente o tipo de realidade que lhe convém, que corresponde ao seu desenvolvimento intelectual, é apenas a interpretação do mundo de que é capaz a sua inteligência, a qual, embora engatinhando, não renuncia à sua própria função, a função essencialmente conhecedora, de explicar e solucionar dificuldades.

Querer substituir, extemporâneamente, a "realidade" do adulto, à qual êle chegou através de laboriosas experiências, pelas quais terá que passar ainda a infância, — é sempre o mesmo êrro fundamental das pedagogias do passado, que consideravam a criança como o adulto em ponto pequeno, com os mesmos mecanismos mentais, apenas mais reduzidos, capaz de resolver portanto os mesmos problemas, com os mesmos procedimentos, apenas em dosagem diminuída.

A fantasia é a realidade da criança, que ela manipula, como o adulto manipula a sua realidade. Assim ela exercita a sua inteligência em suas sondagens do mundo do desconhecido, e para ela o mundo é todo desconhecido, convertido provisòriamente num universo fantástico, em que ela penetra, e, soberana, tudo explica à sua moda e segundo os seus desejos. É esta, de fato, a única fase da vida em que o homem é verdadeiramente o "dono da realidade", que êle cria, constrói e destrói à sua vontade. Será preciso, mais tarde, caminhar muito e encontrar o artista, esta segunda criança, capaz de construir e reconstruir a vida, para encontrar um procedimento de certa maneira similar ao procedimento infantil diante da realidade.

O ser humano, nas suas origens obscuras, parte de uma confusa integração no todo universal, para a difícil e gradativa consciência de si mesmo, até alcançar o limiar da clara oposição entre o objetivo e o subjetivo. Da mesma forma, a criança parte de uma concepção mítica ou mágica do universo, segundo a qual ela participa dêsse mesmo universo e dêle não se separa, para uma concepção cada vez mais lógica e objetiva, cada vez mais depurada de subjetivismo.

A criança que, no comêço, confunde os processos oníricos com as observações da mente desperta; que confunde, em seguida, os seus devaneios com a própria realidade ambiente, sonhando acordada, o que é comum a todos os homens, mas acreditando nas criações da sua fantasia, o que é específico apenas dela própria; que projeta normalmente o seu eu no mundo circunstancial, transformando e transfigurando-o ao seu capricho; sòmente pouco a pouco, em um desenvolvimento progressivo e lento, vai estabelecendo essa dicotomia da realidade, criada pela reflexão, que se apresenta na dualidade a que chamamos objetivo-subjetivo.

Em tôdas as pessoas, mesmo as mais hígidas mentalmente, há sempre qualquer cousa de subjetivo, tingindo as representações mais lógicas ou mais objetivas. E, ser **inteiramente** objetivo, não é tarefa fácil, é atitude singular e bem rara, que se alcança apenas nos cumes do pensamento científico.

É portanto um perfeito absurdo pretender que a criança, nas etapas iniciais do seu crescimento, seja inteiramente objetiva, ou seja tratada como tal; isto é como querer que o fruto nasça maduro.

Retirar a criança da fantasia é retirá-la de seu próprio elemento, é colocá-la em meio estranho e hostil, como peixe fora da água.

A fantasia, se é a própria essência da mentalidade infantil, não é entretanto uma peculiaridade apenas da infância. Já vimos que é um traço predominante na vida do artista. E é também, sem dúvida, componente precioso da personalidade normal do adulto, verdadeiro tesouro pessoal, ao qual deve a humanidade as suas mais belas conquistas.

Secar, na infância, a fantasia, não é apenas matar a infância, não é apenas secar as fontes da poesia, é ainda verdadeiramente estancar o desenvolvimento de um dos processos mais fecundos da inteligência, é liquidar, talvez para sempre, o senso criador e a capacidade inventiva.

A imaginação criadora é uma das atividades mais nobres e mais fecundas da mente humana, e ela se desenvolve, e se educa, através da fantasia da criança, que deve pois ser preservada, e estimulada, de modo adequado e a seu devido tempo, como elemento formativo da futura mentalidade do adulto.

A imaginação e a fantasia, que campeiam livremente no cérebro criador, respondem sempre pelos mais fecundos achados da inteligência e pelos mais belos triunfos do homem, tanto no campo da arte como no da ciência, não sòmente da ciência especulativa, mesmo das ciências mais positivas, sem excluir tôdas as grandes iniciativas humanas, seja na indústria, no comércio, na política, na administração, na medicina, nas profissões e nos ofícios em qualquer domínio das atividades humanas.

Nem seria preciso lembrar que a imaginação se localiza na própria intimidade da inteligência e constitui um dos seus processos fundamentais, inseparável de seu mecanismo primário. Aí está, na formação do próprio raciocínio, que, segundo certos autores, consiste numa operação tripartite (pergunta — formação de hipótese — crítica ou contrôle de hipótese), a imaginação instalada no segundo tempo, como criadora de hipóteses. Educar a inteligência seria, precìpuamente e fundamentalmente, exercitar a imaginação. E a amplitude e capacidade da inteligência se mediria, em última análise, pela fecundidade da imaginação.

"A imaginação, informa Claparède, é o que eleva o homem acima da natureza, permitindo-lhe agrupar os elementos em novas combinações." E, ainda: "Não foi brincando com os fenômenos da natureza que os grandes gênios da ciência descobriram as suas leis gerais"? E, mais categórico: "A imaginação supõe uma grande independência da representação em relação com os dados recebidos. Os animais não parecem possuir, de modo algum, essa função, e para adquiri-la, o gênero humano deu um passo imenso para a frente. Esta é, pois, uma capacidade relativamente nova, e é preciso que seja desempenhada intensamente para que o menino se torne senhor dela".

Com estas citações do sábio pedagogo, sempre atuais, nada mais seria preciso dizer sôbre a necessidade de preservar cuidadosamente, no mundo da criança, o uso da fantasia, em vez de expulsá-lo de lá e de eliminá-lo, como querem alguns educadores de fancaria. Mas o nosso autor, entre tantos outros, vai mais longe e é mais explícito: "A imaginação desempenha um papel imenso na vida da criança, misturando-se com **tôdas as suas atividades; ocupando, como ocupa, um** lugar de primeira ordem na vida mental do homem, **é importante que se exercite desde o comêço".** E, ainda: "A ficção deverá ser largamente aproveitada em uma concepção funcional da educação".

Donde concluímos, em boa companhia, isto é, com tôda a geração dos modernos educadores, que acusar a literatura em quadrinhos de perniciosa à formação da criança, porque utiliza com abundância a fantasia, é apenas um contra-senso e uma blasfêmia pedagógica; o que pretendem tais criadores de aleijões seria retirar da inteligência da criança o seu melhor alimento, se não fôsse, bem mais do que isto, retirar-lhe o seu único alimento, isto é, a única matéria, adaptada às condições de seu pequeno cérebro, que êle realmente é capaz de digerir e assimilar.

Por outro lado, dizer que a fantasia é o mundo da criança não é dizer que a criança acredita nêle, sempre e necessàriamente, como possível e verdadeiro. Há um primeiro momento em que, de fato, a criança não distingue a fantasia da realidade, em tudo acreditando como realmente existente. A seguir, vai pouco a pouco estabelecendo as fronteiras entre os dois mundos, vai percebendo áreas da realidade, cada vez mais vastas, invadindo o seu território mágico, e destruindo as suas ilusões; sem esfôrço e sem sofrimento, aceita as novas experiências, com a sua vocação de explorador e a sua inesgotável curiosidade, e reparte o seu coração entre o real e o irreal, sem muito cuidado de distinguir, numa confusão maravilhosa, que tem ainda o aspecto miraculoso e fantástico das primeiras idades; aliás, a própria realidade, para a criança que a não conhece, é sempre maravilhosa, é sempre um cotidiano deslumbramento; a fantasia continua a ser o clima de sua mente e o seu meio natural. Depois, chega o momento em que distingue lìmpidamente a realidade ambiente, das criações da sua fantasia; já agora sem acreditar nas transubstanciações de sua imaginação, sem subverter a natureza da fantasia, a ela se entrega entretanto de bom grado, nela se apraz e nela se refugia, como o artista se refugia em sua arte, de maneira que a fantasia continua a ser o seu mundo, e por muito tempo ainda, a sua atmosfera, a sua vivência, o seu ambiente próprio. Êste último momento é geralmente aquêle em que a criança começa a ler histórias em quadrinhos.

Nenhum mal, pelo que vimos, lhe fará essa leitura, que, por estar desligada das situações objetivas, não lhe ensinará a mentira, nem a afastará da corrente da vida, como entendem alguns educadores, que têm tanto de escrupulosos quanto de desconhecedores dos verdadeiros dados da psicologia infantil.

A êstes, ou para tranqüilizá-los, vem a pêlo esta opinião de Antônia Saens, expedida decerto com vista a esta última fase do crescimento infantil, que comentamos: "é muito raro que o menino confunda a realidade de suas histórias e de seus jogos, com a realidade da vida. Se, nas histórias e nos jogos, os animais e os brinquedos, as pedras e os objetos falam e se movem ou representam sêres humanos, o menino jamais espera que tais cousas aconteçam na vida. Espantar-se-ia se acontecessem". E ainda: "A criança se rirá de quem queira fazê-la acreditar que, ao toque mágico de uma varinha, os ratos se convertem em cavalos e os farrapos em trajes reluzentes". Preciso e exato, como sempre, é Claparède, que pergunta: "Aquêle que brinca tem consciência da ficção que cria, ou é joguete dela?" E responde: "Nem uma cousa, nem outra; tem consciência da ilusão que o rodeia, mas abandona-se a ela de bom grado". Noção que serve, sob medida, para a criança que, lendo histórias em quadrinhos, se entrega à sua fantasia.

Conclusão

Resumiremos algumas conclusões, baseadas nos princípios e observações que informaram nosso estudo. Conclusões normativas, para orientar o procedimento de pais e educadores, deve ser o que mais está a exigir, no momento, a opinião pública, diante da invasão verdadeiramente espantosa de quase todos os lares pela maré-montante das revistas em quadrinhos e diante da perplexidade que assaltou, de improviso, aquêles que têm a seu cuidado a guarda da infância, apanhados na malha dêste nôvo e inesperado problema educacional.

1. De início, parece-nos que a querela armada entre os que, no estudo do problema, ora condenam o processo, ora condenam o conteúdo, não tem sentido. O que há de essencial, na literatura em quadrinhos, é o processo. O conteúdo, seja qual fôr, não tem qualquer ligação necessária com o problema. É o processo que classifica as leituras em quadrinhos como tipo à parte de literatura, e o define. Podemos trocar o conteúdo das histórias, podemos mudar os assuntos e os

temas à vontade, sem que o gênero deixe de ser sempre o mesmo, uma vez que o processo seja conservado; se conservamos o tema, e mudamos o processo, contando a história à moda dos textos paginados, deixará de haver literatura em quadrinhos.

2. Logo, o que deve estar em causa, no julgamento da literatura em quadrinhos, é apenas o processo, que é exatamente o que situa êsse tipo de leitura em um gênero diferente. Quanto ao conteúdo, é livre, e não há qualquer espécie de temas comprometida necessàriamente com o gênero em aprêço. Os assuntos dependem inteiramente do critério dos autores ou das preferências do mercado. A condenação dos assuntos utilizados, mesmo quando justa, não poderá significar a condenação do próprio gênero de leitura.

3. Entendemos que o processo, por si mesmo, não produz quaisquer efeitos prejudiciais ao desenvolvimento normal das mentes infantis, podendo constituir, bem ao contrário, excelente e fecundo subsídio ao trabalho do educador.

A criança é qualitativamente diferente do adulto. Suas necessidades são bem diversas das nossas, são geralmente bem pouco conhecidas, e quase nunca são tomadas a sério. A literatura em quadrinhos agrada tanto à criança porque constitui um sistema que corresponde rigorosamente à sua natureza profunda, atende às suas necessidades orgânicas e aos seus interêsses naturais. Daí a transformá-la num poderoso instrumento de educação, vai apenas um passo.

Na realidade, tôda literatura infantil, como qualquer jôgo, físico ou mental, constitui para a criança uma prática estimuladora do crescimento, um exercício útil para o desenvolvimento de suas aptidões e habilidades: a literatura em quadrinhos, entretanto, no que concerne ao crescimento mental, é exercício mais funcional do que os outros, mais orgânico e natural, mais científico mesmo. Neste jôgo, tão adequado ao seu fim e à esquiva natureza de seus participantes, todos os elementos utilizados são rigorosamente aproveitados e incorporados à personalidade da criança, ou assimilados por ela, constituindo todos, sem qualquer desperdício, verdadeiro crescimento, num ou noutro sentido, educação de qualquer forma, autêntica às vêzes, às vêzes deturpada. Daí a responsabilidade, nem sempre bem advertida, dos autores e editôres dêste tipo de literatura, que pode fazer sempre muito bem, e que às vêzes, não por culpa do processo, mas do material utilizado, chega a fazer algum mal.

4. Se a leitura em quadrinhos propicia uma forma de crescimento mental, se é um exercício para o desenvolvimento das aptidões e das virtualidades da criança, e se êsse exercício é, no caso, o mais funcional e fecundo, — é evidente que se constitui numa atividade poderosamente útil e benéfica, em diversos rumos e em diversos sentidos, nem todos e nem sempre pressentidos, como acontece em todo crescimento global, cujos aspectos são os mais variados, complexos e imprevisíveis.

5. Falemos agora do conteúdo de nossas historiazinhas. Se o processo, em si mesmo, nada tem de prejudicial, entendemos que, por outro lado, os males e prejuízos do conteúdo têm sido excessivamente exagerados.

6. A eleição predominante de certos tipos particulares de assuntos deve corresponder à procura do mercado ou ao interêsse comprovado das crianças, o que nos levará também à conclusão de que tais temas, geralmente de lutas, competições, assaltos e golpes de fôrças, exercem sôbre as crianças especial atração, e, nesse caso, devem corresponder também a exigências profundas de sua psicologia. Na verdade, a seleção dos assuntos é, de certa maneira, regulada pelo mercado de procura, o que vale dizer, pela preferência ou pelo gôsto natural dos pequenos leitores. Os temas que as crianças sistemàticamente preferem devem ser realmente aquêles que mais se prestam ao exercício de funções que consultam às suas necessidades orgânicas e vitais.

Para o educador, o interêsse é sempre sintoma de uma necessidade. "Da natureza dessas atividades (da criança), informa Claparède, se deduzirão os interêsses que as suscitaram, e dêstes interêsses se inferirão as necessidades de cada etapa do desenvolvimento, pois que os objetos interessarão à criança sòmente na medida em que respondam a alguma necessidade."

Existem, assim, na promoção dos temas e assuntos, uma triagem natural. Os interêsses do adulto não atraem à criança; os interêsses naturais da criança não lhe são prejudiciais. Noutras palavras, se o autor de histórias em quadrinhos consegue afinar perfeitamente com os impulsos naturais da psicologia infantil, êle está servindo à sua educação, e os temas naturalmente não serão prejudiciais; se o adulto se distancia dos padrões próprios da criança, e, na procura dos temas, elabora dentro de suas próprias inclinações ou tendências, deixa de interessar à criança. Donde se conclui que o gôsto natural da criança, e as suas tendências profundas, ainda não desvirtuadas ou desviadas por uma educação viciosa, constituem já certa garantia de seleção apropriada, pelo menos dos temas e motivos em geral, dos assuntos tomados genèricamente, desvinculados de cada drama particular. O que não quer dizer que os assuntos, inócuos em tese, não possam ser tratados de modo inconveniente, ou criar situações perniciosas. O assunto em si — morte, crime, luta — nunca é proibido, nem é mau por natureza, pode ser útil e mesmo benéfico: o modo de tratá-lo, ou de dramatizá-lo, é que o pode fazer prejudicial.

Sem grandes fôrças e energias, em sua condição de frágil e importante criatura reage a criança a seu modo. Necessidade que se impõe, de romper o círculo de suas limitações e deficiências, ante o impacto das mil e uma injunções externas, ou o pêso das próprias criações e fantasias.

Sente ela a superioridade, muitas vêzes hostil, dos sêres que a rodeiam: é a tirania dos companheiros mais velhos, a autoridade dos pais, o poder dos adultos, a agressividade dos animais. Em seu cérebro, espalhando o terror e o sobressalto, rondam bruxas, monstros e dragões.

De qualquer modo, entretanto, tem a criança que ajustar-se, na linha do equilíbrio emocional e da auto-afirmação, à realidade do ambiente e ao mundo assombrado da sua própria ficção.

Para tanto, tem ela na sua imaginação o necessário instrumento, numa identificação com os heróis das suas aventuras livrescas: os Tarzans, os Super-homens, as fadas... Na audácia e no arrôjo dêsses companheiros imaginários, na fôrça implacável dos destemidos e invencíveis personagens, projeta-se àvidamente a criança.

E aí delira, exultante, ao sentir-se vingada, no desagravo de mãos poderosas, pelo massacre inconsciente e simbólico de todos os seus inimigos, a horda dos próprios malogros e das próprias frustrações.

É a satisfação pela catarse realizada na base de um mecanismo de descarga e transferência afetiva.

O que interessa à criança é o prazer do jôgo pelo jôgo, genèricamente considerado. O conteúdo, ou os motivos, são quase sempre apenas um pretexto. E as finalidades, como aquelas que postula a teoria do exercício preparatório, são, na verdade, inconscientes e não deliberadas, exercendo seus efeitos, de modo inelutável mas impressentido, do fundo dos impulsos orgânicos e ancestrais, que impelem a criança, instintivamente, na escolha de um motivo em vez de outro. A criança não empresta geralmente uma importância refletida e consciente ao conteúdo dos jogos e nem se preocupa demasiado com êle. Normalmente, êsses motivos ou temas não criam hábitos maus, nem despertam ou estimulam tendências perigosas pois que, na própria opinião dos educadores, ao mesmo tempo, como catarse, descarregam e enfraquecem impulsos anti-sociais, e, como exercício preparatório, desenvolvem e exercitam as diversas funções do organismo, ajudando ao seu crescimento global. Para Claparède, textualmente, "saciando necessidades presentes, o jôgo prepara o futuro".

Donde se vê que o problema do conteúdo tem sempre a sua complexidade, e as suas dificuldades, menos graves entretanto do que se supõe, enquanto o problema do processo, como vimos, não parece oferecer dificuldade alguma. O processo é inócuo, e mais do que isso, proveitoso; o conteúdo pode ser bom ou mau. Na realidade, e de modo geral, tem sido antes bom do que mau; entendemos que têm sido exagerados os seus maus aspectos e os seus maus efeitos.

7. Os jogos de luta, assim mesmo chamados, constituem atividade normal e constante na infância, tendo o seu valor educativo já proclamado pelos pedagogos e educadores. Constituem mesmo a atividade lúdica predominante de certa idade ou fase do crescimento infantil. Aparecem principalmente entre os sete e doze anos, num dos quatro períodos da evolução dos interêsses da criança, admitidos por Hutchinson, o

período que êle chama dos "interêsses de caça, captura e guerra". Exercitam habilidades e virtudes próprias da vida em sociedade, iniciando a criança, através de substitutivos ou sucedâneos simbólicos, na luta pela vida, preparando-a para a convivência e a competição entre os seus semelhantes, uma vez que, numa imagem não muito exagerada e não menos antiga, o homem insiste em ser o lôbo do seu irmão.

"O instinto de luta intervém na maioria dos jogos, senão como o móvel principal, ao menos como móvel adicional", afirma Claparède; e acrescenta: "compreende-se o vigor dessa tendência para a luta quando se pensa no papel imenso que desempenha na vida dos indivíduos e das sociedades".

Debaixo da camuflagem dos mais avançados padrões sociais, através de um convívio cada vez mais calculado e cortês, a luta de interêsses e de posições não deixa de lavrar ferozmente, embora subterrâneamente, num mundo em que a sobrevivência é cada vez mais difícil, deixando marcas e cicatrizes, em áreas mais ou menos inconscientes, nas personalidades pouco sólidas, ou naquelas que não tenham sido devidamente preparadas para tais embates. E a agressividade, enquanto se opondo à timidez, deixa de ser muitas vêzes um defeito, para ser um necessário e valioso equipamento para a luta cotidiana.

Aqui, como sempre, para uma vida sadia e completa, o jôgo é ainda, como o chamam os pedagogos, o melhor "exercício preparatório".

8. Temos visto que há jôgo ativo e jôgo passivo ou, usando de uma terminologia mais exata, conforme a distinção de Grant Allen, "exercício desinteressado das funções ativas" e "exercício desinteressado das funções receptivas"; no primeiro caso, teríamos o jôgo pròpriamente dito, e, no segundo, teríamos a arte, que, na conhecida definição de Kant, nada mais é do que "o livre jôgo da imaginação". A literatura em quadrinhos, com seus temas prediletos de combates e de assaltos, pontilhando as aventuras de terríveis heróis e bandidos, constitui precisamente uma versão passiva dos jogos de luta, tão estimados da infância e tão apregoados pelos educadores.

9. Se os jogos de luta, inclusive o jôgo passivo das leituras em quadrinhos, podem concorrer para ajudar as crianças a enfrentar no futuro o que acaso ainda sobreviva da velha, e cada vez mais recalcada, agressividade dos homens, por outro lado servem também, segundo pensam alguns, para anular e abrandar, ou antes, para "descarregar" perigosos resíduos ancestrais, tôda uma herança de instintos sanguinários que carregamos nas dobras mais recônditas de nossa sombria bagagem inconsciente. O jôgo tenderia a purgar, através de uma satisfação ao mesmo tempo simbólica e inocente, certas tendências ou impulsos anti-sociais e nocivos. É a teoria da catarse lúdica, defendida, com pequenas variantes de doutrina, por Stanley Hall, Harvey Car, e tantos outros autores.

No capítulo do jôgo como catarse, falando sôbre as artes e a literatura em particular, Claparède, na esteira de Lange, chega a defender a arte erótica, que "desempenha um papel útil para a sociedade", como derivação inocente de impulsos mais violentos do instinto sexual. Que dizer, então, da utilidade social das leituras em quadrinhos, como derivativo inócuo do instinto de luta?

Donde se conclui que não é assim tão indiscutível e pacífica a opinião de que os costumeiros temas das revistas em quadrinhos, por versarem sôbre mortes, lutas e crimes, constituam grave perigo, ou algum terrível veneno, para as mentes infantis.

10. Qualquer gênero de literatura tem obras boas e más. É inegável que o gênero em aprêço, porque dedicado às crianças, tem uma responsabilidade especial: em princípio, deve admitir apenas obras escolhidas segundo adequado critério moral. Como tôda leitura dirigida a crianças ou jovens, esta deve ser também o mais possível depurada de elementos ou aspectos que possam ser nocivos ao desenvolvimento de personalidades imaturas; se ela, entretanto, inclui elementos perniciosos, e se torna inconveniente, então a inconveniência não lhe vem do gênero e sim do material utilizado por um tipo de literatura que, como todos os outros, pode empregar matéria boa ou má.

Não é, portanto, a literatura em quadrinhos que faz mal à infancia; é tôda e qualquer literatura mal orientada, são todos os livros e revistas que caem nas mãos da criança, quando não lhe servem. Acontece que o que as crianças querem, o que elas procuram e lhes vem à mão em grande quantidade (porque, mais do que tudo, as interessa) são as revistas em quadrinhos; do que apenas se deve concluir, como acima já foi dito, que é maior a responsabilidade dêsse gênero de revistas. E também, esta é a grande conclusão, que não é preciso suprimir a literatura em quadrinhos, nem condená-la em princípio, mas apenas depurá-la dos elementos nocivos, escolhendo para nossos filhos a que constitui leitura sadia, rejeitando a que não convém.

Quando nos dizem, neste passo, que esta seleção é impossível, diante da verdadeira avalanche, da torrencial enxurrada das revistas do gênero, que proliferam por tôda parte, brotando a todo instante nas mãos de nossos filhos, tranqüiliza-nos então a certeza de que, como observamos ao longo de nosso estudo neste capítulo da educação, como em tantos outros, os males reais, que não são tão grandes, têm sido olhados com grossas lentes de aumento por pedagogos e Catões de feia catadura, que, se lograssem implantar os seus códigos draconianos, acabariam por demolir, como serenos iconoclastas, tôda a beleza da vida infantil, começando, como estamos vendo, por êste delicioso e colorido mundo, que é a própria imagem da infância, o mundo irreal e fantástico, mas sobretudo belo, das histórias em quadrinhos.

ATENÇÃO! ATENÇÃO! POR MOTIVO DE CENSURA, NÃO EXIBIREMOS O TRAILLER DO PRÓXIMO EPISÓDIO QUE É PROIBIDO PARA MENORES DE 18 ANOS.

Betty Boop, *o sexo no desenho animado e nos quadrinhos da década de 30, por Max Fleischer, na* Gazetinha.

AS TARADINHAS DOS QUADRINHOS

ÁLVARO DE MOYA

Quem pensa que o sexo começou nos quadrinhos com *Barbarella, Jodelle* e *Valentina* está muito enganado. O que houve foi uma mudança muito grande. Mas a história do sexo nos **comics** é muito complicada. Senão, vejamos.

Os heróis estavam mais para a aventura do que para qualquer outra coisa. Talvez porque naqueles tempos julgava-se que êste gênero era tão-sòmente para crianças. Os mocinhos viviam às voltas com vilões terríveis, monstros inimagináveis, perigos, armadilhas, prisões, exércitos de inimigos, mulheres fatais, explosões, tiros, facadas e lutas homéricas, tudo para continuar na próxima semana ou para terminar uma aventura tirando sua maravilhosa roupa de combate ao crime e voltar à sua humilhante condição de igual a todos nós e ainda ouvir suspiros da mocinha pela fantasia anterior.

No meio de tantos perigos e dificuldades a cada tira diária de jornal, a cada página colorida de suplemento dominical ou em cada fôlha de **gibi,** ainda vinha a mocinha complicar tudo, sempre tropeçando, caindo nas garras justo dos piores asseclas dos vilões quando não era nos próprios braços do bandidão. A lembrança das mocinhas daqueles tempos nos quadrinhos, e nas fitas em série até as aventuras de James Bond e das séries de TV, é da figura tremelicante nos braços do vilão que enlaça sua cintura em meio ao seu formidável laboratório e quer conquistar o mundo: "You will be my queen, and we'll rule the world!" (Você será minha rainha e, juntos, dominaremos o mundo!) Até o mocinho fazer o tal laboratório voar pelos ares e libertar por pouco tempo a mocinha que logo caía ou tropeçava noutro monstro qualquer. Dêsse jeito, mal sobrava tempo para outras coisas...

Mas, mesmo nessas situações, seja na mão de King Kong, caída aos pés do bárbaro inimigo, no harém do usurpador do trono, desmaiada ou carregada, sempre a pôse era provocante, deixando surgir uma nesga de opulento seio na blusa rasgada, as coxas à mostra na saia levantada, ou o traseiro sob a transparência da roupa de favorita do harém. Aqui, o desenhista extravasava seu interêsse pela mocinha, embora o código de moral fizesse o mocinho dormir no sofá. O editor J.J.

Seqüencia de Jodelle *de Pierre Barthier e Guy Pellaert*

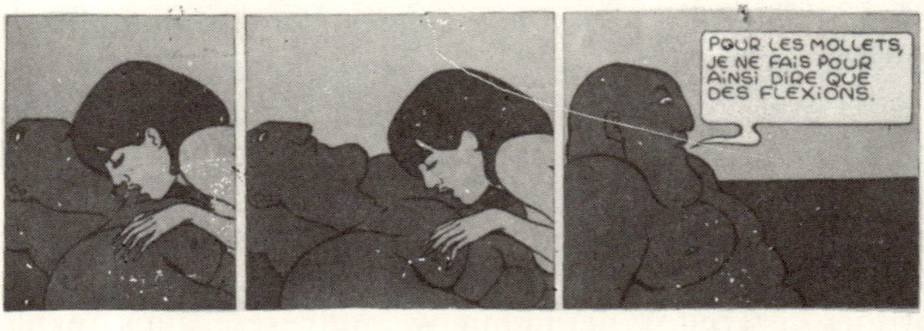

Little Orphan Annie, *protegida pelo milionário fazedor de guerra Daddy Warbucks na versão de Harold Gray e* Little Annie Fanny *em* Playboy, *sátira aos costumes americanos de Harvey Kurtzman, Bill Elder &* gang.

Pauvert lançou em Paris um livro *L'enfer des bulles* de Jacques Sadoul todinho recompondo essas imagens num belíssimo volume.

São inesquecíveis as imagens de Dale Arden nos primeiros capítulos de *Flash Gordon* nos idos de 34. E de tôdas as fêmeas que inùtilmente tentaram tirar o nosso atleta dos seus monstros: Aura, Lura, Fria, Rena, Desira, num desfile interminável de belas rainhas e princesas que se apaixonavam seguidamente pelo nosso herói, despertando as iras de um pretendente ou usurpador do trono, além, é claro, dos ciúmes de Dale. Alex Raymond foi um mestre não só do desenho, da antevisão de uma época, da moda de Paco Rabanne e da mini-saia, como também de mulheres perfeitas e

Jane *de Pett, de 1932, nos jornais inglêses.*

belas, sensuais e modernas. Também em *X*-9, *Jungle Jim* e *Rip Kirby* tínhamos o mesmo senso estético da beleza.

Muita gente se preocupou com o problema da lenda da imortalidade do *Fantasma,* que em sua primeira aventura já conheceu e se apaixonou por Diana Palmer e confessou ter herdado o juramento da caveira de seu pai e deverá transmitir ao seu filho a continuidade da luta do Fantasma contra os piratas.

Eis que isso ocorreu em 1936 e até hoje Diana Palmer continua, presume-se, virgem! Imaginem, então, o problema do Fantasma que, presume-se, deve ser fiel à mocinha... E ainda por cima com aquela roupa que é um problema até para tomar um simples banho. O que torna a saga do nosso herói ainda mais perigosa. Se êle morrer, morre a lenda do **Espírito que caminha.**

Vamos passar por cima das batidas investidas a respeito das relações entre Batman e Robin e do propalado eterno triângulo Mandrake-Princesa Narda-Lothar, para tratarmos de um caso bem mais grave.

Um trio **sui generis,** num caso insolúvel pelas suas características múltiplas. Clark Kent, repórter, ama Miriam Lane. (Ignoremos o caso Lana Lang para não complicar ainda mais.) Miriam Lane ama o Superman, mas não sabe que Clark Kent e o Superman são a mesma pessoa. Mesmo que ela venha a saber um dia, e resolva casar-se com Clark Kent, todos pensarão mal dela e dêle, pois sua atração pelo Super-homem está na cara. Suponhamos ainda que tudo dê certo e estamos na noite de núpcias de Miriam Lane e Clark Kent (vulgo Superman). O que acontecerá? Nu, Clark Kent é igual ao Super-homem. Não há mais roupas, porém, há um perigo maior para a pobre Miriam Lane.

O sexo no terror brasileiro: Mirza, mulher vampiro, de Eugenio Colonese.

Como observou Ziraldo, que espécie de pílula necessitará ela? Uma superpílula? Já imaginaram o Super--homem impetuoso na noite de núpcias? Talvez a única salvação para Miriam Lane, por incrível que pareça, esteja numa pedra de Kryptonita.

Wilma (de *Buck Rogers*) e Connie (de *Século XXX*) são as precursoras de Dale Arden e Barbarella na presença feminina no espaço, mas a pioneira mocinha é sem dúvida a companheira de Tarzan, Jane.

Não confundir com *Jane* (Poucaroupa) uma tira diária inglêsa de uma môça que em cada tira, diàriamente, perdia seus trajes em interminável **strip-tease.** Falamos de Jane que, também na primeira aventura (ou segunda) de Tarzan, já foi para as selvas e lá ficou, desde 1929, desenhada por Hal Foster. Houve até uma campanha de senhoras (não confundir, pois as que citamos são norte-americanas), contra o fato de Jane jamais ter-se casado oficialmente com Tarzan e há até

Scarlet Dream, *escrita por Claude Moliterni e ilustrada por Robert Gigi, aqui é violada pelo seu inimigo máximo.*

um fruto de seu pecado: Boy no cinema ou Korak nos **gibis.**

Posteriormente, outras mulheres surgiram nas selvas, uma espécie de Jim das Selvas de mini-saia calça: Nyoka e uma Tarzan solitária: Sheena. Assim como surgiu uma Wonder Woman, tentativa dos psiquiatras de amenizar a supervirilidade de Superman.

O mesmo Hal Foster, na saga do Príncipe Valente nos tempos do Rei Arthur (o tal da Rainha Guinevre), desenhou Ilene, primeira paixão de Val que foi de 38, quando ela morreu num navio viking que afundou com seus seqüestradores. De 1941 até 45, Va-

Pravda la survireuse *de P. Thomas e do desenhista Guy Pellaert (autor de Jodelle, anteriormente).*

lente perseguiu com ódio uma rainha má, até entender que o que sentia era amor e a rainha Aleta não era nada má.

Betty Boop, de Max Fleischer nos anos 30, era o símbolo da feminilidade, para nessa década surgir, nos desenhos do mestre Milton Caniff, uma série de mulheres extraordinárias, das quais era fã ardoroso o

Honey Dorian, heroína de Rip Kirby, *desenhada por Alex Raymond, especialista em mulheres lindas como Dale Arden, Frigia, Lura, Pagan Lee, Princesa Azura e outras.*

escritor Prêmio Nobel, John Steinbeck: Burma e o padrão de mulher-vampiro, Madame Dragão. Durante a Guerra, especialmente para os jornais dos pracinhas (G.I.s), Caniff desenhou *Male Call,* em que a dadivosa Miss Lace, decotada e com vestidos curtos, roupas de baixo e **negligées** provocantes, acompanhava como vivandeira os soldados americanos no **front.**

As donas de casa burguesas tipo Blondie e as matronas tipo Marocas não nos interessam aqui, tanto mais quando eram contemporâneas de Dixie Dugan que era a própria imagem da maravilhosa estrêla do cinema Louise Brooks.

Já Daisy Mae (Violeta no Brasil) tem a importância da sátira de Al Capp a tôda a saga feminina dos quadrinhos, as mais esquecidas por Santo Antônio, o Santo casamenteiro. Li'l Abner (Ferdinando) vivia apregoando seu total repúdio ao ato e, ano após ano, conseguia safar-se dos famigerados Dia de Sadie Hawkins (Dia de Maria Cebola) em que as solteironas corriam atrás dos renitentes celibatários de Dogpatch (Brejo Sêco). Até que seu herói favorito nos quadrinhos *Fearless Fosdick* (Joe Cometa, vulgo Dick Tracy) casou-se incentivando seu fiel seguidor Li'l Abner a fazer o mesmo em histórico momento no mundo social atual. Mas, além de Daisy Mae, convém não esquecer as figuras provocantes de Moonbeam McSwine (Dulçurosa Suíno) e principalmente Stupefyin' Jones.

Das moderninhas, convém ressaltar Juliet Jones e sua deliciosa irmã loirinha Eve, Mary Perkins e a maneca londrina Tiffany Jones. As primeiras puritanas, mas a Jean Shrimpton dos **comics** está sempre

Um quadrinho de Little Miss Muffet *de Fanny Cory na década de 30 e (quase numa passagem de tempo cinematográfico)* Tiffany Jones *de Pat Tourret nos anos 60...*

numa banheira, em roupas de baixo, ou em mini-vestidos, sempre bela e romântica, repetitivamente se apaixonando por homens errados que sempre se casam com mulheres ricas.

Então, booom! Crash! Toing! Bang.

As mulheres dos quadrinhos, cansadas de esperarem matrimônio, excitadas pelas constantes investidas de vilões e bandidos tarados, em contraste com a excessiva pureza de sentimentos dos heróis (nunca se soube de Superman usando de sua visão raio X para satisfazer seus baixos instintos), cansadas de tudo isso, surgiram as heroínas Barbarella, Jodelle e Valentina. As taradinhas dos quadrinhos.

Se os heróis, sob a alegação de excesso de trabalho, não satisfaziam suas mulheres, quando estas passa-

Phoebe Zeit Geist *de Michal O'Donoghue e Frank Springer, em 1967, na revista americana* Evergreen.

ram a heroínas, mostraram claramente que a atividade sexual faz parte integrante da aventura, entregando-se dadivosamente a torto e a direito a mocinhos e bandidos, sem preconceito nenhum. Só na sua primeira aventura, *Barbarella* de Jean Claude Forest experimenta de tudo, desde comemorar a vitória contra os maus nos braços de um astronauta, depois de se aquecer com o lider revolucionário de Cristália, para acabar nos braços (ou sob as asas) de um gigantesco anjo cego, passando por uma interminável (compreende-se) noite com um incansável robot-fornicador. Barbarella é ninfomaníaca? Flash Gordon, em elipse, na década de 30, época dos ditadores na Terra, tomou um foguete e foi lutar contra a simbólica tirania de Ming (que queria, é claro, dominar o mundo). Hoje, Barbarella diz-se no impossível ano 40.000 só para ter a liberdade sexual que as mulheres deveriam ou desejariam ter no ano 1970.

Jodelle é mais **pop**, mais colorida, menos clássica, mais sadomasoquista, não deixando por menos suas aventuras sexuais numa mistura de Roma antiga, **dolce vita** atual e espionagem à James Bond. Além de passar em revista um exército completo inimigo, fazer **strip-tease,** aparece em ação numa seqüência similar ao famoso filme *Les amants,* apenas invertendo as posições, tomando Jodelle a iniciativa, para terminar a história, ao tentar a iniciação sexual do jovem Bodu, vítima do canibalismo.

Valentina de Guido Crepax é a figura mais típica de filmes de Antonioni dentro dos **fumetti,** tendo até uma história de Crepax, baseado num trecho de filmagem de Ingmar Bergman. As aventuras de Neutron, em que a môça da alta sociedade de Milão, passa por um sanatório para tratamento dos nervos, é testemunha de um crime cometido por uma cópia cibernética de uma amiga sua, tôda a atividade sexual é sugerida, insi-

Capa da revista underground Zap Comix *de New York, nº 2*

nuada, tratada como na fronteira entre o fato e o sonho, a realidade e o onirismo, em passividade total.

Depois, veio a inflação: o autor de *Jodelle*, Guy Pellaert, lançou a motociclista *Pravda*, Gigi e Moliterni criaram *Scarlet Dream*, heroína que tem relações sexuais com o seu inimigo máximo. Harvey Kurtzmann (criador da revista *Mad*) lança no *Playboy* uma paródia de *Aninha a Pequena Órfã* — Little Annie Fanny, com um busto de 120 cm sempre a descoberto, entrando numa fria sexual atrás de outra, com uma burrice e ingenuidade que todos gostariam que uma loira tipo MM-BB tivesse.

Os auges foram atingidos por *Saga de Xam* de Nicolas Devil, a coisa mais pra frente já feita em tôda a história das histórias em quadrinhos. Em *Isabella*, folhetim editado na Itália em que a Condêssa é torturada em cenas da Inquisição até é "vítima" condescendente de um linguarudo urso. Sim, urso. Dêsses de zoológico. *Phoebe Zeit Geist* de O'Donoghue e Springer publicado pela revista *Evergreen* é um pesadelo de mulheres-machos, nazismo, sadomasoquismo, fetichismo que só vendo mesmo.

E hoje, surgem as revistas **underground**, como *Zap Comics* onde desponta R. Crumb, em desenhos de gente jovem revivendo as ilustrações do início do século, numa enxurrada pornográfica, cujo salto só pode ser comparado com o de *Mad* na década de 50. Só o futuro compreenderá o **underground comic.**

O costureiro francês Ted Lapidus escreveu: "Il n'y a pas de revolution de la mode, il y a une revolution sociale qui la mode essait de traduire". Podemos dizer o mesmo dos **comics,** que sempre foram uma elipse constante, imaginativa, supra-realista, quase kafkiana, do mundo em que vivemos: "Não há uma revolução sexual nos quadrinhos, há uma revolução social no mundo que os quadrinhos traduzem". Traduzem ou refletem da maneira mais criativa de tôdas as artes.

5... 4... 3... 2... 1... ZERO!
CUIDADO! AÍ VÊM OS MONSTROS DO ESPAÇO, RAIOS LAZER, ESPAÇONAVES, ROBOTS, A SAGA NOS OUTROS PLANÊTAS! CONSEGUIRÁ O LEITOR SOBREVIVER A MAIS ESSA???

SPACE-COMICS: UM ESBÔÇO HISTÓRICO

Sérgio Augusto

Como se sabe, a Terra é azul porque Flash Gordon assim o disse em 1933. A descoberta do herói criado por Alex Raymond foi, aliás, confirmada por um astronauta, com raro entusiasmo. Da mesma forma que a ciência não nasceu num dia, a ficção científica não surgiu com o bombardeio do realismo por um foguete. No princípio foi a utopia: Heródoto, Platão, Bacon, Voltaire. Em 1643, Cyrano de Bergerac escreveu suas *Viagens aos Estados e Impérios da Lua e do Sol,* coletânea de teorias e hipóteses científicas, alucinadas, geniais, algumas proféticas, anunciando a máquina que fala e o pára-quedas. A ciência e a técnica eram desconhecidas nessa época; por isso, o máximo que se pode dizer de Cyrano é que êle foi um antepassado literário de Júlio Verne e H.G. Wells.

Fruto do século XIX e do progresso técnico, Júlio Verne camuflou o delírio de sua imaginação nas conquistas da máquina a vapor. Com êle — que é o escritor francês mais traduzido em todo o mundo — inicia-se a grande aventura da magia literária e da idade científica. Ao contrário de Verne, H.G. Wells não considerava os dados científicos o essencial e, por uma série de motivos ou condicionamentos do período em que viveu, acabou tornando-se, acima de tudo, um escritor filosófico e político. Verne **inventou** a Física; Wells a usou, como um socialista militante deslumbrado com as suas próprias utopias.

A utopia moderna — versão atualizada das antigas lendas paradisíacas que, nos séculos passados, prometiam o céu e ameaçavam com o inferno — começa em Wells. É uma visão pessimista do mundo à luz das antecipações. Exemplo típico é seu livro *A Guerra dos Mundos* (1898), onde descreve a guerra interplanetária e a destruição da humanidade, usando personagens perfeitamente adultos e psicològicamente convincentes. Depois de 1895, continuou a produzir histórias que desafiavam as mentalidades realistas: em *O Homem Invisível,* levava às últimas conseqüências uma trágica experiência de laboratório; em *A Máquina do Tempo,* deu, talvez, a sua maior contribuição à literatura de S-f com uma idéia aproveitada mais tarde por quase todos os mestres do gênero, entre os quais Ray Bradbury (*Um Som de Trovão*).

"O homem é tão ignorante e tão cego por causa de sua vaidade que, até o fim do século XIX, nenhum escritor arriscou dizer que lá longe (no planêta Marte, por exemplo) a vida inteligente, se de fato existe, poderia ter-se desenvolvido além das proporções humanas." A frase é de Wells e ajuda a compreender a sua ambição de justificar o mêdo eterno diante do imponderável.

Pouco antes de Wells, Albert Robida, um dos mais talentosos ilustradores de ficção científica, aderiu à fermentação de idéias optando pela paródia: *Viagem Extraordinária de Saturnino Farândola aos Mundos Conhecidos e Desconhecidos... mesmo pelo Sr. Wells* (1878) e *Uma Viagem de Recém-Casados ao Século XX, a Vida Elétrica.* Televisão, submarino, polícia aérea com pistolas de micróbios, batalhas navais, muita coisa êle **inventou** em suas histórias rocambolescas, até mesmo o aparecimento da Alemanha e do resto da civilização, em seu libelo contra a guerra intitulado *Engenheiro Von Satanás.* A guerra de 1914 repetiu em proporções diversas os palpites de Robida e foi um jato frio na imaginação dos utopistas do início do século: no fundo êles não acreditavam que tanta desgraça pudesse acontecer.

Foi em 1923 que surgiu a revista *Weird Tales,* especializada em contos estranhos e que promoveu o lançamento de escritores importantes como Lovecraft, Bradbury e Ackerman. Três anos depois, Hugo Gernsback (editor dedicado à vulgarização científica) criou a revista *Amazing Stories,* designando o nôvo gênero literário de cientificação, ràpidamente batizado **science-fiction,** ou simplesmente S-f. As primeiras publicações foram canalizadas para um público de técnicos e sábios, mas com a proliferação (35 diferentes revistas em 1937), a imaginação passou a valer mais do que os dados científicos. Resultado: uma epidemia de histórias fantásticas, entre o medíocre e o sublime, a vulgaridade e o humor sutil, a poesia e a loucura.

Eis as datas mais importantes da literatura de S-f:

— Durante a I Guerra Mundial, Bob Davis, editor da revista *Argosy All-Story,* descobre que algumas histórias escapam a todos os rótulos existentes e as publica sob o título geral de *Uma História Diferente.*

— A partir de 1917, David divulga as obras de Abraham Merritt, desconhecido que utiliza em seus contos as idéias mais audaciosas da ciência. Exemplo: o mistério da divisão da personalidade e o universo das outras dimensões em *Os Habitantes da Miragem.*

— Em 1919, David publica *Trevas na Quinta Avenida,* de Eon Flint e Austin Hall. Tema: um outro universo situado do outro lado do nosso, na quarta dimensão.

— 1921: primeiras novelas de Clark Ashton Smith. Lançamento de *Weird Tales*.

— 1927: lançamento de *Amazing Stories* e *Wonder Stories*. O físico nuclear John Campbell edita *Astounding Science-Fiction*.

— 1939: Campbell afirma-se como o pioneiro da S-f intelectualizada, criando um verdadeiro movimento literário e a excelente revista *Unknown*, extinta durante a guerra.

— 1940-50: idade de ouro da ficção científica, criação de coleções especializadas e antologias, consagração de Padgett, E.F. Russell, Van Vogt, Jack Williamson, Lester Del Rey etc.

— Após-Guerra, novas revistas (*Galaxy, The Magazine of Fantasy and S-f, Fiction, Analog*), afirmação literária de Bradbury, Robert Schekley, Vogt, Asimov, Matheson, Siodmak e outros, fundação do S-f Book Club, dezenas de publicações de aficionados com tiragem reduzida e circulação maçônica.

Dos Quadrinhos Fantásticos aos Space-Comics

Na Belle Époque, ou mais exatamente no período que coincide com a passagem do século, o charme das senhoritas e o ridículo das mamães eram os temas prediletos dos **cartoonists** e dos primitivos desenhistas das histórias em quadrinhos **(comicstrips)**. Contudo, muitos desenhistas do período 1890-1910, quando o humor gráfico francês viveu a sua fase mais fecunda, oscilavam entre o macabro, o delirante, o fantástico. Stüttner, Gerbault, Dues, entre outros artistas gráficos, tinham não apenas a chave do onírico mas também a petulância necessária para violar as sagradas fronteiras do bom gôsto e do cartesianismo. Faziam loucuras com o guache e o creiom, eram mórbidos, cruéis, alucinados. Seus personagens iam às vêzes ao céu jogar xadrez com São Pedro, ou buscar um pedaço da Lua para dá-lo de presente à namorada. Símbolo do romantismo popular, a Lua estava no auge da moda. Os quadrinhos, modestamente, ainda estavam na idade paleolítica. Curiosamente, o primeiro grande momento criativo — e formativo — dos **comics** coincide com a voga dos **cartoons** fantasiosos: *Little Nemo in Slumberland*, de Winsor McCay, em 1905. Para muitos estudiosos do assunto, as aventuras do pequeno Nemo no País do Sono assinalam o vértice de união entre os quadrinhos e fantasia pura, ou ainda, segundo Pierre Couperie, a descoberta da ficção científica pelos quadrinhos. Uma descoberta **avant la lettre,** pois o têrmo S-f só seria cunhado na década de 20 (vide supra).

A maravilhosa saga de Little Nemo foi publicada no suplemento dominical do *New York Herald,* de 1905 a 1911, em formato grande e côres deslumbrantes. Possuía uma estrutura invariável: Little Nemo deitava, sonhava, depois acordava, fim. O interêsse da história incidia sôbre o(s) sonho(s) do personagem: constantes explorações do mundo paralelo, de onde se podia contemplar as estrêlas, visitar uma cidade marciana onde os habitantes nadavam no ar e brincavam de hipnotizar um perigoso monstro elástico. A fantasia de McCay, nìtidamente inspirada em Lewis Carroll (*Alice no País das Maravilhas*), não se concretiza no **quê** (explosões do mecanismo narrativo, descrição de emoções oníricas e de personagens tangíveis) mas no **como** a fábula surreal aparece descrita em imagens: divisão da página em retângulos verticais e horizontais, composição e traços elaborados com uma genial e audaciosa intuição figurativa[1].

Ainda no *New York Herald,* a ficção científica reaparece, em 1912, através de *Percy, Brains He Has Nix,* de H. C. Greening, na qual um professor alemão confia suas tarefas mais simples a um autômato e sofre as conseqüências da irresponsabilidade do seu mecânico serviçal. Nos anos seguintes, a S-f deixou de interessar os desenhistas de **comics,** fato curioso se considerarmos o período 1911-30 como o mais fértil em autores clássicos do gênero no campo literário e aquêle em que a expressão Science-Fiction entrou para os dicionários. Um dêsses autores clássicos, Edgar Rice Burroughs, que todos conhecem como "o pai de Tarzã", escreveu, por exemplo, 25 romances de ficção científica entre 1912 e 1925, dez ambientados em Marte, quatro em Vênus, três na Lua e oito no interior da Terra. Do ciclo marciano saiu um personagem, John Carter, que, só muito tempo depois, assegurado o prestígio dos Space-Comics **via** Flash Gordon, virou herói de quadrinhos pelo traço de John Coleman Burroughs.

Em 1929 o precursor dos space-heroes: Buck Rogers *criado por John F. Dille, desenhado por Calkins dum romance de Philip Nowlan,* Armageddon 2419 *A. D.*

A 7 de janeiro de 1929, surge, finalmente, o verdadeiro precursor dos Space-Heroes: Buck Rogers. O autor dos desenhos, Richard Calkins, inspirou-se na novela de Philip Nowlan, *Armageddon* 2419 *A. D.*, cujo personagem central desperta de um longo sono de hibernação e descobre, horrorizado, que os Estados Unidos foram dominados por invasores amarelos. Transformado em Buck Rogers no Século XXV, a série evoluiu, naturalmente, para o gênero Space-Opera, conduzindo Buck, sua noiva (Vilma Dering) e seus amigos (Talan de Júpiter e Inaldo de Marte), aos pontos extremos do Sistema Solar, a bordo de engenhos estranhos ou com a ajuda de um reator dorsal individual, hoje objetos corriqueiros da parafernália dos astronautas. Os méritos da série (mais ou menos 40 anos de sucesso mundial) pertenciam mais à fantasia de Nowlan do que ao estilo **charleston** de Calkins, não obstante ter o desenhista correspondido às solicitações de humor irônico de Nowlan e reprimido, com o passar dos anos, a sua tentação de intuir o futuro como um gigantesco cenário barroco. Buck Rogers abriu as veredas dos Space-Comics, diluiu posteriormente as soluções de fabulação iterativa manipuladas por Alex Raymond em *Flash Gordon,* apagou-se com o tempo e lançou uma bossa inédita nos quadrinhos: como nos seriados do cinema, no fim de cada capítulo dominical havia um lembrete aos leitores: "to be continued next week".

Quatro anos após o despertar de Buck Rogers para o perigo amarelo, a King Features lança Brick Bradford, herói a princípio ocupado em expedientes terrestres ou subterrâneos (como explorar um **maëlstrom** de bizarra topografia), só depois atraído pelo fascínio das viagens no tempo. Embora criado por William Ritt e Clarence Gray para correr na mesma faixa de leitores de *Buck*

Rogers, Brick Bradford não era um simples decalque do herói do século XXV. Em sua cronosfera (espécie de pião dotado de um mecanismo semelhante ao da Time Machine de Wells), Bradford visitava mais o passado que o futuro. Ritt, o autor das histórias, tinha fixação em antigas civilizações perdidas (viking, romana, asteca, maia) e prazer em comparar objetos e costumes milenares com os da sociedade contemporânea. A tecnologia e a antecipação, elementos enfatizados pela literatura de S-f e por Buck Rogers (seis anos antes de Hiroxima, êle presenciou o lançamento de uma bomba atômica!), eram dados secundários para a dupla Ritt-Gray. Então apareceu *Flash Gordon* (a 7 de janeiro de 1934), criação de Alex Raymond, a obra-prima absoluta e inigualada da Space-Opera quadrinizada, marco fundamental dos **comics** modernos.

Os pontos de partida de Alex Raymond não eram muito originais. A Science-Fantasy feérica do começo do século (Burroughs) e a idéia de concentrar a ação em um mundo perdido (Cf. *The Lost World,* de Conan Doyle, 1912) serviram de modelos para as árvores terroríficas de Arboria, para o aspecto devastado de Mongo, para os gigantes da Frígia e para o povo submarino da rainha Ondina. As conotações entre sêres humanos e antropóides derivaram das teorias darwinianas. Mas o que Raymond oferecia aos leitores tinha aquêle **algo mais** que já começava a faltar nas aventuras de Buck Rogers e Brick Bradford: a imaginação. Além de seu traço primoroso, Raymond aliava ao seu desprêzo pela verossimilhança científica[2] um notável e mágico poder de aglutinar numa mesma história o mundo imaginário e galante das sagas medievais, o sortilégio visual da Space-Opera e as fixações populares do momento (o orientalismo vigente nos **comics** desde a década de 20: Mongo = Mongólia, a moda da Legião Estrangeira e dos trajes indianos acionada pelos *Lanceiros de Bengala*). A 6 de outubro de 1935, lançaram um rival de Flash Gordon — *Don Dixon and the Hidden Empire,* de C. Pfeuffer — que não deu para a saída.

A popularidade de Buck Rogers, Brick Bradford e, sobretudo, de Flash Gordon provocou, nos anos 30, uma difusão geral de elementos, bàsicamente entrosados com a S-f, nas mais variadas histórias em quadrinhos

Flash Gordon, *criação de Alex Raymond, obra-prima da* science-fiction, *marco fundamental dos* comics.

americanas. De repente, os mais incríveis **gadgets** tecnológicos começaram a ser postos, indistintamente, à disposição dos heróis do asfalto. A ordem dos Syndicates era uma só: apelar. O policial da série *Rádio Patrulha* ganhou um desintegrador (protótipo do raio Laser?) para combater o crime nas ruas de Nova Iorque. Um avião submarino e uma estação antigravitacional deram mais agitação e interêsse às aventuras de Mickey. Popeye foi desafiado por um lutador marciano. Raios mortíferos, protótipos futuristas, dirigíveis espetaculares, helicópteros estratosféricos — tudo isso tornou-se comum nas histórias de Don Winslow (aquêle oficial da Marinha sempre às voltas com armas secretas) e nas peripécias aéreas de Scorchy Smith e Barney Baxter. Connie, uma apetitosa garôta da safra das emancipadas, bastante cortejada pelos homens entre 1932 e 1942, trabalhava como detetive, mas, sùbitamente, viu-se arrastada para uma expedição à Sibéria, onde, sob pretexto de resgatar um meteorito, acaba descobrindo uma civilização subterrânea tão existencialmente pretensiosa como se saída das páginas de Milton. Outra heroína, Myra North, enfrentou, na época, uma invasão lunar — e saiu-se bem.

O incrível, o fantástico, o extraordinário constituíam os três alicerces dos **comics** às vésperas da II Guerra Mundial. Viajar pelo tempo e cultivar relações inimagináveis — quimeras advindas do século passado — motivaram duas grandes histórias repertoriadas à margem dos Space-Comics: Mandrake e Brucutu. Os super-heróis, subprodutos da ficção científica, começaram a nascer ao findar a década de 30, no lastro de Super-homem (1938), centro geométrico de três temas fundamentais na S-f (fim do mundo=destruição do planêta Krypton, viagem interplanetária e podêres sobrenaturais) e eixo vetorial, ao nível mitológico, de uma geração de sêres anormais **ad nauseam:** Capitão Marvel, Atom, Capitão América, Daredevil, Dynamo, Spider Man, O Homem-Borracha, Solar, Hulk, Thor, Flash, Gorth, Menthor, Nukla, Sonoman, Spectre, Miss América etc.

Na Europa, o fenômeno dos Space-Comics alterou ou rumos disciplinados das histórias em quadrinhos. Os italianos ocuparam Marte durante a ascensão do fascismo (*Os Conquistadores do Futuro,* de Cesare Avai). A época era muito propícia. Segundo os italianos, Marte é um paraíso barroco povoado de amazonas e cavalos alados, bem diverso do inferno tecnocrata de Saturno, planêta que declarou guerra à Terra em dezembro de 1937, numa odisséia que durou anos, nas páginas de *I Tre Porcellini,* com desenhos (imitando xilogravuras) de Giovanni Scolari e história de Cesare Zavattini. Scolari, além da invasão da Terra por Saturno, popularizou duas outras séries: *Futurópolis* (visão pessimista de uma civilização dominada pela máquina, no mesmo tom dos filmes *Metropolis,* de Fritz Lang, e *Daqui a Cem Anos,* de William Cameron Menzies) e *Electrópolis* (esfôrço coletivo da humanidade para salvar o que resta da Terra arrasada por uma explosão). Em *Virus, il Mago della*

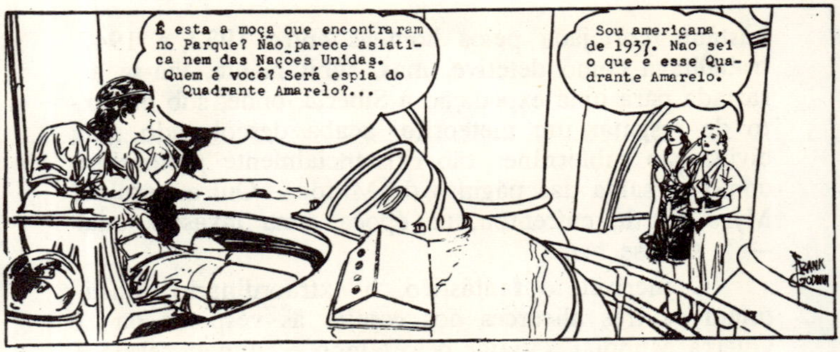

Connie no Século XXX *de Frank Godwin, na década de 30 já antevendo a futura Nações Unidas do após-guerra.*

Foresta Morta, de Walter Molino, um sábio descobre um transmissor de matéria e reanima múmias em museus, colocando em pânico a população.

Durante a Guerra, o semanário belga *Bravo* passou a publicar a série *Le Rayon U,* de E. P. Jacobs, em substituição a Flash Gordon, considerado **persona non grata** pelas autoridades nazistas. Nessa história, em que havia três personagens (Professor Marduk, Lord Calder, Dagon) mais tarde refundidos nas aventuras do Professor Mortimer, publicadas na revista *Tintin,* Jacobs não dissimulava a sua preocupação com um eventual conflito atômico mundial. O tema da neurose atômica, justificável naquela época, surge freqüentemente em sua obra de S-f em quadrinhos (*Le Secret de l'Espadon, O Enigma da Atlântida, Piège Diabolique*) e a solução por êle encontrada, com vistas a um nôvo mundo, utópico **à outrance,** esta simbolizada nos ideais filosóficos e políticos de Platão.

Depois dos anos 40, o interêsse pelos heróis do espaço decresceu na proporção em que seus grandes criadores (Raymond, Calkins, Gray) iam abandonando a cena. Algumas tentativas de aproveitamento do filão Gordon-Bradford, como *Beyond Mars* (de E. Elias), fracassaram em menos de um ano. Os leitores parecem, então, atraídos pela intromissão do fantástico no cotidiano. O filho adotivo de Dick Tracy conhece uma selenita graças à vinda à Terra de um veículo espacial; um sábio que cultiva plantas carnívoras (antes só vistas com tal apetite e fantasmagoria no planêta Mongo

1938: nos céus de Metropolis Superman *dos estudantes Siegel e Chuster (EBAL)*

1939: nos céus de Gotham City, Batman (& Robin, *em 1940*) *de Bob Kane* (*EBAL*)

Barbarella, *de 1962, publicada em V-Magazine e depois em álbum por Eric Losfeld, iniciando a série de edições luxuosas européias hoje com grande aceitação no mundo todo, iniciando também a série de heroínas do sexo.*

ou nas marienbadianas aventuras de Mandrake) agita as militantes mas prosaicas do CIA-man Jim Gordon; um super-herói (Superbrodopolokid) e uma câmara de fotografar o futuro quebram a ruidosa monotonia de Brejo Sêco, para espanto de Ferdinando; os Sobrinhos do Capitão fazem duas expedições a uma ilha edênica, situada num ponto qualquer do universo, e lá descobrem que os venusianos transformam macacos em sábios (Cf. *O Planêta dos Macacos*) e plantam árvores que dão talões de cheques em vez de frutos.

Os europeus mantiveram-se, porém, adeptos da Space-Opera e seus epígonos mais próximos. Em 1946, Roger Lecureux e Raymond Poivet lançaram, na revista *Vaillant*, um grupo de personagens em **promenade** espacial — Rodion, Tangha, Maud e Tsin-Lu — os Pionniers de l'Espérance, cujos obstáculos quase nada acrescentam aos superados, em tempos e locais diversos, por Gulliver, Flash Gordon e Buck Rogers. As aventuras de Tintin aumentaram de tiragem quando o personagem de Hergé foi à Lua. Na Inglaterra, Dan Dare, oficial de uma legião do espaço, criado por Keith Watson, reviveu à inglêsa as proezas do astronauta de Alex Raymond, e só não vingou como o maior herói dos **comics** anglo-saxônicos do gênero por causa da altíssima dose de sofisticação, invenção, observação de comportamento e qualidade gráfica de Jeff Hawke, de Sidney Jordan.

Com as recentes conquistas da tecnologia e a guinada dos **comics** para uma área de consumo mais amplo e intelectualizado, a ficção científica reconquistou o seu prestígio de 40 anos atrás, com aditivo especial (o erotismo), tìmidamente inoculado em Dale Arden, na série *Flash Gordon,* por culpa exclusiva da rígida censura imposta aos quadrinhos naquele tempo. Quase todos os heróis e heroínas lançados nos últimos anos na Europa e nos EUA — Barbarela, Scarlet Dream, Lone Sloane,

---

(1) Ver Luisa S. Bernacchi, in *A/Z Comics,* dicionário organizado por Claudio Bertieri (Archivio Internazionale della Stampa a Fumetti, Instituto di Pedagogia dell'Università di Roma, Edit. EK, 1969).

(2) Mesmo desprezando os dados concretos do progresso científico, Raymond intuiu todo o mecanismo de segurança e confôrto dos futuros astronautas. Num de seus boletins oficiais, a NASA reconheceu haver-se inspirado nas histórias de Flash Gordon para resolver determinados problemas de suas cosmonaves. À margem da ciência, Raymond prenunciou ainda o advento da mini-saia (vide Dale Arden). Um excelente estudo sôbre Flash Gordon e suas implicações gráficas, sociológicas e lingüísticas, figura no nº 3 da revista *Phenix.*

Neutron, Marie Mathématique, Saga de Xam — mantêm com os antigos **space-heroes** uma relação de parentesco que o **gap** de gerações naturalmente se incumbiu de revestir com características atualizadas: novas taras, neuroses, novos costumes, novos estilos, nova moral, novos inimigos, novos códigos de valores, novos ideais (sexuais, quase sempre). As histórias em quadrinhos entraram em órbita com a ciência de hoje e a moral do século XXI, quando, a julgar pela ginástica sexual de Barbarela & Cia., o gênero terá, forçosamente, de se chamar Fricção Científica.

INTERROMPEMOS NOSSA SESSÃO PARA APRESENTAR O COMPLEMENTO NACIONAL OBRIGATÓRIO NAS PRÓXIMAS PÁGINAS...

*Capa do primeiro número d'*O Tico-Tico, *numa quarta feira, 11 de outubro de 1905, da editôra O Malho. Ao contrário do que se diz, era redesenhado em papel vegetal copiando material estrangeiro, com raras exceções, entre as quais a obra de J. Carlos, um dos maiores artistas do Brasil, cuja criação,* Lamparina, *vemos na página oposta.*

HISTÓRIA (DOS QUADRINHOS) NO BRASIL

ÁLVARO DE MOYA
e REINALDO DE OLIVEIRA

1. *As editôras*

O Brasil possui editôras de nível internacional, publicando revistas de alta qualidade técnica, editorial e gráfica como *Manchete, Fatos e Fotos, Realidade, Veja, Cláudia, Capricho, Fairplay, Quatro Rodas, 70, O Cruzeiro,* além de algumas técnicas, como as do grupo *Dirigente* e do grupo EFECE, do mais alto padrão.

No setor específico das histórias em quadrinhos, tem como expoente a Editôra Brasil-América (EBAL), uma das maiores do mundo, especializada tão-sòmente em

Em 1928, Max Yantok lançou em O Tico-Tico, Kaximbown, *grande sucesso durante anos, entre outras suas criações. Foi um dos primeiros letreiristas de historietas estrangeiras no Brasil: no King Features Syndicate.*

comics, editando *Batman, Tarzan, Superman, Super-heróis, Superboy, Tom & Jerry, Os Justiceiros, Zorro* (inclusive *Judoka* escrita e desenhada no Brasil), num total de 39 revistas, 67 coleções em 418 títulos. A EBAL imprime diàriamente duas revistas tipo **comic-books** que atingem tiragens de 100.000 a 150.000 exemplares cada.

A Editôra Abril, de Victor Civita (de 1950), publica as histórias de Walt Disney nas revistas semanais em côres *Pato Donald* e *Zé Carioca* e as mensais *Tio Patinhas* e *Mickey*, (depois de tentar *Raio Vermelho* e *Misterix*). Agora edita a internacionalmente premiada revista "Mônica" de Maurício de Sousa.

A Rio Gráfica, de Roberto Marinho, tem *O Fantasma, Mandrake, Ferdinando* (Li'l Abner), *Nick Holmes* (Rip Kirby), *Jim Gordon* (Buz Sawyer), *Recruta Zero* (Beetle Bailey), e, irregularmente, muitas outras.

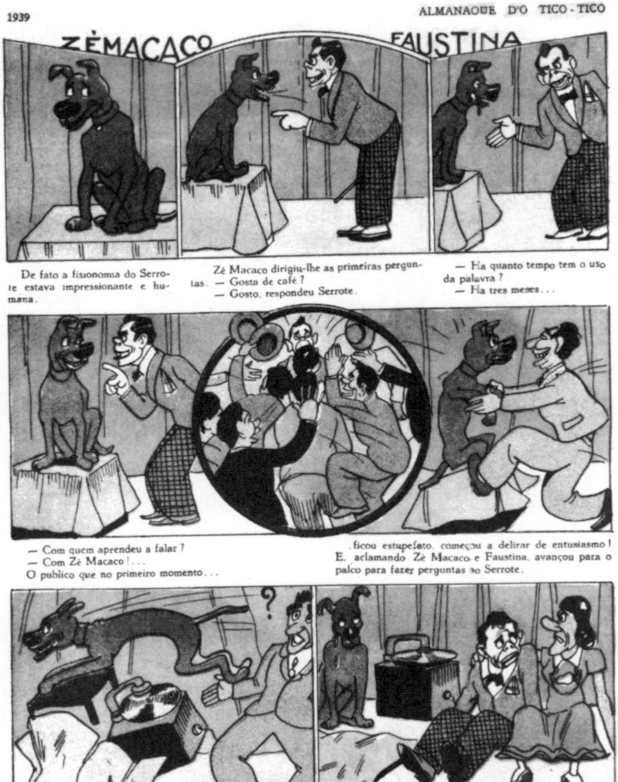

Nino Borges, cujo principal trabalho foi publicado na Gazetinha, *aqui n'*O Tico-Tico, *com Bolinha e Bolonha. Saiu do quadrinho para a "Publicidade Sem Rival".*

ɒuster Brown *de Outcault transformou-se em Chiquinho, sendo "cometido" por diversos desenhistas nativos.*

O Cruzeiro publica *Luluzinha, Bolinha,* e tôda uma série de quadrinhos baseados nos heróis de televisão.

A tradição de revistas em quadrinhos no Brasil é enorme. Começou no princípio do século com *Juquinha,* de Vasco Lima, *Guri* (não o dos Diários Associados), *Comico* e o famoso *Tico Tico.*

Tinoco, caçador de feras *de Théo.*

O *Tico Tico* começou em 11 de outubro de 1905, publicando *Buster Brown* de Outcault com o título de *Chiquinho*. Com o fim de *BB*, artistas nacionais continuaram a desenhá-lo como Loureiro, A. Rocha, Alfredo Storni, Paulo Affonso, Osvaldo Storni (filho de Alfredo) e Miguel Hochman.

Outros artistas brasileiros d'*O Tico-Tico:* Fragusto (pseudônimo do atual general Augusto Fragoso), Cícero Valladares, Heitor, Luís Gonzaga, Leopoldo, Max Yantok (entre outros *Chico Muque, o Barão de Rapapé*), Therson Santos, Aloysio, Messias de Mello, Luís Sá (*Peteleco*), Justinus, Regina, Darcy, Nino Borges (*Bolinha e Bolonha*), Percy Deane, Joaquim Souza (copiando *X-9*) e Daniel (*Rubiácea, Farofa e Ouro Branco*).

O lançamento do *Suplemento Juvenil,* em 14 de março de 1934, por Adolfo Aizen, como apêndice semanal do jornal *A Nação* do ministro João Alberto, com capa de J. Carlos, foi o grande acontecimento das histórias em quadrinhos no Brasil. Desligando-se do diário no número 15, passou a ser publicado às têr-.

No Suplemento *e* Mirim, *Carlos Thiré lançou diversas histórias, entre elas,* Bob Lloyd, repórter.

ças, quintas e sábados, em tamanho tablóide, em côres. Lançou no Brasil *Flash Gordon* (no seu número 3), *Jim das Selvas, Tarzan* (no nº 31), *Bill agente secreto X-9, Mandrake, Dick Tracy, Príncipe Valente, Terry,* e outros obedecendo às proporções de cinco colunas diárias e capítulos domingueiros tablóide ou standard, como eram editados nos Estados Unidos. Isso tudo, além de diversas histórias nacionais como *Roberto So-*

Mandrake, màgicamente reproduzido na capa de Mirim, *anuncia o nascimento de O Lobinho (38).*

Gibi *de Roberto Marinho nas águas do* Mirim. *Depois, passou a* comic book, *originando o têrmo "gibi" para qualquer revista em quad*

rocaba de Monteiro Filho, que saiu desde o primeiro número. Terminou com um desabafo do desenhista — "G. D.", graças a Deus — em estafa de trabalho. A tiragem semanal do *Suplemento* jamais foi superada no Brasil até hoje: 360 mil exemplares nas três edições.

O *Globo Juvenil* que apareceu pouco depois, feito por Roberto Marinho, era em tudo uma imitação do

Garra Cinzenta *de Renato Silva, em 37, na* Gazetinha.

Suplemento. Publicou *Li'l Abner* (depois Ferdinando, no Brasil), *Brucutu* (Alley Oop), *Zé Mulambo* (Abbie an' Slats), *Don Dixon,* etc.

O *Suplemento* lançou outra revista, publicada às quartas, sextas e domingos, em tamanho meio-tablóide, *Mirim,* no que foi também imitado pelo Globo, editando *Gibi*, que passou a ser posteriormente *Gibi Mensal* com historietas completas tipo **comic books**

Capa da edição infantil de A Gazeta, *com Capitão Blood, ilustrado por Messias de Mello, um dos mais prolíficos desenhistas, chegando a manter 3 páginas em cada numero da revista tri-semanal. E mantinha qualidade...*

Logotipo do "Correio Universal" Editora de grandes álbuns de histórias completas

com o *Capitão Marvel, Príncipe Submarino, Tocha Humana.* Daí se originou no Brasil o têrmo **gibi** para designar qualquer revista em quadrinhos.

A *Gazeta* de São Paulo já lançara, em 5 de se-

O italiano Angelo Agostini radicado no Brasil iniciou a Vida Fluminense *em 7 de Janeiro de 1868. Aqui em* O Malho *de 1907: Zé Caipora.*

Em 1934, no Suplemento, *de Monteiro Filho, Roberto* Sorocaba.

tembro de 1929, sua edição infantil, que prosseguiu com interrupções e diversos períodos como *A Gazetinha* e, em 4 de agôsto de 1949, *A Gazeta Juvenil*, em várias fases, com grande sucesso e importância. Publicava *Brick Bradford* (Dick James), o *Fantasma* (que tinha sido publicado pelo *Correio Universal* e depois foi para o Globo), *Ella Cinders, Jim Hardy* e várias histórias nacionais de Messias de Mello, Nino Borges e outros, também em formato tablóide e côres, nos inícios apresentando como personagens em quadrinhos Piolim,

Capa do primeiro número de O Herói *o carro-chefe da EBAL de Aizen, após ter deixado o* Suplemento.

Procópio Ferreira e Nhô Totico. Revelou Boris Adler (Berco Udler), Icaro e Sigis na primeira fase e Samarco, Zaé Jr., Ney Penteado, Claudio de Souza, em sua última tentativa.

Guri (o nôvo) em 1º de Maio de 1940, *Mirim Sextaferino* (que originou o *Gibi Mensal*), *Correio Universal* (que publicava *Connie no Século XXX* e o *Fantasma*), *Lobinho* (edição tamanho standard de jornal em abril de 1938; *Lobinho* tipo **comic-book** começou em 3 de maio de 1940), *Sesinho* (publicado pelo SESI), o *Jornalzinho* (editado por um grupo de padres), *Vida Juvenil, Vida Infantil, Biriba,* o *Terror Negro* (de 51), e, principalmente, em 59, o *Pererê* (obra-prima de Ziraldo, em côres), foram, em diferentes épocas, revistas de grandes tiragens, sucesso e repercussão.

Salvador Bentivegna, de São Paulo, concorrendo com a importante Editôra La Selva, encomendou para o artista espanhol Manuel Huete, radicado no Brasil, ilustrar *Nambi*, em 53. Cortez, nessa época, fêz *Sérgio Amazonas* para a mesma editôra. Registremos as revistas da Orbis (das Listas Telefônicas), *Aliança Juvenil* e *Mão Negra*, além de *Era uma vez*, só com histórias nacionais de Rodolfo (não o Rodolfo Iltzche do Suplemento), Fábio Horta e Antonio Rocha. E até expe-

Eugenio Colonese, artista italiano radicado no Brasil, produzindo historietas. Aqui X-Man, *desenhado em 1967.*

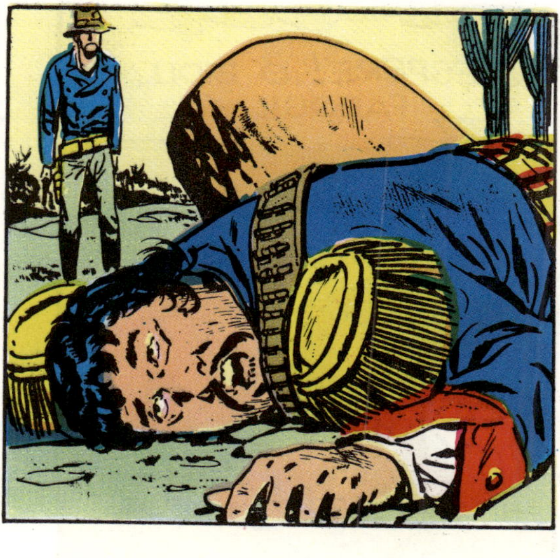

Rodolfo Zalla, argentino no Brasil, realizando quadrinhos para exportação.

Horácio, *página dominical em côres de Mauricio. (Copyright Mauricio de Sousa Prod. Ltda.)*

Maurício de Sousa, o artista brasileiro melhor sucedido comercialmente, distribuindo suas próprias produções, premiado com o "Città de Lucca" em 1969. Sua revista Mônica *(acima) editada pela Abril foi premiada em Lucca, 1971, com "Yellow Kid" e "Gran Guxinigi".*

Trecho de uma página de Sergio Amazonas *editado por Bentivegnà, em magníficos desenhos de Jaime Cortez, artista português que influenciou e orientou muitos desenhistas.*

Trecho de capítulo em côres de O Vingador *(44) grande sucesso do rádio, editado por Péricles do Amaral para a Colgate-Palmolive. Desenho de Fernando Dias da Silva.*

riências amadorísticas como *Brotinho* que publicou, em seu número único, uma história *Sam e Paulino,* tentando trazer o futebol brasileiro para os quadrinhos.

Adolfo Aizen, anos mais tarde, tendo transferido o "velho" *Suplemento* que se findou, iniciou a Editôra Brasil-América, em 18 de maio de 1945, cuja primeira revista o *Herói* (depois de *Seleções Coloridas* de Walt Disney, uma revista co-editada com Victor Civita, na Argentina), tornou-se celula mater da grande EBAL que é hoje.

E muitas outras editôras menores especializaram-se nos gêneros de terror, guerra e aventuras. *Capitão Atlas,* êxito radiofônico de Péricles do Amaral, virou revista com diversos desenhistas, entre os quais Fernando Dias da Silva (em agôsto de 1944) e André

Le Blanc, assim como o *Vingador* (depois em côres), editada pelo mesmo Péricles do Amaral, distribuída como propaganda de Palmolive (plagiada na Argentina como *Poncho Negro*), em 43, desenhada por Mário Morais, e *Jerônimo* programa da Rádio Nacional de Moysés Weltman, desenhado por Edmundo Rodrigues e editado pela Rio Gráfica, de Roberto Marinho.

Em 67, um acôrdo entre o **King Features Syndicate** e o editor chileno Cockrane (aproveitando-se da ALALC), provocou uma enxurrada de revistas editadas em portunhol e impressas no Chile, avalanche de pouca duração, devido, talvez, à péssima qualidade de impressão e letreiramento dessas revistas.

Também em 1967, houve uma tentativa frustrada, que não foi além do terceiro número, de reeditar o sucesso do velho *Suplemento* de Aizen, com o *Suplemento em Quadrinhos,* impresso em off-set, papel de primeira, da Linográfica Editôra, de Paulo C. Marti, talvez

"Tripa" diária de Chico Bento *(na tradição de Jeca Tatu) de Maurício de Sousa.*

o lançamento mais pretensioso (no bom sentido) já tentado em qualidade no país.

Essas revistas se modificaram, passando a ser editadas (as que sobreviveram) tôdas com histórias completas, como **comic books**, sendo pouco receptivo o método americano de publicar **strips** diários e fracas as tentativas de suplementos dominicais coloridos nos jornais.

Sem citar as inúmeras revistas românticas em quadrinhos (ou foto novelas), como *Grande Hotel, Clube dos Amores, Encanto, Idílio, Meu Bem, Capricho, Garotas,* etc.

Em antevisão dos Zeróis *e* Poster dos Pobres, *Tarzan aparece no* Pererê *(59) de Ziraldo.*

O Brasil possui ùm grande parque editorial no setor de quadrinhos, principalmente gibis, além de tripas (como, criativamente, chama Mauricio de Sousa) diárias e alguns suplementos dominicais em côres nos jornais.

2. *Os desenhistas*

O Brasil possui também uma plêiade de excelentes e excepcionais desenhistas (capazes de criar persona-

A versão "santista" do Saci Pererê *de Orlando Pizzi.*

gens polarizadores da opinião nacional como *O amigo da onça* de Péricles, *Juca Pato* de Belmonte e *Zé Marmiteiro* de Nelo), todos apaixonados pelo gênero quadrinhos, geração formada lendo revistas de histórias em quadrinhos.

Alguns morreram, outros passaram para a publicidade, para o **cartoon,** para a televisão, cinema, ilustração de livros, pintura, magistério, edição, literatura, imprensa, para todos os outros setores de comunicações, enfim, menos para os quadrinhos. Tôdas as experiências, com raríssimas exceções, fracassaram. Até as de maior sucesso, como o *Pererê*, de Ziraldo em 59,

Quadrinho de Raimundo Cangaceiro, *de José Lanzelotti, dentro da luta nacionalista do quadrinho brasileiro.*

Ivan Wasth Rodrigues, perfeccionista da reconstituição historica iconográfica, ilustrou para Aizen a História do Brasil em Quadrinhos.

gibi mensal em côres publicado pela Cruzeiro, em tiragens astronômicas e êxito invulgar, tiveram um fim, pois o máximo que podiam pagar ao autor era muito

Manoel Victor Filho fêz tiras diárias para Barbosa Lessa Produções e várias históricas avulsas, como Os Dramas da Floresta Virgem.

Primeira tira diária de Jaime Cortez para o Diário de Noite, *de SP, em 47: O Guarani.*

pouco para a sobrevivência do desenhista que poderia ganhar muito mais na publicidade (ou no seu "desenhímetro"...). Tiveram sucesso ao seu tempo, porém, infelizmente, terminaram.

Algumas merecem registro. *Chiquinho* sempre foi considerado personagem nacional, a maioria ignorando que se tratava de *Buster Brown.* Nos princípios do

Antonio Euzébio, que fazia quadrinhos para o Suplemento, na fase da EBAL, além de capas, realizou N. S. Aparecida para Série Sagrada.

Audaz, *personagem estrangeiro de sucesso, aqui ilustrado por Messias de Mello na* Gazetinha.

Morena Flor *de André Le Blanc, tira diária distribuída pela APLA (hoje ICA), em tôda América Latina e Estados Unidos.*

Tico-Tico, os desenhistas, em sua maioria, copiavam material estrangeiro, com pequenas adaptações. Mas alguns já eram criativos.

J. Carlos, um dos maiores desenhistas que o país já teve, participou dos inícios do *Suplemento* em 34 e do comêço do *Tico Tico* (de 1905 a 1907 e depois como diretor de arte da editôra O Malho, incluindo a revistinha da casa, de 1922 até 1938), onde criou, entre outras, as façanhas de uma empregadinha doméstica pretinha: *Lamparina.*

K. Ximbown, de Max Yantok, em 1928, era uma série que lembrava Caran d'Ache pela sua qualidade. Ainda no *Tico Tico,* Osvaldo Storni acerta com *Zé Macaco e Faustina* ("lembrando" Yara Sales e Lamartine Babo) e mais tarde Luis de Sá conhece o sucesso com *Réco Réco, Bolão e Azeitona.*

Diversos artistas experimentaram o gênero querido por todos êles, como Theo (com *Tinoco, caçador de feras*), Belmonte, em incursões rápidas, ou duradouras como *Pernambuco, o marujo* de Osvaldo Storni no *Tico Tico.*

Sob o pseudônimo de A. Ericson, o falecido intelectual Carlos A. Thiré, posteriormente diretor de cinema, iniciou-se no Suplemento com *O Gavião de Riff* e depois fêz, além de outras histórias, *Raffles* e *Três*

História completa de Dick Peter por Cortez.

legionários de sorte, que chegou a ser editado em álbum.

Antonio Euzébio, Celso Barroso, Rodolfo Iltzche, Sálvio, Alcyro Dutra, Mário Jacy, Milton Caserio, Mário Pacheco, Luiz Fontes, Helio Queiroz, Renato Lima, Humberto Barreiros, Ildeu Moreira, trabalhando para Aizen nos tempos do Suplemento e Mirim, ilustraram muita coisa, inclusive vidas ilustres de personalidades históricas do Brasil e muitos *Getúlios Vargas.*

José Geraldo teve uma produção grande até na Edição Maravilhosa.

A Garra Cinzenta foi publicada na *Gazetinha* em 37 com invulgar receptividade, refletindo-se no México, Editorial Sayrols e em 1939 no *Journal Spirou,* cobrindo a Bélgica e França, através da Maison d'éditions J. Dupuis, onde foi republicada. O texto era do jornalista Francisco Armond e os desenhos de Renato Silva. Também na *Gazetinha,* Messias de Mello desenhou *Audaz, o demolidor,* além de inúmeras outras criações como *Pão duro.*

Dick Peter, criação de Jeronimo Monteiro, sob o pseudônimo de Ronnie Wells, saiu em tiras diárias no

Misterix, *a revista argentina em versão brasileira da Abril de Victor Civita, que apresentou algumas das melhores capas de "gibis", feitas por Cortez.*

Diário da Noite, de S. Paulo, desenhado por Abilio Corrêa, em 47. O Café Jardim, anteriormente, em época memorável, com repercussão invulgar, distribuiu nos seus pacotes as figurinhas coloridas (seqüências que formavam um álbum completo em quadrinhos, dando direito a trocas pelos livros da coleção Terramarear) desenhadas por Sigis (Sigismundo Walpeteris). Em agôsto de 52, Cortez tentou, com La Selva, *Dick Peter* em gibis, histórias completas.

Fernando Dias da Silva, que fêz as *Minas do Rei Salomão,* em côres, para *O Mundo Ilustrado,* começou vencendo um concurso no *Suplemento* e hoje trabalha em Chicago, E. U. A., onde foi premiado. Joselito teve uma produção prolífica em *Vida Juvenil* e *Vida Infantil,* o mesmo acontecendo com José Geraldo que trabalhou para a EBAL na Edição Maravilhosa, ilustrando, inclusive, *Os Sertões* de Euclides da Cunha. No *Sesinho* (do Serviço Social da Indústria), começou um desenhista, que se assinava Ricardo Forte e que hoje é nada mais nada menos que o cartunista Fortuna. Também no *Sesinho* trabalhava Gil Brandão que hoje edita o semanário *Gil Modas,* ainda mostrando o seu traço elegante, formado pelos quadrinhos.

Morena Flor em 1947 foi escrita e desenhada por André Le Blanc, haitiano educado nos Estados Unidos, radicado no Brasil, que ilustrou os livros de Monteiro Lobato para a Brasiliense. Quadrinizou tôda a obra de José Lins do Rego e obras de José de Alencar, Dinah Silveira de Queiroz, Herberto Sales e Maria José Dupré para a Edição Maravilhosa de Aizen. Fêz uma das únicas experiências no Brasil de distribuição de uma historieta nos padrões de **syndicates** americanos, com a

Tira especial para êste livro, realizada por João Batista Queiroz, autor de Grande Otelo & Oscarito, Cacareco, muitos outros personagens e cartoons *para quase tôdas as editôras paulistas.*

O estilo barroco de Nico Rosso para ilustrar o primitivo tropicalista do terror cinematográfico Zé do Caixão (Mojica Marins).

Monica, *popular nos quadrinhos, na publicida*

tira diária *Morena Flor* concebida e realizada no Brasil e distribuída pela APLA (hoje ICA) na Argentina, Chile e até nos Estados Unidos. Le Blanc inaugurou a série da Edição Maravilhosa, em 49, com o *Guarani* de José de Alencar, em aguada.

Antes disso, o romance entre Peri e Ceci fôra ilustrado por F. Acquarone, para um álbum editado pelo *Correio Universal,* todo copiado de posições de Alex Raymond. Em dezembro de 47, Jayme Cortez Martins, recém-chegado de Portugal, fêz a mesma obra em tiras diárias para o vespertino *Diário da Noite.*

Flávio Colin, em Vizunga, *tira distribuída por Maurício.*

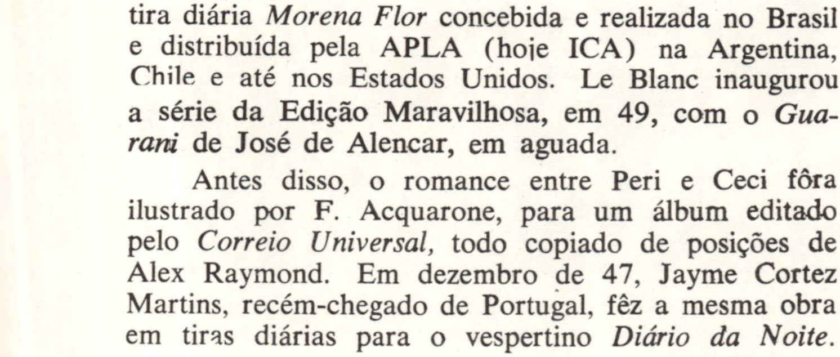

televisão, brinquedos e merchandising. *(Premiada em Lucca).*

A última versão conhecida dêsse romance é um trabalho de Edmundo Rodrigues.

José Lanzellotti, numa fase nacionalista, fêz *Raimundo, o cangaceiro.* Guilherme Walpeteris, tal como seu irmão mais velho, Sigis, tentou os quadrinhos também na *Gazeta.* Manoel Victor Filho trabalhou diver-

Getúlio Delphin, ilustrador publicitário, um dos participantes do movimento gaúcho pelo quadrinho nacional.

sas versões em quadrinhos. Uma delas, de um romance de seu pai sôbre Zumbi (*Ganga Zumba*), para a Edição Maravilhosa, além de *Capitão Tarumã* para Barbosa Lessa.

Pràticamente, tôda a literatura brasileira foi publicada na coleção de Adolfo Aizen, Edição Maravilhosa na fase da EBAL, iniciando-se em 49, com capas de Antonio Euzebio, contando com a colaboração de inúmeros ilustradores brasileiros ou estrangeiros aqui radicados: Ramón Llampayas, Gutemberg Monteiro, Gil Coimbra, José Geraldo, Nico Rosso, Rodolfo Iltzche, Aylton Thomás, Juarez Odilon, Marcelo Monteiro (filho de Monteiro Fº). Até a História do Brasil (que teve inúmeras versões) foi especialmente escrita pelo acadêmico Gustavo Barroso em trabalho de ilustrações primorosas, levantamento iconográfico minucioso de Ivan Wasth Rodrigues, trabalho que lhe tomou oito

O desenhista-roteirista Gedeone Malagola, um dos mais constantes batalhadores do quadrinho no Brasil, aqui com seu Homem Lua da editôra GEP.

Página de terror de Shimamoto, influenciado pela saga dos samurais no cinema nipônico.

A História de N. S. Aparecida, padroeira do Brasil.

Essas e outras experiências malogradas, restando apenas lembranças, tudo findou. Hoje, pràticamente, a luta pela história em quadrinhos brasileira está sôbre os ombros de um jovem que, desde 1961, distribui nos jornais de todo o país, inclusive editando suplementos dominicais coloridos completos com personagens só seus. Trata-se de Maurício de Sousa, ou mais precisamente, Maurício de Sousa Produções Artísticas Ltda., com base na *Fôlha de S. Paulo*, embora tivesse começado no *Diário da Noite.*

É bom esclarecer aqui que é o único desenhista a viver exclusivamente de quadrinhos, pois os outros são publicitários, ilustradores, professôres e **também** desenhistas em quadrinhos. Temos como tiras jornalísticas *Zé Latinha,* de Rivaldo, no *Jornal da Tarde, Pato* de Ciça na *Fôlha* e *Capitão Cipó* de Daniel Azulay.

Maurício se iniciou em 59, quando a Editôra Continental (depois Outubro) tomou uma decisão importante: só trabalhava com desenhistas nacionais. Foi época de revistas como *Drácula, Histórias Macabras, Jet Jackson, Targo, Capitão Sete, Bidu, Zaz Traz, Fantasia, Capitão Estrêla* etc. Época de Getúlio Delphin.

A primeira capa de Terror Negro, *em sua segunda fase quando introduziu no Brasil o tema de terror.*

Inácio Justo prefere trabalhar em historietas de guerra, sua especialidade.

Flávio Collin, Igayara, Jorge Scudellari, Aylton Thomás, Edmundo Rodrigues, Gutemberg Monteiro, Isomar Guilherme, Orlando Pizzi, Fernando Lisboa, Zezo, P. de Lara, Otávio, João Batista Queiroz, Gedeone Malagola, Italo Cencini, Saidenberg, Sergio Lima, Messias de Mello, José Sidekerkis, Lirio Aragão, Manoel Ferreira e muitos outros.

A maioria dessas revistas eram do gênero terror. Qual a raiz dêste fato? Como apareceram as revistas de terror no Brasil?

O aparecimento das revistas de terror obedece a uma escala crescente do próprio gênero. Revista "completa" mesmo, só em 1951, mas histórias avulsas, muito antes desta data já eram publicadas.

Podemos citar várias, mas vale aqui lembrar o *Dr. Oculto* na revista *Mirim,* em 1937, historieta de-

O personagem Terror Negro, *de Jerry Robinson na revista* Terror Negro *da Editôra La Selva que, com o mesmo título, lançou histórias de horror.*

senhada por Leger & Reuths, que outros não eram senão Jerry Siegel e Joe Shuster, criadores, posteriormente, do famoso *Superman.* Na mesma época, com um desenho de Elven, estranho e diferente, misto de um Flanagan e Charles Dana Gibson, algo rudimentar, a mesma revista publicava de Ridder Haggard, uma quadrinização de *Ela* (naquele tempo, *Ella*), o romance fantástico-aventuroso-terrorífico mais conhecido.

Na *Gazetinha* também em 1937, uma autêntica história de terror desenhada no Brasil *A Garra Cinzenta,* escrita por Francisco Armond e ilustrada por Renato Silva, conhecia o sucesso.

Ao seu lado, *Histórias Macabras* — O Castelo de Fauburg — de Thomas Morgan e o *Homem Invisível* (não o de H. G. Wells), desenhada por Tiradez, prenunciava o gênero tìmidamente entrevisto já bem antes, nas historietas de *Little Nemo* de Winsor McCay em

Juarez Odilon (que já desenhou a versão nacional do Fantasma) *ilustra uma história de terror.*

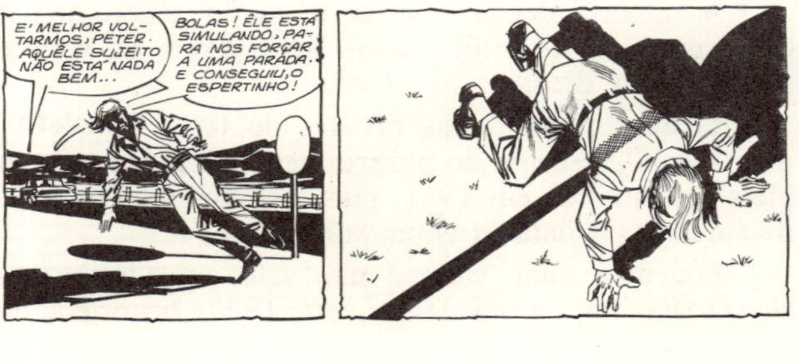

1905 e *Piemouth* de Feininger em 1906 e inúmeras outras criações que anteviam um gênero que se tornaria independente no fim da década de 40.

Com o término da guerra, os super-heróis um tanto desgastados com o uso e abuso de seus podêres para vencer o "inimigo comum" tinham caído no desprestígio da constante repetição. O pai da criança, de

Capa de Terror. Negro *(primeira fase) desenhada pelo pintor Waldemar Cordeiro.*

certa forma, foi Stan Lee que, renegando seus filhos anteriores, todos super-heróis, que estão agora de nôvo na crista da onda, avaliou com ôlho clínico uma nova vaga que tìmidamente surgia: *Terror Tales.* A mesma fertilidade de Lee veio fortificar o nôvo gênero. Revistas como *Adult Fantasy, Tales of Suspense, Strange Tales* e muitas outras foram criadas.

No Brasil, a primeira revista de terror foi editada por La Selva, pequena editôra paulista. Esta casa publicava mensalmente uma revista tipo super-herói, de-

Capa de Pererê *de Ziraldo, uma das revistas de maior aceitação de público.*

senhada por Jerry Robinson com o título de *Terror Negro,* com capas do pintor Waldemar Cordeiro.

Em maio ou junho de 1951, recebeu a editôra uma oferta para publicar no Brasil uma revista americana *Beyond,* uma das muitas de terror que estavam sendo editadas nos Estados Unidos.

Como o personagem Terror Negro (nome original) tinha sido suspenso, aproveitou-se o mesmo título e em agôsto de 51 (um ano após o nascimento do gênero nos EE.UU.), surgiu nas bancas brasileiras a primeira revista de terror. Eram seus editores Jacomo La Selva, Paschoal La Selva, secretariada por Reinaldo de Oliveira.

A partir daí as revistas de terror proliferaram e chegaram a uns trinta títulos diferentes.

Com o término da produção de histórias americanas no gênero, as revistas apelaram para desenhistas nacionais a fim de continuar a responder ao interêsse do grande público pelas revistas de terror.

Essa tradição continua até hoje e pràticamente tôdas as editôras de quadrinhos na Mooca e Cambuci (bairros gráficos paulistas) só trabalham com desenhistas brasileiros ou estrangeiros aqui radicados como: Rodolpho Zalla, Eugênio Colonese, Gedeone Malagola (escrevendo ou ilustrando), Nico Rosso (ilustrando *Zé do Caixão*), Sérgio Lima, Alain Voss, João Batista Queiroz, Júlio Shimamoto, Inácio Justo e muitos outros artistas.

3. *Os estudiosos*

O Brasil possui em sua história das histórias em quadrinhos, o papel pioneiro de ter realizado em 18 de junho de 1951 a Primeira Exposçião Internacional das Histórias em Quadrinhos, organizada por Jayme Cortez Martins, Syllas Roberg, Miguel Penteado, Reinaldo de Oliveira e Álvaro de Moya, sob o nome Studioarte, no Centro Cultura e Progresso, em São Paulo. Comunicaram-se com Milton Caniff, All Capp, Alex Raymond, Will Esner, editôras, **syndicates** (distribuidoras), além de revistas do mundo todo. Expuseram originais de George Herriman, *Krazy Kat;* Alex Raymond, *Rip Kirby* e *Flash Gordon;* Milton Caniff, *Steve Canyon;* Al Capp, *Lil Abner;* Hal Foster, *Príncipe Valente;* George

Painel da exposição pioneira no mundo em São Paulo, 1951, esclarecendo o público a respeito da pesquisa iconográfica nos quadrinhos. (Fotos Tito Silveira.)

Wunder, *Terry e os piratas;* Frank Robbins, *Johnny Hazard* e outros, além de reproduções de revistas e histórias importantes. Foram mostradas a gênese e o desenvolvimento dos **comics.** Análise de *The Spirit* de Eisner. Críticas a editôras e aos plágios dos desenhos em quadrinhos. Rebateram as restrições que se faziam então à dita má influência dos quadrinhos nas crianças. Nesse período, escreveram artigos para os jornais e re-

Painel da exposição explicando as fases do processo gráfico na reprodução dum original de Caniff, especialmente enviado ao Brasil para a mostra.

vistas, promoveram debates sôbre o assunto no rádio e na TV. Lutaram contra professôres, editores, críticos de arte, pais e autoridades civis, militares e eclesiásticas. Sòzinhos, lutaram pela nacionalização dos quadrinhos, fundaram a Associação Paulista de Desenhistas, sob a presidência de Romeu Cozzi, tentando formar quadros de desenhistas e procurando abrir caminho para a produção brasileira. Sem dúvida, muito do que veio depois no âmbito de quadrinhos brasileiros, deve-se a êsse movimento todo, tal como as tentativas

The Super-mãe, *de Ziraldo.*

nacionalistas de Barbosa Lessa e a do Rio Grande do Sul que lançou *Aba larga* de Getúlio Delphin e outras, dirigidas pelo desenhista José Geraldo.

— Por que o Brasil não tem histórias em quadrinhos? perguntou Al Capp a Alvaro de Moya, em New York, em 1958, quando êste entrevistava o autor de *Li'l Abner* para a *Fôlha de São Paulo.* — Eu sempre me preocupei pelo fato que a distribuição mundial dos **comics** americanos para o mundo todo, sufocou o desenvolvimento das histórias nacionais — disse o grande escritor.

A estudiosa francesa Evelyne Sullerot do CELEG, em *Bands Dessinées et Culture, in Cadernos de Comunicação de Massa,* escreve: "O valor máximo das **bandes dessinées** é sua universalidade, porém, não será motivada pela invasão imposta pela situação econômica, inegável na produção americana? Como se adaptaram (os desenhistas nacionais)? Qualquer coisa deve ter sido perdida."

Jayme Cortez, mestre sutil, incentivador de jovens desenhistas brasileiros (êle é português de nascimento, radicado no Brasil), colocou em livro uma antologia de desenhistas brasileiros na obra *A técnica do desenho,* editada por Salvador Bentivegna em 1966.

Em 1965, os estudiosos brasileiros, em contato com o Instituto de Pedagogia da Universidade de Roma e CELEG de Paris, promoveram a vinda da Exposição de Bordighera à VIII Bienal de São Paulo, inclusive da presença do Professor Romano Calisi na mesma mostra para uma conferência.

Em 1966, compareceu ao Salão Internacional dos Comics em Lucca, Itália, uma representação brasileira, único país da América Latina a se representar na Europa. Nesse congresso, foi fundada uma Federação Internacional (FICERLID), presidida por Alain Resnais, sendo Álvaro de Moya eleito representante do Brasil. Começou também uma Associação Internacional de Crítica e Sérgio Lima (não o desenhista, o correspondente da extinta *Giff-Wiff,* ficou como representante brasileiro. Nessa viagem, o Prof. Calisi pediu aos brasileiros que aproximassem os estudiosos da América Latina à Universidade de Roma, daí resultando o contato

Zé do Caixão, *em desenho de Rodolpho Zalla, na onda do erotismo e da violência.*

da Escola Panamericana de Arte com os europeus, concluindo na realização da I Bienal Mundial de la Historieta, em Buenos Aires, e a exposição do Museu de Arte de São Paulo em 1970.

Mas o Brasil, apesar de seu parque gráfico, mundo editorial, artistas de qualidade e tradição, apesar de tudo isso, não tem **uma** história em quadrinhos representante nacional como têm os Estados Unidos, a França, a Bélgica, a Inglaterra, a Itália ou Argentina.

Devido, principalmente, à teimosia dos humoristas cariocas, em experiências como a de Millôr Fernandes (Vão Gogo), lançando a malograda revista *Pif Paf* (em 1964), e a de Stanislau Ponte Preta (Sérgio Porto) com *A Carapuça* e a constante presença dos maravilhosos Claudius, Fortuna, Borjalo, Hilde, Jaguar e Ziraldo em livros, jornais, revistas resultando em cria-

Animado por vários "duplos" no Zepelin, Sig, de Jaguar in O Pasquim (*ou Pasqüim?*), *ataca de diretor de cinema. Argh! Putz!*

ções excepcionais como a série *Zeróis* (glosando os personagens dos quadrinhos), *Jeremias o bom,* e a *Supermãe* tôdas de Ziraldo e os *Chopnics* de Jaguar (Sérgio Jaguaribe), culminaram no lançamento do semanário humorístico *O Pasquim.*

Nesse jornal de sucesso invulgar entre os jovens, os estudantes, os intelectuais abrindo uma faixa de público surpreendendo os **experts** em **marketing**, além da enorme contribuição ao vocabulário pátrio, no campo dos quadrinhos surgiram as importantes criações de *Os Fradinhos* de Henfil e *Sigmund* de Jaguar.

Num país (principalmente numa cidade como o Rio de Janeiro), onde o senso de humor de um povo se sintetiza, seu balanço, sua música, seu **jeitinho**, seu anedotário, sua verve, tudo se reflete numa alegria incomum de viver, num país que tem um povo assim, algum dia terá que surgir também, em síntese de todos êsses desencantos que é a triste e saudosa história dos quadrinhos no Brasil, uma verdadeira e genuína forma de fazer quadrinhos brasileiros.

Há certeza que daremos um **jeitinho** de fazer quadrinhos brasileiros. . .

SE VOCÊ GOSTOU E QUER SER DESENHISTA DE QUADRINHOS, NÃO DEIXE DE LER O CAPÍTULO SEGUINTE, SÔBRE O ARGUMENTO NESTE MESMO LIVRO.

HISTÓRIA EM QUADRINHOS E SEU ARGUMENTO

ENRIQUE LIPSZYK

Ao escrever um argumento, o desenhista (se é êle quem o faz) acumula prèviamente o material que irá utilizar: um conjunto de fatos, acontecimentos etc. observados por êle mesmo ou imaginados, ou senão usando experiências de outras pessoas (jornalismo, notas, descrições, novelas, filmes, etc.).

É preciso aprender a colecionar material para o trabalho, anotando, sintetizando, colecionando e pondo em ordem para uso posterior. Ao escrever um argumento, cabe pensar na maneira de se orientar ao redor de seu tema. O que deve ler? (História, contos, narrativas, notas, etc.) Com quem pode conversar? (Pessoas que conheçam o assunto, seu ambiente e características.) Que deve ver? (Filmes do mesmo assunto, histórias em quadrinhos etc.)

Esgotadas tôdas as possibilidades na coleta de material, é preciso dedicar-se a um estudo minucioso. Mesmo admitindo a necessidade de estudar o variado material para desenvolver o assunto, poucos concebem a extensão e o embaraço para levá-lo a cabo. A realização de um bom argumento exige leitura, observação, sistematização, ver filmes, reflexão etc.

Os acontecimentos dum argumento transcorrem em determinadas épocas. É preciso estudar todo o material que possa familiarizar-nos com o lugar e a época da ação dêste argumento. Nêle atuam determinados personagens. A imagem dêsses heróis, apresentada no roteiro, pode ser insuficiente para desenhá-los. O desenhista deve estudar o mais detalhadamente possível os personagens que atuam na história para poder transmitir seus traços mais característicos.

Para poder fazer o enquadramento, o desenhista que fêz o roteiro deve ilustrar com exatidão o exterior dos personagens, seu rosto, sua figura, seu modo de vestir, dando-lhes um estilo próprio.

O estudo exato de seu meio ambiente, de suas características, será muito importante na história. Portanto, a análise do material que forneça dados sôbre o meio ambiente (a casa, o interior, objetos, móveis, natureza etc.) será imprescindível, não só para criar o roteiro, assim como para a própria realização ilustrada da história.

Argumento para história em quadrinhos

Um argumento para história em quadrinhos contém pelo menos um **problema** a resolver, algum **obstáculo** à solução do **problema,** uma **crise** na tensão dramática e um **apogeu,** ou, seguindo o apogeu, um **desenlace** ou explicação.

Os melhores argumentos são aquêles em que a solução é a conseqüência lógica dos fatos que aconteceram no comêço da história. O convencional é inevitável na maior parte dos temas, mas dá impressão desfavorável o autor que permite que a solução de um conto resulte do acaso ou da coincidência. Aliás, além dêsses elementos essenciais, pode haver também um **interêsse amoroso** ou uma **complicação,** e, ao mencionar a questão **complicação,** devemos pensar antes de mais nada na unidade. A **complicação** nunca deve destruir essa integração, êsse algo completo que é, talvez, o requisito principal de qualquer argumento ou narrativa. Quando, portanto, há **complicação** no argumento, deve ser tratada como correspondendo ao que denominamos **obstáculo,** sem o qual não haveria interêsse. Embora seja da maior importância que essa complicação adicional seja razoável e parte integrante da história. Podemos afirmar o seguinte: o argumento curto tem sempre um **princípio** e partindo daí, enquanto o leitor é atraído dramàticamente, encantado e retido por meio do latente interêsse das situações, o tema se desenvolve gradual e claramente, intensificando progressivamente o interêsse e acelerando a sua fôrça, até chegar à **crise maior,** o ponto culminante do roteiro. Depois, rápido! o final.

O confronto de tôdas essas partes na realização do argumento, tratado pelo desenhista-autor de forma definida, deve registrar a presença de um só estilo literário. Ante essa enumeração de tarefas pode-se naturalmente ter a impressão dum excessivo trabalho preliminar. Isso é certo. Mas tem suas vantagens. O desenhista não é criador apenas quando desenha, êle o é também, e principalmente, quando concebe seu argumento e respectivo roteiro.

Atuações paralelas ou secundárias

Ao realizar um argumento, tenha bem em mente não seguir, na ação, uma só linha, pois que, havendo muitos personagens, o tema deve seguir muitas linhas. Lògicamente, porém, a ação principal é a do protagonista central, o herói. Dos demais personagens serão as atuações paralelas ou secundárias, já que vivem o mesmo argumento.

Essas atuações são paralelas mas possuem importância capital, pois estão ligadas ao protagonista ou protagonistas centrais. Em outros casos podem ser atuações secundárias se têm importância transitória, isto é: se aparecem sòmente no transcurso de uma ou duas seqüências. (Estamo-nos referindo a um argumento longo, sem mencionar a clássica aventura completa.) Neste tecido de atuações paralelas que podem entrecruzar-se, movimentar-se-ão os diversos personagens em seu meio ambiente. (Meio ambiente se refere à sua própria vida e seu próprio ambiente, sendo inteiramente diferente do ambiente geral, agindo, influenciando-se mùtuamente, odiando-se, amando-se, lutando uns contra os outros, conjunto de ações que dará ao argumento o desdobramento de movimentos necessário para fornecer ação, romance, emoção, intriga.)

Aspectos da construção do argumento

Antigamente, os escritores começavam a encaixar gradualmente entre si os pedaços das ações como peças de um quebra-cabeças e então se tornava visível uma espécie de desenho geral. Atualmente, porém, os editôres são mais exigentes e na novela de hoje, o comêço da historieta ou o fio da trama deve manifestar-se evidente no primeiro capítulo e deve ser seguido e sustentado durante todo o correr da narrativa sem interrupções em sua continuidade.

A criação dramática deve manter-se aparente diante do leitor durante todo o tempo, conservando-se alguma consideração à unidade geral. Uma novela como *As Cartas de Pickwick,* de Dickens, com suas inegáveis virtudes, resulta, no que concerne à unidade, uma narrativa disforme e inepta.

Naturalmente, não queremos comparar em hierarquia e qualidade uma obra literária como a de Dickens com um tema para história em quadrinhos. Mas é verdade que valores e defeitos nos fornecem regras e bases para discutir.

Qualquer coisa "acontecida antes" em nosso argumento deve ser mencionada de forma retrospectiva, sendo êste assunto um dos grandes problemas do principiante. Isso quer dizer que nunca discutiremos uma aventura cujos primeiros quadros se desenrolam na época das Cruzadas e depois, sùbitamente, na época atual: é mais factível começar com a época atual e depois fazer algum dos personagens narrar as cenas da época das Cruzadas.

As bases de um argumento

Encontrar idéia para um argumento nunca é fácil, e o principiante sente tentação de consegui-lo sem esfôrço. Mas não há atalhos para chegar antes! Um

Gengis Khan *de Hugo Pratt no livro de Lipszyc, em 55.*

argumento que não tenha sido elaborado por nosso próprio cérebro é como vestir roupa emprestada.

O mais engenhoso mecanismo do mundo não pode fabricar êsse entusiasmo pelo argumento, essa ansiedade por escrever o roteiro ou a trama, que nos vem naturalmente, quando estamos entusiasmados.

A essência de qualquer argumento é o **conflito.** Por isso, sem nenhum conflito ou luta, nossa narrativa deve forçosamente resultar pouco interessante. É preciso que haja sempre alguma luta, do contrário não surge o **drama.**

Um argumeno deveria também criar o **suspense.** Se o leitor não se encontra desde logo arrebatado e mantido em **suspense** pelo início da narrativa, ou mantido na curiosidade pelo que espera, não continuará lendo.

O **suspense** diz ao leitor o suficiente sôbre algum **problema** interessante logo no comêço da história. Um exemplo muito comum da criação do **suspense** ocorre nos contos policiais que começam geralmente com a descoberta do cadáver. O leitor se sente imediatamente curioso, mas o autor do crime só é descoberto na última página do livro.

O **tema** de uma história é, em poucas palavras, a base do argumento. Ampliando um tema, introduzindo novos caracteres, complicações, ação, crise, se obtém o argumento.

O motivo

Um motivo para uma história é a "moral" demonstrada por essa história narrada como ficção. Por exemplo, com o motivo: "Querer é poder" (não é nôvo, mas sempre é útil), pode-se escrever a seguinte narrativa:

"O herói ou protagonista, ante a necessidade de manejar um avião a jato, sem nenhum treinamento prévio, mas movido pela obrigação e pelo desejo de fazê-lo, o faz e com êxito total". Em nenhum ponto da narrativa se escreverá, como muitos principiantes estariam tentados a fazer: "Querer é poder".

A moral, motivo ou premissa, não deve ser nunca anunciada. O argumento ou ação da aventura que a demonstre.

Nenhum argumento para as histórias em quadrinhos pode ser considerado interessante se não possui um motivo. Geralmente os editôres exigem argumentos dêste tipo, pois a criança ou o jovem aprende que a honradez e a verdade sempre vencem através das diferentes histórias. Há muitos outros motivos que nos ocorrem enquanto escrevemos:

"Quem faz, paga."

"As boas ações sempre são recompensadas."

"Quem com ferro fere, com ferro será ferido."

"O crime não compensa."

"Quem para outro cava um poço, nêle cai."

Êstes são **motivos** ou **premissas** que, como argumento para história de quadrinhos, também o são para novela, conto ou drama. É que, com um **motivo,** a narrativa adquire um cunho de realidade por seu fundo humano e lógico.

O **motivo** amiúde é um bom passo para encontrar um argumento. Encontremos, portanto, primeiro um motivo; há centenas, e depois juntamos-lhe ação, caracteres, problemas, crise e culminância. Com um mesmo motivo podem-se escrever centenas de argumentos diferentes, sem outra semelhança entre êles senão a **moral,** o **motivo** apresentado. O argumentista de histórias em quadrinhos deverá ter em mente que se pode escrever argumentos sem nenhum motivo — que não ofereçam nenhuma **moral** — mas um argumento carente de motivo não possui profundidade, e muitas vêzes não tem lógica.

A ação

Um dos principais itens do argumento dramático são as lutas entre os caracteres que vivem na história. A **luta** representa na história em quadrinhos a agilidade, o movimento, a ação, sem os quais o argumento da história não teria valor.

Além do **suspense,** a ação representa o papel mais importante num argumento para história em quadrinhos.

A história em quadrinhos, quer se destine a um público infantil ou adulto, necessita da qualidade de ação para dar brilho à história. A ação atrai e excita, porque crianças, jovens e adultos, todos êles sonham, em menor ou maior escala, e a ação dos heróis nas histórias em quadrinhos simboliza a realização de seus sonhos.

Além disso, ao tramar uma história necessitamos da ação como principal fator, pois a ação dá clima dramático à narrativa, mantendo o leitor prêso ao argumento.

Discutimos detalhadamente os elementos essenciais de um argumento de aventuras para história em quadrinhos: **problema, crise, apogeu;** o todo baseado num tema e às vêzes reforçado por um **motivo.**

Isso constitui, realmente, uma espécie de fórmula, mas além dessa simples fórmula, não pode haver qualquer regra específica para argumento de história em quadrinhos.

É preciso compreender que há muita diferença entre um argumento para história em quadrinhos e uma novela ou narrativa. O argumento para história em quadrinhos é feito para um público que procura antes de mais nada a ação, intriga e suspense, sem se importar muito com a ficção de seus personagens.

Mas, assim mesmo, êste argumento exige muita imaginação se se quer alcançar uma certa originalidade. Depois de enumerar os principais elementos de um argumento, podemos acrescentar:

Complicações (que aumentem o interêsse); podemos incluir crises secundárias e talvez, também, um interêsse romântico.

Recomendamos ler muito os grandes romancistas populares de tôdas as épocas: Alexandre Dumas, Paul Feval, Ridder Haggard, Júlio Verne, Jack London, Fenimore Cooper, Emilio Salgàri, Rafael Sabattini, e também os grandes escritores de **policiais**: Edgard Allan Poe, Arthur Conan Doyle, Van Dine, Gaston Leroux, William Irish, George Simenon, Ellery Queen, Earle Stanley Gardner, Agatha Christie, Sax Rohmer, Dashiel Hammet, Carter Dickson. Escritores de **western stories** (novelas de **cowboys):** Zane Grey, Max Brand, Luke Short, Rex Beach, Clarence Buddington Kelland, William McLeod Raine, Byron Mowery, Clarence Mulford, Frank Gruber, e escritores de outros temas.

Deve-se, porém, compreender de início que se recomenda a leitura dêsses e de outros romancistas, com a finalidade de descobrir como se desenvolvem seus argumentos e não insinuando uma eterna repetição ou plágio.

Lê-los, só para conseguir interpretar logo o ambiente, suas características, seus personagens, mas de nenhuma maneira para copiar suas tramas e ações; ape-

nas, para, baseado em seus temas e ambientes, inspirar-se e realizar seus próprios argumentos.

O suspense

Para realizar uma historieta de sucesso devemos, pois, escrever um bom argumento. O leitor deve "afundar-se" na narrativa. Método seguro para conseguir êsse fim é manter o leitor em **suspense,** de maneira a se sentir tão interessado que não tenha tempo para pensar: **ora, afinal de contas não passa duma história,** estragando, assim, seu próprio prazer.

O **suspense** é uma reação emocional na mente do leitor e as narrativas bem alinhavadas o criam. Há vários tipos de suspense a explorar. Por exemplo:

"Amarrados pés e mãos, êle via com assombro a mecha acesa se aproximando gradualmente à dinamite. . ."

Êste é o caso mais comum do suspense, mas há outros mais requintados:

"Enquanto o detetive deslizava dentro do aposento, os olhos verdes que apareciam na janela se entrecerraram como que experimentando secreta satisfação. O intruso fêz girar sua lanterna sôbre as paredes do aposento. . ." etc. . . . etc. . . .

Não importa o que faz ou o que fará o curioso detetive, o suspense está criado: Que são?. . . De quem são êsses misteriosos olhos que vigiam?. . .

Outro exemplo: "A jovem se aproximou do encontro com a chantagista e pensa: Como terá descoberto meu segrêdo? — E ao recordá-lo sentia-se desfalecer". Que segrêdo? Continuaremos lendo para sabê-lo. Ficamos curiosos. Curiosidade e **suspense** são quase sinônimos.

Qualquer que seja o tipo de **suspense,** deve; de qualquer maneira, ser criado logo e mantido até quando seja necessário fazê-lo explodir.

Encontrar o argumento

Encontrar um argumento é simplesmente lançar um olhar aos problemas humanos.

E, a menos que se estude assim diretamente da vida, não se poderá descrever de forma que mereça ser lida.

Mas é preciso saber ver dramàticamente.

Isso tem singular analogia com "saber" remar. O homem que tenta remar pela primeira vez em sua vida é impelido a pensar em duas direções diversas ao mesmo tempo. Não há nada de difícil no ato de remar depois que se praticou um pouco. Algumas horas de remo e o principiante vogará sem pensar, inconscientemente. Pois bem, criar um argumento é, realmente, o truque de pensar em várias direções ao mesmo tempo.

Em essência, é, não só ver o incidente que acontece na rua, como também, ao mesmo tempo, ver suas possibilidades dramáticas.

O leigo, ao ver o mesmo incidente, o esquecerá quase no mesmo instante, mas o argumentista, além de vê-lo, descobre que sua mente indaga várias coisas importantes.

Por que o simples fato dêste incidente me entristece ou me excita? Que poderei acrescentar para acentuar êste incidente especial de maneira a parecer novelesco? E assim sucessivamente.

A fantasia, no autor de histórias em quadrinhos, deve ser mais imaginosa que a de uma pessoa comum.

Como inspirar-se ao realizar um argumento

As divisões em categorias que fazemos são inteiramente arbitrárias, pois é evidente que os argumentos de aventuras podem ser uma mistura dessas divisões. É quase certo que qualquer argumento duma espécie tem contato com alguma outra espécie. Mas, como já dissemos, esta não é precisamente uma ciência exata.

O argumento da vida real:

Tomar como base narrativas verídicas que aparecem numa infinidade de revistas e, baseando-se nisso, inventar a nova história. A descrição dos ambientes, das pessoas e outros dados podem ser de grande utilidade para valorizar o argumento.

A realidade, em geral, é mais acentuada e mais incrível que a ficção, e quando é mais extraordinária, não é convincente. O trabalho do argumentista é, prin-

Mort Cinder *escrito por Hector Oesterheld e desenhado* ***por Alberto Breccia, editado em álbum por Martinez Pey-*** *rou, na Argentina.*

cipalmente, um trabalho de imaginação, portanto de criação.

É verdade que o escritor reúne observações, encontra na vida real cenas e personagens, mas a vida real não lhe oferece mais que os elementos com que deve construir a trama de sua história.

As narrativas da vida real geralmente necessitam de **retoques,** ou devem ser atenuadas em algumas de suas partes quando parecem aproximar-se demais do incrível. A vida real é uma fotografia; o toque de ficção ou de aventura — seja acrescentando-lhe ou retirando-lhe — é o toque do artista.

Do conto ou romance lido

Com êste gênero de inspiração é preciso consultar bem a consciência. Aprender a analisar o drama, a ação e a aventura nos contos ou romances publicados e depois pensar em situações paralelas, elaborando assim um nôvo argumento.

Ou então tomar dois argumentos diferentes já publicados e misturar com perfeição os temas. Depois, utilizando a trama resultante, dar-lhe uma unidade nova para criar um argumento diferente de qualquer um dêles.

Não é necessário que os personagens sejam verdadeiros; basta que o autor tenha feito aceitar sua ficção como coisa certa e que êsses personagens imaginários atuem com a lógica e verossimilhança de sua atmosfera convencional. Por exemplo: *O Livro do Jangal* de Rudyard Kipling, no qual os animais falam, são reais sem que, lògicamente, possam ser reais.

Tendo o leitor aceito o convencionalismo dos personagens e do ambiente, as aventuras mais extravagantes lhe parecem verossímeis e as acompanha com interêsse.

Por exemplo: *Tarzan*, quando ilustrado por Harold Foster, mostrava no século atual a civilização egípcia em todo o seu esplendor. *Brick Bradford,* desenhada e narrada em seus começos por Clarence Glay e Wiliam Ritt, também realizava suas aventuras no Império Inca, estando êle na época moderna sem remontá-lo a outras épocas com sua famosa "máquina do tempo". Por isso, é muito interessante, num argumento de aventuras e fantasia, misturar diversas épocas, civilizações e ambientes e dar-lhes um efeito de fantasia que sempre agrada ao leitor.

As histórias em quadrinhos publicadas

O jovem autor de histórias em quadrinhos, como a maioria, reunirá as melhores dessas histórias e as colecionará. E baseando-se nelas poderá também alinhavar um argumento próprio, ou então, anotando três ou quatro incidentes de outras histórias em quadrinhos, e "embaralhando-os", chegar a uma idéia nova. Mas sem nunca esquecer que a unidade é essencial em todo argumento.

A dificuldade de chegar a alinhavar argumentos por êste método está justamente em que é fácil perder a unidade essencial.

O argumento resultante deve, na realidade, ser um **argumento,** não apenas uma sucessão de incidentes reunidos. Devemos chamar a atenção dos principiantes: que evitem viciar-se no copiar cenas inteiras de outras histórias em quadrinhos, mudando-lhes apenas o texto. Vimos isso até mesmo em vários autores com muitos anos na profissão, pois parece que para êles é mais simples fazer o argumento tendo à sua frente outras historietas.

O método problemático

Toma-se uma frase, por exemplo: **O que acontecerá se...?** E ali é onde se acrescenta qualquer requisito que possa produzir tema para chegar a um argumento.

Exemplo: "Que acontecerá se o herói **cowboy** caísse do seu cavalo e atrás dêle viesse em carreira desabalada um bando de cavalos selvagens que não tardarão em esmagá-lo? Que aconteceria se o detetive percebesse numa cena de crime que está investigando o lenço pertencente a um seu grande amigo? Que aconteceria se no avião que conduz o herói falhassem os motores e êle se precipitasse ao solo?"

Êsse método estimula a imaginação e é um dos exercícios mais práticos para realizar bons argumentos. O método problemático, que nada mais é que uma ajuda ao pensamento, pode ser muito útil, especialmente quando o desenhista-autor se acostumou a êle.

O método da chave

Casualmente, você dá com uma frase que lhe atrai poderosamente a atenção ao abrir um livro ou uma revista. A frase pode ser, por exemplo: "Ansiosamente, desesperadamente correu sob o ardente sol do deserto até o oásis que... miragem!...

Outro mais: "Quando regressou, descobriu, desesperado, que a maleta preta tinha desaparecido". Êste método é o contrário do problemático. Neste o que se requer é certas circunstâncias, é encontrar o desenvolvimento e a crise. No primeiro, o método da chave, você tem sua crise e deve encontrar as circunstâncias.

Tome qualquer conto, romance ou narrativa publicada e sem lê-lo, trate de encontrar alguma frase ou passagem atraente dêsse tipo. Depois construa em seu redor uma trama, até ter uma história ou argumento coerente.

O método do quebra-cabeças

Êste famoso método se vende em muitos países em várias formas: como complicado aparelho de roleta, e um manual de caracteres, situações, isto, aquilo e outro...

Pode, às vêzes, ser utilizado com êxito, quando tudo o que se requer para o argumento são simples cenas unidas, e em conseqüência, não será um argumento muito interessante. No entanto, êste método de trabalho da roleta é adotado por muitos romancistas e argumentistas que têm de fazer várias novelas e argumentos por mês.

Fabricam-se como salsichas. Por exemplo, os romancistas de Sexton Blake usam êsse método. O próprio Edgard Wallace o utilizou em muitos de seus romances, além dos autores de histórias em quadrinhos norte-americanos, que também o fazem, já que com o enorme caudal de argumentos que devem criar por mês, êste método do quebra-cabeças lhes fabrica ràpidamente as tramas.

O método é simplesmente êste: Se não conseguir esta roleta (parece-nos que não se consegue atualmente) pode você mesmo fazê-la. Redija uma lista de quarenta a cinqüenta objetos que considere capazes de dar ação e dramaticidade ao argumento e que façam uma pessoa de imaginação seguir a corrente de pensamentos definidos. Êsses objetos podem ser: um revólver, uma curva perigosa no caminho, grandes cabeçalhos de jornal, um vestígio, um roubo, um acidente. Feita esta lista, cujos elementos devem ser numerados à medida que lhe ocorram, é pôr-se ao trabalho para elaborar, baseando-se nela as seqüências necessárias.

Se tiver paciência bastante, pode fazer listas separadas para os diversos ingredientes do argumento, tais como: uma lista de caracteres, numerados de um em diante. Por exemplo: Um homem alto e magro meio bobo, uma jovem morena, inteligente e bonita, outra pode ser ruiva e de traços exóticos, e assim sucessivamente, misturando cada lote e tomando a parte do número que saiu na roleta.

Tendo obtido um esbôço de seqüência, tentar extrair dêle a síntese de uma trama, desta maneira: **Uma curva perigosa no caminho** (que representa um perigo para o carro policial que persegue os bandidos), **cabeçalhos de jornal** (anunciando que os desertores fugiram), **uma jovem morena, inteligente e bonita** (repórter de um jornal) que solicita a ajuda do herói etc.

Assim, de uma seqüência de apenas quatro pedaços do quebra-cabeças extraímos, usando um pouco de imaginação, a base para um argumento policial.

Pondo à prova nosso argumento

Sustentamos que a melhor prova do mérito de um argumento consiste em saber se êsse argumento contém seqüências: de **ação, suspense,** uma trama de interêsse e além do mais **um motivo elevado.**

Pergunte a si mesmo: Será que o argumento tem lógica? É interessante a ponto de incitar a ler? Tem

José Luís Salinas, desenhista argentino, fêz para o KFS durante anos a tira diária Cisco Kid.

um motivo? Tem ou não essa profundidade que é o **motivo**, oculto atrás de uma história.

Se não, é possível que seja um ótimo argumento, mas nunca se converterá num argumento **realmente grande.**

A inclusão de um motivo não obriga o autor a moralizar. Se há algo de moralizante numa história em quadrinhos, deve depreender-se da história em si e não do que o autor diga à margem da narrativa. Outra coisa é não utilizar demais a coincidência no argumento. Pode-se usar a coincidência, mas nunca na solução do argumento. A solução deve ser sempre o resultado lógico dos acontecimentos.

O argumentista preguiçoso inventará tôda a sorte de acontecimentos que lhe permitam levar adiante seu argumento, sem pensar no efeito que os mesmos possam produzir no leitor. Um exemplo: "Tom, um explorador, enfrenta um leão. Seu revólver está descarregado. Está aparentemente à beira da morte quando a fera se arroja. **De repente se lembra** que traz outra pistola automática no bôlso do culote" (Eureka!)

Isso, está claro, é bastante cômodo, tanto para Tom como para o autor. A coincidência frustra o leitor.

Faça-se então outra pergunta sôbre a unidade das seqüências. Nesta história, seja ela uma aventura completa ou continuada, certifique-se de que não introduziu em seu argumento alguns pedacinhos de outra história para alongá-la.

Continuando a análise: Haverá algum elemento de substância poética no argumento que se está considerando? Existirá o **equilíbrio dramático?** Serão os atos do herói e da heroína, dentro do argumento, suficientes para que o leitor continue a manter sua simpatia para com êles? Se fôr assim, está bem encaminhado.

Depois, é preciso considerar se a situação ou **problema** com o qual a história se inicia, oferece a **promessa** de **prender** o leitor. E, sendo assim, será sua atração bastante forte para continuar a manter prêso êsse peixe escorregadio que é o leitor de histórias em quadrinhos? Desenvolve-se gradual e continuadamente o interêsse desde o princípio até a crise? Seu argumento deve ir aparecendo gradualmente, até a própria crise.

O obstáculo e as complicações devem ajudar no desenvolvimento até a crise, e não detê-lo. Depois da culminância, sua história termina ràpidamente ou requer uma ou duas páginas de explicação?

Precavenha-se contra êsse êrro! O desinterêsse depois do auge ou fim!

Um argumento deve terminar na culminância, ou, no máximo, três ou quatro quadros depois.

A culminância, em si, é razoável? Não é demasiadamente rebuscada? Contém o elemento surprêsa?

Se o argumento que examinamos parece preencher adequadamente todos êstes requisitos — passar por tôdas estas provas — então você pode aceitá-lo como um bom argumento. No entanto, pode ser necessária outra opinião autorizada. O argumento requer a vigilância de uma mente fresca — uma mente qualificada para opinar. (É claro que de nada serviria pedir ao tio João ou a tia Marta suas respectivas opiniões.)

Outros detalhes sôbre o argumento

Dada a importância que tem a arquitetura do argumento, ou seja, a ordenação dos diferentes episódios, sem atentar contra a sua clareza, pareceria mais conveniente redigir um plano antes de redigir diretamente o argumento.

Trabalhar assim, de forma clara e definitiva sôbre as cenas, caracteres, diálogos, ações, é mais seguro que marchar ao capricho da inspiração. Há outros autores de histórias em quadrinhos que só sabem imaginar os incidentes à medida que vão desenhando os quadrinhos em etapas. A êsses basta ter uma idéia geral para começar a alinhavar uma trama. Basta-lhes um rumo. Os detalhes irão surgindo espontâneamente à medida que avançam. Nem sequer adivinham o que acontecerá depois das primeiras ações e, no entanto, nessa marcha ao acaso, os incidentes vão surgindo misteriosamente ordenados. A idéia de um bom argumento interessante vem às vêzes num instante.

Se pode "ver seu aspecto fundamental, o personagem e seu caráter a estrutura de seu argumento. A imaginação se inflama e começa o trabalho, algumas vêzes diante do papel, outras vêzes mentalmente.

Breve você poderá escrever um argumento e a consideração mais importante, no processo, será se essa história resultará **convincente** para o leitor.

Enquanto a lê, o leitor deverá acreditar nela, deverá sentir-se transportado. É o que tentamos dizer, quando afirmamos que parte do trabalho do argumentista — e parte bem grande — é "criar" a ilusão da realidade.

O leitor, ao começar a ler a história em quadrinhos, sabe positivamente que o que está lendo não é "real", que não é mais que uma série de quadros impressos sôbre o papel, mas, se o argumento está escrito de forma a convencer, logo esquecerá que está lendo apenas uma ficção, e "viverá" a história.

A tendência comum do principiante, ao fazer um argumento, é sentar-se e escrevê-lo, dando-lhe o maior tamanho possível.

Para aquêle que tente isso, eis aqui algumas razões pelas quais não convencerá: 1) relata de forma narrativa e, naturalmente, lê-se como um livro de história ou como um assunto policial, resultando aborrecer porque se trata dum documento apenas; 2) não atrai o interêsse no comêço; 3) seu diálogo é rígido, frio e pouco natural; 4) sua descrição é pobre e mal elaborada, e na maioria das vêzes desnecessária; 5) suas proporções — diálogo, ação, conteúdo dramático — são desordenadas e atrapalham a trama do argumento; 6) não persuade de que conheça seu tema ou seu ambiente.

Partimos da suposição de que o autor trabalhou sôbre um bom argumento, pois do contrário acrescentaríamos: 7) seu argumento carece de interêsse.

Dois dias, duas tiras da famosa seqüência da morte da heroína Burma em Terry e os piratas *de Milton Caniff, escritor-*

(Neste tema, não dissemos nada sôbre a qualidade dos desenhos, pois nos afastaríamos do mais indispensável a estudar sôbre o argumento.)

Portanto, outro detalhe: produz-se entre os desenhistas-autores novos um fenômeno: detestam "perder" (é essa sua expressão) uma idéia ou pedacinho de interêsse. Esta ação será posta de lado para outra história em quadrinhos, porque a consideram demasiadamente boa para uma história completa, e essa idéia é reservada para ilustrar outra história melhor.

Ser avarento com as idéias é condenar-se a manter parasitário o "cérebro argumental". Curioso aspecto da realidade é que quanto mais se *dá* tanto mais se recebe.

A menos que o principiante dê o melhor de sua imaginação, e com a maior generosidade, não colocará sua história em quadrinhos. Essa curiosa atitude mental é semelhante à do jovem contista novato que discute com o editor sua remuneração sem nunca antes ter realizado ou publicado uma história ou desenho em quadrinhos. Isso acontece com muita freqüência!

Psicologia dos personagens

Em muitas histórias em quadrinhos, os chamados "caracteres" não passam de "fantoches".

O leitor não encontra nêles vida, não lhe parecem reais, não existem para êle. Por quê?

A resposta é que êsses autores não sabem criar verdadeiros personagens. Não conhecem seu ofício.

Para que o leitor possa crer na realidade dos personagens de uma história de aventuras, para que lhe dêem a impressão de sêres humanos, é essencial que

desenhista que empregava a técnica do cinema, como a panorâmica estilo western *John Ford que vemos aqui.*

possuam personalidades diversas e definidas, como ocorre na vida real.

Então, quando o argumentista escreve uma narrativa em que todos os personagens sejam diversos, falem de várias maneiras e se vistam de forma diferente, podemos defini-los e interpretar seus sentimentos.

Se não proceder assim, e já que recusamos acreditar nêles, não há história que nos "prenda", despertando nosso interêsse.

Daí ser indispensável ao contista que queira despertar interêsse por sua narrativa, criar personagens característicos.

Temos exemplos entre as grandes histórias em quadrinhos como *Steve Canyon* ou *Terry e os Piratas* de Milton Caniff; não há autor como êste para definir a psicologia de cada um dêles, além de diferenciar seus aspectos físicos, rostos, etc.

Depois, em *Rip Kirby* de Alex Raymond. Os três caracteres principais estão conscientemente definidos: Rip Kirby, Desmond e Honey Dorian. Depois os vilões da história com suas próprias características: O corvo, sanguinário e assassino; Dedos Moray **dandy**, cínico e ladrão; assim como *Cisco Kid* do desenhista José Luis Salinas, os dois principais caracteres da história em quadrinhos foram brilhantemente definidos ao longo das aventuras: Cisco Kid simpático, ousado, decidido, audaz e galanteador, e Pancho, personagem sanchopanchesco, gordo, tímido, mas quando necessário decidido, com grande fraqueza pelos galinheiros e pelos pratos suculentos.

Outro grande exemplo: *Príncipe Valente* de Harold Foster; pôde inclusive traçar psicologias interessantes até mesmo para os próprios personagens históricos como, por exemplo, o Rei Arthur ou o Mago Merlin, ou Sir Tritain, ou Sir Galahad, e, em particular, para seus personagens principais que foram de tal forma definidos que parecem pessoas de carne e osso a quem poderíamos apertar a mão: êle concebeu brilhantemente personalidades como o Príncipe Valente, Aleta, ou Boltar, o simpático pirata. E não sòmente êstes, mas a maioria dos personagens, nobres ou vilões, foram pacientemente delineados, com um esmêro que define Foster como um dos autores de histórias em quadrinhos melhor conceituado em modelar personalidades diferentes e características.

E não esqueçam *Zé Mulambo* do veterano Raeburn van Buren, com todos os principais personagens, que logo de início foram esboçados e, ao longo de tantos anos de aventuras, não se apartaram nem por um milímetro de sua linha de conduta original; a nobreza de Zé Mulambo contém uma humanidade pouco comum em histórias em quadrinhos, descrita com inteligência por seu criador, assim como o grande amor e carinho que por êle sente sua noiva Lucy, todos êles definidos de forma tal que, apesar do número de anos em que essa história em quadrinhos se vem realizando e publicando, seus personagens se mantêm atuais e reais.

Podemos também estudar a psicologia de um dos personagens mais extraordinários da história em quadrinhos, o veterano *Tarzan,* cujo mérito reside em que todos os diferentes desenhistas lhe traçaram um caráter diferente, mas sempre dentro da linha assinalada por Edgar Rice Burroughs.

Por exemplo: o Tarzan de Rex Maxon é semi--selvagem e mal consegue falar corretamente; a maior parte das vêzes luta contra tribos de selvagens e contra feras, ao passo que o de Foster era mais inteligente e seus atos se desenrolavam em antigos impérios revividos na época presente, e agia, na maioria das aventuras, com personagens de raça branca, possuindo, principalmente, muita simpatia insinuada no rosto agradável; por outro lado, a personalidade de Tarzan definida por Hogarth é antipática pelos sobrolhos constantemente franzidos desenhados no homem-macaco e que dão a impressão de um ricto de ódio. É interessante indicar que Hogarth quase nunca desenhou um sorriso em Tarzan.

Cardy, outro artista que realizou durante algum tempo a série depois de abandonada por Rex Maxon, definiu Tarzan como um completo selvagem. Usou como modêlo para seu rosto a imutável expressão do nadador Johnny Weismüller, que personificou Tarzan na tela.

Recentemente Tarzan, tira diária e página dominical, era desenhado por Bob Lubbers, o qual seguia a mesma técnica de Foster, e por isso lhe deu também a mesma personalidade antes realizada pelo criador do

Um alto representante do Exército americano: a Marinha tem Buz Sawyer, a Aeronáutica tem Steve Canyon e nós, do Exército, o que temos? Beetle Bailey (o Recruta Zero)

Príncipe Valente. Atualmente Russ Manning é o ilustrador.

Não se consegue a pintura psicológica só com a descrição dos pensamentos do protagonista ou por meio de diálogos. Seus atos e a conformidade que tenham com o que pensa e diz, são fatôres tão importantes como os demais.

Nunca bastará dizer ao leitor que tal personagem é isto ou aquilo; a palavra, o gesto e a expressão, a ação e o pensamento do personagem devem indicar seu caráter e mentalidade. O leitor não se contenta com a informação do argumentista. O leitor de histórias em quadrinhos quer ver e ouvir, e chegar por si mesmo a conclusões próprias.

A revista argentina Misterix *demonstra o uso da notícia de jornal como ponto de partida para uma história.*

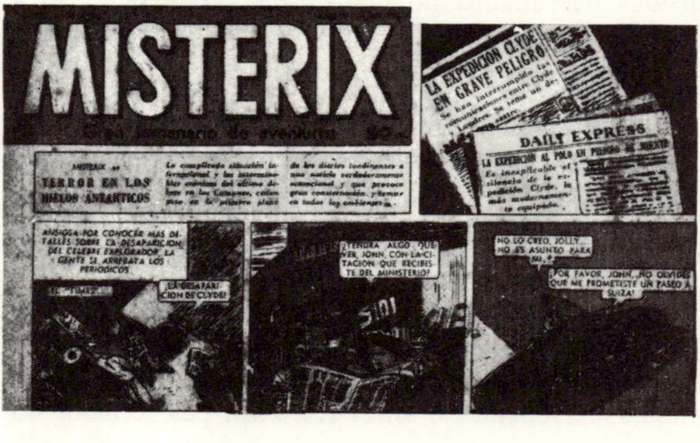

Mickey Mouse de *Walt Disney, ilustra como o sonambulismo revela o caráter do personagem*

O diálogo

Mostraremos antes de tudo um bom exemplo de diálogo deficiente. Nêle, um dos personagens se alonga da seguinte forma:

— Meu caro senhor, como médico importante que se interessa também ativamente pela supressão do contrabando de ópio no Oriente, me atrevo a informar-lhe...

Se alguém pretender que alguém acredite ser êsse personagem um homem real, falando desta maneira, é um tolo!

Não há homem — seja médico, político, príncipe ou mendigo — que tenha falado com tamanho pedantismo. O homem poderá falar de cem maneiras diversas, mas nunca dessa forma.

Seria mais lógico que dissesse:

— Bem, eu também me interesso, e pensei que talvez o senhor quisesse conversar comigo.

Essa sim é línguagem **falada.**

A' linguagem rebuscada, pedante, causa tédio ao leitor. O diálogo é o que dizem os personagens numa história em quadrinhos, mas devem dizê-lo com naturalidade para que pensemos que realmente o dizem, e não devemos deixá-los com os rostos imutáveis quando falam. A expressão é necessária. Aliás, os personagens não devem ser excessivamente loquazes.

Os discursos não devem ser permitidos nas histórias em quadrinhos. O diálogo tem de ser vivo e oportuno, sempre em consonância com o caráter do personagem. É um êrro generalizado entre principiantes o escrever diálogos que se lêem "como livro".

Ao dizer que o diálogo deve ser natural, não queremos dizer que seja fiel reprodução do modo real de conversar. Pois, a pessoa ao falar, esquece freqüentemente tôda lei gramatical sem se preocupar em ser claro e breve. O diálogo, aliás, assim como a descrição, deve misturar-se ao argumento, sem interrompê-lo. Por exemplo: a ação pode ser uma taberna de Singapura e o texto diria: — Numa taberna de Singapura, e durante o almoço, Tom e Peter conversavam — e aqui seguem duas ou três páginas — "Êle disse e êle disse também". "Êle disse outra vez" e assim sucessivamente.

O diálogo excessivo é monótono na história em quadrinhos. Os personagens na aventura duma história em quadrinhos necessitam ação, movimento, e de nenhuma forma se deve deixá-los falar tranqüilamente, "enquanto a comida esfria". O diálogo, aliás, deve ser de uma simplicidade e brevidade que o tornem natural. A frase engenhosa num diálogo encanta; por exemplo: Roy Crane, um dos melhores dialoguistas, além de um dos melhores autores de histórias em quadrinhos, colocou certa vez na série do *Capitão Cezar,* uma frase dum diálogo, irônica e de muito efeito. No penúltimo quadro duma página, Crane conseguia grande efeito ao fazer falar o pequeno companheiro de Cezar, apresentando a êste um homem inteiramente sujo:

— Êste homem está sujo porque limpa. (?)

A frase é breve e simples. Mas no último quadro esclarecia que o homem sujo era um limpa-chaminés.

NOSSO LEITOR CONSEGUIU ESCAPAR ATÉ AQUI INCÓLUME, MAS ESTÁ PRESTES A CAIR NAS PERIGOSAS ENGRENAGENS DO SINISTRO INVENTOR, HERR GUTEMBERG...

MUITO OBRIGADO, SR. JOHANN GUTENBERG

REINALDO DE OLIVEIRA

Uma página de história em quadrinhos não é mais que um desenho, como outro qualquer, que só poderá ser visto por uma minoria de pessoas, se não fôr mecânicamente reproduzido nos milhares de exemplares de que se compõe uma edição de revista.

Os modernos processos de reprodução gráfica é que tornaram heróis, como *Flash Gordon, Fantasma* ou *Mandrake,* conhecidos por milhões de leitores, em tôdas as partes do mundo.

Dificilmente o leitor comum (e, infelizmente, alguns desenhistas) tem a mais leve noção dêstes processos. Neste livro, que é um dos primeiros a se publicar em português, gostaríamos de dar certas noções mesmo que básicas de como sua historieta favorita chega até suas mãos.

A primeira coisa a ser feita é uma classificação, ainda que primária, dos vários tipos de originais que uma editôra recebe para publicação.

A) *Originais a traço.*

O desenho a traço pode ser de um grafismo forte e contínuo, como o de Al Capp, de linhas fragmentadas, como o de Will Gould, ou então quase a bico de pena, como os de Frank Goodwin. Geralmente feito a pincel, não se desdenha também o uso da pena, principalmente para detalhes.

Cada desenhista usa a linha dentro de seu estilo característico. Em Milton Caniff o traço é quase grosso (no sentido de espessura), e o uso de grandes manchas negras, valorizado por um jôgo inteligente de luzes, torna o seu desenho sereno e límpido. John Cullen Murphy, usando indistintamente pincel e pena, fêz um

Frank Godwin (traço), em cujos desenhos se nota um cunho saudosístico à la *Dana Gibson e Montgomery Flagg.*

Will Gould (traço), ilustrador de **Red Barry**, historieta de muito sucesso, hoje já desaparecido, mas de muita beleza gráfica.

tracejado nervoso e ágil, bem de acôrdo com o gênero que ilustra. Hogarth, depois de um início indeciso, influência de Hal Foster, devido à transferência da história de *Tarzan,* passou ao tracejar violento e até quase ao detalhismo doentio, como, por exemplo, as massas de água do desenho da história do povo do mar.

Apesar das diferenças de estilo, todos êles são desenhistas enquadrados na classificação **traço,** para efeito de reprodução.

B) *Traço e retícula.*

Quase sempre a mesma linha do desenho a traço valorizado pela aplicação da retícula ou **Ben-Day.** A retícula é uma aplicação mecânica feita pelos fotogravadores (no caso de impressão tipográfica), ou pela fotomecânica (no caso de impressão offset ou rotográfica). O desenhista apenas indica no original a traço o local onde deseja a aplicação de retículas em graduação anteriormente convencionada. Esta indicação é feita dando um leve colorido, em azul, nas partes onde a retícula deve ser aplicada.

As várias intensidades de "cinza" conseguidas pela aplicação das retículas são baseadas nas quantidades de

Mel Graff (traço e retícula), em Agente Secreto X-9 *demonstra o uso da cartolina* crafting.

linhas existentes por cm², além da escolha de suas variações como pontos positivos, pontos negativos, hachureados e outros recursos técnicos dos fotogravadores.

Nas histórias em quadrinhos, a aplicação de uma retícula de pontos soltos, contendo 48/53 linhas por cm², dará sempre uma boa impressão ou reprodução.

O reticulado nos desenhos pode ser ainda conseguido por dois processos diferentes. Usando cartolinas especiais conhecidas como **crafting,** onde uma retícula invisível, do próprio papel, aparece, com o uso de um

Dois quadros de Roy Crane em Buz Sawyer *(Jim Gordon) o artista que melhor usa a cartolina* crafting. *Na página oposta, ampliação de um quadro da mesma série.*

Carl Barks cria, para a Walt Disney Productions um dos maiores sucessos do estúdio Uncle Scrooge (Tio Patinhas), *gozação aos grandes capitalistas do mundo. Carapuça universal... (Ed. Abril)*

Aqui, nesta separação de provas das côres básicas, vemos o excelente trabalho de retícula do King Features para Príncipe Valente, *criado por Harold Foster.*
(V. capítulo de Reinaldo de Oliveira)

DE UMA POSIÇÃO SEGURA NA RETAGUARDA, SLIGOL ESTAVA CONCITANDO SEUS HOMENS AO ATAQUE, MAS AGORA, QUE VALENTE, GRENWOLD E NOEL INVESTEM PELA ESCADA, ÊLE SE ENCONTRA NA FRENTE. AS ESPADAS RELAMPEJAM AO SOL E SLIGOL PERDE IMEDIATAMENTE TODO O INTERESSE EM CONQUISTAR WICKWAIN...

MILTON CANIFF *um dos mestres no claro e escuro, (como Rembrandt), e do uso da técnica cinematográfica, nestes dois quadrinhos de* Steve Canyon *de 1947 continua as experiências iniciadas em* Terry e os piratas *de 1934. (KFS)*

revelador especial. Desenhistas como Roy Crane, Leslie Turner e Mel Graff usam com muita propriedade êste tipo de papel. O efeito de retícula fina e retícula grossa (vide exemplo) é conseguido com o papel **crafting doubletone** que, como o nome já indica, faz surgir, com o uso de dois reveladores diferentes, duas retículas distintas.

A outra forma de conseguir um reticulado bem mais artístico e com grande variação é a aplicação de retículas de contacto, conhecidas mundialmente pelo nome de **letraset.** Esta retícula adesiva é fornecida em fôlhas transparentes, com vários matizes, e transfere-se para o desenho, no local desejado, apenas com uma leve pressão. O uso da retícula **letraset** está tão generalizado e é tão prático que certamente está destinado a abolir os outros dois processos. A retícula ou **ben-day** de aplicação mecânica torna algo "duro" e um tanto "recortado" os limites de sua aplicação e o papel **crafting,** além de seu alto preço, exige uma técnica cuidadosa no uso dos reveladores químicos. Por exemplo: o revelador **doubletone** aplicado a uma área do papel revela ambas as retículas ali existentes, descartando a possibilidade no uso do **singletone** que é o revelador da retícula fina.

C) *Traço e côr.*

É o mesmo tipo de desenho a traço, valorizado pela aplicação das três côres primárias, ou seja: amarela, vermelha e azul, além do prêto.

A história em quadrinhos em côres usa o que vulgarmente se chama de "falsa tricomia", pois a adoção do prêto (traço e retícula), visando recortar as figuras e obter o tom "cinza", a transforma em tetracomia ou quadricromia. Com o uso das três côres primárias, pode-se obter nove côres, secundárias e terciárias, segundo o círculo de côres de Ostwald, além do refôrço obtido pelo uso do prêto e de tôda a gama de retículas assim conseguidas.

O original da história em quadrinhos para publicação em côres não é colorido no próprio original como pode parecer à primeira vista. A côr é sempre indicada no verso do desenho, em uma cópia fotostática do original ou então numa máscara de papel vegetal.

Para esta indicação, usa-se lápis de côr, anilina Kodak ou aquarela, não sendo indicado o uso de guache. Esta indicação é sumária e serve apenas de guia para os fotogravadores ou fotomecânicos, não havendo necessidade de grandes detalhes pois as côres são, na maioria dos casos, côres planas.

No caso das historietas de procedência estrangeira, os originais são fornecidos em provas muito bem impressas, que depois de traduzidas, letreiradas e, às vêzes, remontadas, a fim de adaptá-las a outros formatos, sofrem o mesmo processamento dos originais aqui produzidos. Nestas provas, as várias retículas já estão aplicadas e, nas historietas em côres, estas são fornecidas (as côres) em quatro provas em prêto, cada uma relativa a uma côr.

A impressão das revistas (de quadrinhos ou outras) podem ser executadas por três sistemas principais, cujos processos básicos descrevemos abaixo.

Tipográfico — No sistema tipográfico, o desenho é transferido, por processos fotoquímicos, a uma chapa de zinco, ficando em relêvo (como num carimbo) as partes que devem ser impressas. Esta chapa, chamada **clichê**, que usualmente tem o formato da própria página, depois de gravada é montada em uma base de madeira.

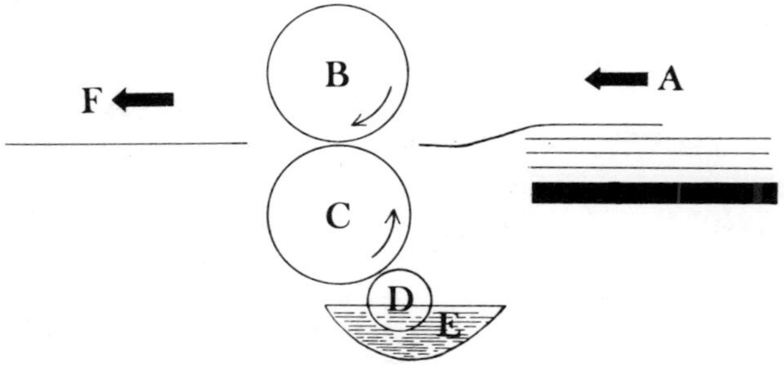

Tipografia.
A — papel em branco; B — cilindro impressor; C — cilindro com a imagem a ser impressa; D — rôlo entintador; E — depósito de tinta; F — fôlha já impressa.

O esquema mostra o processo de impressão tipográfica.

Offset — Conhecido também como litográfico, onde o desenho, por meio da fotomecânica, é transferido para uma chapa de zinco ou alumínio. Esta chapa, devidamente tratada por processos especiais, apesar de não ter relêvo aparente, devidamente entintada transferirá a imagem nela gravada a um cilindro de borracha e daí para o papel utiizado na revista.

Offset
A — papel em branco; B — cilindro impressor; C — cilindro com a imagem a ser impressa e contra pressão, D — rolos molhadores; E — depósito de água; F — rolos entintadores; G — depósito de tinta; H — fôlha já impressa.

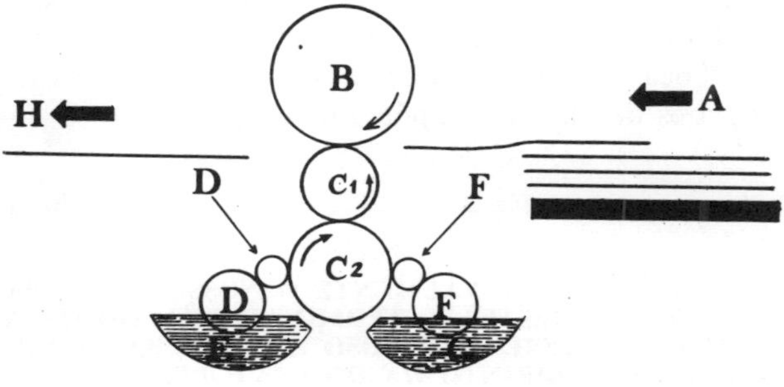

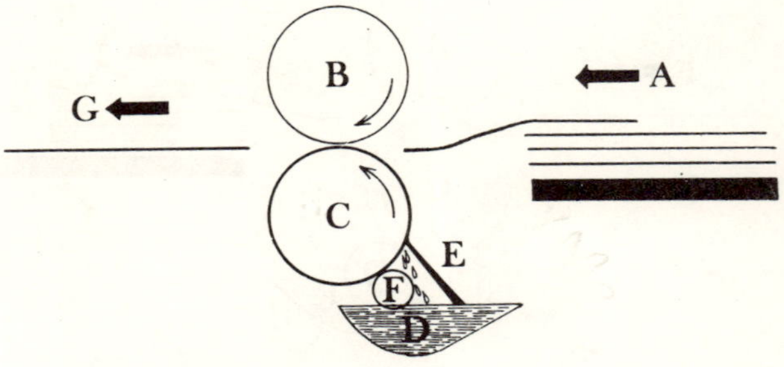

Rotogravura.
A — papel em branco; B — cilindro impressor; C — cilindro com a imagem a ser impressa; D — depósito de tinta; E — lâmina removedora do excesso de tinta; F — rôlo entintador; G — fôlha já impressa.

Rotogravura — Por meio dos processos fotomecânicos, os desenhos a serem reproduzidos são transferidos para um cilindro de cobre, no qual, com o uso de ácidos apropriados, a imagem é gravada em sulcos e pontos onde se alojará a tinta que, dêste modo, quando o cilindro entra em contato com o papel, é para êste transferida.

Todos os processos acima descritos são executados, na prática, por velozes máquinas rotativas munidas de inúmeros equipamentos, que dão a revista já dobrada, por exemplo, e de várias unidades impressoras permitindo a impressão de tôdas as côres ao mesmo tempo. Nestas máquinas, a fim de conseguir a mais alta velocidade, o papel é fornecido em bobinas, ficando assim a impressão numa imensa tira contínua que vai passando pelas múltiplas unidades até chegar na saída da máquina, chamada "bôca", onde é retalhada a fim de formar os vários exemplares de que se compõe uma edição.

HOJE! HOJE! HOJE! FINALMENTE O NOSSO CORAJOSO LEITOR ESTÁ PRESTES A TERMINAR SUA ODISSÉIA, TERMINANDO ÊSTE PERIGOSO LIVRO, BASTA-LHE TRANSPOR O LABIRINTO DA ONOMATOPÉIA...

Nesta ilustração de Henfil (feita especialmente para êste trabalho), vêem-se as diversas onomatopéias mais empregadas pelo criador dos Fradinhos (*em* O Pasquim).

BUM! PRÁÁÁ! BAM! TCHÁÁÁ! POU! ONOMATOPÉIAS NAS HISTÓRIAS-EM-QUADRINHOS

NAUMIN AIZEN

0. *Introdução Geral*

Procurou-se, neste trabalho, fazer um pequeno levantamento de tudo o que há de mais importante sôbre onomatopéia, não sòmente nas histórias em quadrinhos, mas também em vários campos de linguagem.

Na primeira parte, a que trata de definições, reuniram-se várias, cada uma de um ponto de vista diferente.

Ao se preparar êste trabalho, sempre se teve em mente a frase de Álvaro de Moya: êste "livro abrangerá

Ao se preparar êste trabalho, sempre se teve em mente a frase de Álvaro de Moya: êste "livro abrangerá — sendo o primeiro — todos os aspectos, abrindo caminho para outros livros específicos para cada item". Sendo assim, não se aventurou, em hipótese alguma, a esgotar o assunto, que é extenso, variado e apaixonante. Procurou-se, isso sim, chamar a atenção para os vários problemas com os quais a onomatopéia tem implicações. Que venham outros, para estudá-los, aprofundando-se nêles.

Outro objetivo foi o de, na primeira parte, fazer-se um trabalho totalmente didático, onde o leitor achasse fàcilmente os assuntos desejados.

1. *Onomatopéia*

1.0 — ETIMOLOGIA

Vem do grego **Onomatopiia** (ação de imitar uma palavra por imitação do som — ou criação de palavras), pelo latim **Onomatopeia,** por via semi-erudita. Foram sugeridos outros nomes: ecoísmo (Jespersen) e função fonestética (Firth).

1.1 — DEFINIÇÕES

1.1.1 — *Wolfgang Kayser,* teórico de literatura, alemão: "Entendem-se por onomatopéias as formações lingüísticas que imitam um determinado som natural"[1].

1.1.2 — *Maurice Grammont,* professor e gramático francês: "A onomatopéia, através de seus fonemas, imita os ruídos da natureza ou os lembra de alguma forma. (. . .) A onomatopéia nunca é uma reprodução exata, mas uma aproximação. Os sons da língua possuem determinadas qualidades, os ruídos da natureza possuem outros, e uns não podem substituir estritamente os outros"[2].

1.1.3 — *Krystoffer Nyrop,* lingüista e filólogo dinamarquês: "As onomatopéias são palavras imitativas, isto é, palavras que pretendem imitar, através dos fonemas de que se compõem, certos ruídos como o grito ou o canto dos animais, o som dos instrumentos musicais, o barulho das máquinas, o ruído que acompanha os fenômenos da natureza etc. A onomatopéia é sempre uma aproximação e nunca uma reprodução exata, como nem de outra forma poderia ser. Os fonemas da voz humana diferem no seu timbre, e noutras qualidades dos ruídos da natureza que procuram imitar"[3].

1.1.3.1 — Retificação: nem tôdas as onomatopéias são palavras. Algumas são um conjunto de fonemas — como, exemplo, **pfff** — sem estrutura vocabular, porque não possuem vogal de apoio.

1.1.4. — *Grande Enciclopédia Portuguêsa e Brasileira*: "Formação de certas palavras por harmonia imitativa, e cujo som imita o que significam ou designam"[4].

1.1.5 — *Fernando Lázaro Carreter,* filólogo espanhol: "Fenômeno que se produz quando os fonemas de uma palavra descrevem ou sugerem acùsticamente o objeto ou a ação que significam **rasgar, borbotão, tic-tac**"[5].

1.1.6 — *Joaquim Mattoso Câmara Jr.*, lingüísta brasileiro: "Vocábulo que procura reproduzir determinado ruído, constituindo-se com os fonemas da língua, que pelo efeito acústico dão melhor impressão dêsse ruído. Não se trata, portanto, de imitação fiel e direta do ruído, mas da sua interpretação aproximada com os meios que a língua oferece"[6].

1.1.7 — *Arsène Darmesteter,* filólogo francês: "A onomatopéia é a criação de uma palavra reproduzindo em seus elementos sonoros o ruído a que se aplica"[7].

1.2.0 — *Classificação das onomatopéias*

1.2.1 — DO PONTO DE VISTA MORFOLÓGICO:

1) As que possuem estrutura vocabular;

2) As que não chegam a constituir vocábulos por falta de vogais de apoio.

1.2.1.1 — *Do ponto de vista morfológico, segundo Rodrigo de Sá Nogueira*[8]:

1) *Onomatopéias vocabulizadas*: Pumba!, Bomba!, Bumba!, Catrapuz!, Grim-grim!, Bique-Bique!

2) *Onomatopéias não vocabulizadas*: Brrr!, Trrr! Pfff!, Zzz!, Vvv!

1.2.2 — *Do ponto de vista genético, segundo Rodrigo de Sá Nogueira*[9]:

1) *Puramente fonéticas*: "Aquelas cuja formação se baseia apenas na imitação, tanto quanto possível exata fonèticamente dos sons que representam.: Trrrim! (da campainha), **A . . . txim!** (do espirro), **Cri-cri** (do grilo), **Tic-tac!** (do relógio)".

2) *Fonético-ideológicas*: "Aquelas que procuram imitar os sons que representam, não por fonemas que mais ou menos, perfeitamente, se lhes assemelham, mas por vocábulos ou expressões frásicas de pronúncia mais ou menos semelhante. Exs.: **Pouca terra, muita calha** (pretendendo imitar o andamento do trem), **Cá vai!** (pretendendo imitar a voz da cegonha), **Que te vi, não vi!** (pretendendo imitar a voz da cotovia)."

1.2.3 — *Do ponto de vista semântico, segundo Stephen Ullmann* [10]:

1) *Primária*: "É a imitação do som pelo som. Aqui o som é verdadeiramente um 'eco do sentido': o próprio referente é uma experiência acústica, mais ou menos rigorosamente imitada pela estrutura fonética da palavra". O verbo, em si, soa como o ruído que êle significa. "Exs.: **buzzi** (zumbir), **crack** (rachar, estalar), **growl** (rosnar), **hum** (murmurar), **plop** (gorgolejar), **whizz** (assobiar, sibilar.)"

2) *Secundária*: "O som evoca não uma experiência acústica, mas uma ação ou qualquer estado físico moral, geralmente desfavorável. Exs.: a) de ação: **dither** (hesitar), **dodder** (titubear), **quiver** (tremer), **slink** escapulir); b) de estado físico ou moral: **gloom** (melancolia), **grumpy** (irritado), **sluggish** (preguiçoso), **wry** (retorcido)".

Popeye, *criação de Elsie Segar, aqui por Sagendorf.*

1.3.0 — *Caracteres Gerais*

1.3.1. — Onomatopéia: formação lingüística arbitrária?

1.3.1.1 — "Um músico que quisesse reproduzir o ruído do tambor por meio de um piano nunca o chegaria a imitar, a fazer algo que desse a idéia; sua obra seria apenas uma adaptação, ou melhor, uma tradução. Da mesma forma, quando exprimimos por uma onomatopéia um som exterior, nós o traduzimos em nossa linguagem. Pode-se mesmo dizer que haja uma dupla tradução; não sòmente nossos emissores de sons traduzem, à sua maneira, os dados que nosso ouvido lhes oferece, mas também o ouvido interpreta e traduz as impressões que lhe chegam. (. . .) A palavra **cuco** * reproduz bastante bem o grito do pássaro, que ela designa. Se alguém emitir tal grito, a uma certa distância, com as entonações desejadas, a ilusão é completa; é, pois, uma onomatopéia perfeita. E, no entanto, é certo que, ao se escutar atentamente, o pássaro não canta **cuco,** mas apenas **u-u.** Por que interpretamos por **cuco** o que, na realidade, é **u-u?** Porque estamos pouco acostumados a pronunciar duas vêzes seguidas a mesma vogal sem consoantes; porque, de uma certa distância, confundimos as oclusivas ou, mesmo, não as percebemos completamente; daí, nosso hábito de as restituir nas palavras que reconhecemos e de as imaginar nas outras (. . .) Em tôdas as línguas atualmente faladas na Terra, os elementos fônicos — fonemas, acentos, tons

(*) *Cuco* — Onomatopéia da voz da ave. Uma das mais perfeitas que existem. Várias línguas a possuem (fr. *coucou,* ingl. *cukoo,* alemão *kuckuck,* esp. *cuco,* romeno *cuc,* logurodês *cukku,* engadino *kukú.* (NASCENTES, Antenor. *Dicionário Etimológico Resumido.* Rio, Instituto Nacional do livro, 1966).

etc. — não têm, de um modo geral, nenhum valor semântico próprio. As próprias palavras, que são aglomerados de fonemas, só têm significações arbitrárias"[11].

1.3.2 — Onomatopéia: formação lingüística convencional?

1.3.2.1 — A onomatopéia "Não passa de aproximação. Há sempre na onomatopéia um fundo de convenção, desde que ela se cria com os sons vocais padronizados da língua, combinados de acôrdo com as normas que na língua vigoram[12]".

1.3.2.2 — "Muitas das palavras que usamos são convencionais, enquanto que outras, têrmos onomatopaicos como **sniff** (sorver, fungar) ou **hiccup** (soluçar), são evidentemente icônicas. (. . .) A própria onomatopéia é convencional. As imitações servem, não porque sejam boas, mas porque são convencionais. (. . .) Não há dúvida de que entra uma forte dose de convencionalismo em muitas formações onomatopaicas, incluindo mesmo as interjeições[13]".

1.4.0 — *Onomatopéia: Privilégio de Línguas Não Primitivas?*

Leibniz e muitos outros depois dêle viram na onomatopéia uma forma primitiva de linguagem humana. Tais pontos de vista foram retomados pelos românticos, especialmente Charles Nodier, que, em 1808, publicou *Dictionaire raisoné des onomatopées françaises.*

Corroborando o pensamento de Leibniz, João Ribeiro, em *Curiosidades Verbais*[14], escreveu que "a linguagem começou naturalmente pelo gesto que é a mais elementar de tôdas as expressões animais e humanas. Ao gesto ajuntaram-se as vozes e ruídos quase verbais de maior expressividade. Essas vozes elementares são as onomatopéias. Delas nasceram inúmeras palavras mais ou menos sutilizadas, mas ainda rceonhecíveis pelo exâme atento de sua formação imitativa".

Exemplo de que a onomatopéia é uma forma primária de expressão são as existentes no tupi antigo — **tak** e **tatak** (dar estalo, bater), **tek** (quebrar-se estalando, estalar), **ning** e **ning-ning** (latejar) e **gûym** (sair depressa, voando, zunindo)[15].

1.5.0 — *Em que se Baseia o Efeito da Onamatopéia?*

"No uso da onomatopéia como artifício estilístico, o efeito baseia-se não tanto nas palavras individuais como numa judiciosa combinação e modulação de valores sonoros, que podem ser reforçados por fatôres como a aliteração, o ritmo, a assonância e a rima"[16].

Pode haver, também, uma "reduplicação acompanhada, ou não, da alternância vocálica" [17].

Qual será a explicação?

"A reduplicação parece ter tido sempre a origem num valor mais ou menos intensivo ou insistente" [18]. Os exemplos que Grammont dá para isso **(c'est bien, bien joli)** têm uma perfeita correspondência em nosso idioma: **é muito, muito lindo.** Tal reduplicação "consiste na repetição, sem mudança, de uma palavra ou uma sílaba. Como em latim **murmurare,** em sânscrito **ghargharah, ghurghurah** (ruído), **ganiganti,** etc. (. . .) Mas o mais freqüentemente, uma das duas sílabas é reproduzida mais ou menos diferente da outra pela evolução fonética e em particular pelas ações dissimilantes, que não impedem a reduplicação de ser reconhecida, mas a reproduzem muito menos significativa. A vocal muda de timbre. (. . .) Entram na mesma categoria de reduplicação com valor insistente as palavras da linguagem infantil. É uma tendência muito geral entre as crianças falar por dissílabos, e de constituir tais dissílabos pela repetição da mesma sílaba. São palavras insistentes porque são **apelativos,** no sentido amplo da palavra, destinados a chamar ou a designar pessoas, animais, objetos familiares" [19]. Em português, há vários exemplos: **auau, papá, mamã, vovô, vovó, babá** etc.

"Quando a palavra com reduplicação, qualquer que seja a natureza da reduplicação — reduplicação total por reprodução, reduplicação parcial, reduplicação por germinação consonântica — designa um ruído ou um movimento, o valor intensivo ou insistente que lhe é inerente toma uma nuança semântica especial: a palavra com reduplicação indica que o ruído ou o movimento dura, prolonga-se ou repete-se" [20]. Exemplos: **bibi, fonfom.**

1.6.0 — *Estrutura Fonológica das Onomatopéias*

"A estrutura fonológica das onomatopéias apresenta muitas vêzes traços especiais; assim, em português,

Onomatopéias usadas por Ziraldo em The Supermãe.

a terminação consoante oclusiva, que inclui a epítese da vogal anterior, átona final, de apoio"[21].

1.7.0 — *Ortografia das Onomatopéias*[22]

A ortografia ainda não foi estabelecida em definitivo. Por esta razão, cada um usa a que quer ou mais lhe convém, variando conforme o caso.

Assim, por exemplo, quando um galo canta, pode fazê-lo de diversas formas: **có-córó-có!, có-có-ró-có!** ou **có . . . có . . . ró . . . có . . .** Hoje em dia, porém, o método mais usado e apropriado é o do hífen.

A tendência moderna é encarar as onomatopéias vocabulizadas com a sua categoria de vocábulos, subordinando-as, assim, às leis ortográficas. Além disso, o hífen é o sinal mais apropriado para ligar os elementos da onomatopéia vocabulizada, quando constituída por dois elementos iguais ou semelhantes. Exs.: **tique-taque, tique-tique, cá-cá-rá-cá, có-có-ró-có.**

Como em tudo, porém, há exageros: faz-se diferença entre o cacarejar de um galo e o de uma galinha. O primeiro seria **có-coró-coró;** e o segundo, **có-corocó.**

1.8.0 — *O Valor da Onomatopéia*

1.8.1 — LINGÜÍSTICO[23]

A analogia é que origina muitas palavras por processos onomatopaicos. Muitos lingüistas consideram tal processo bastante limitado, mas, na verdade, a criação de palavras por meio de onomatopéias é um processo bastante fácil e bem produtivo.

No português antigo, havia a palavra **trom** (uma simples onomatopéia), que significava "canhão". Dêsse substantivo, pelo processo de composição, originou-se o verbo **atroar.** Há, ainda, onomatopéias que traduzem os sons do canhão — **tumba, bomba** e **bumba** — formadas sôbre **pum** e **bum;** delas originaram-se **retumbar, rebombar, ribombar, rebombo** e **ribombo.**

Dêsse mesmo modo, pode-se afirmar que os verbos **cacarejar, cocorejar, cucuricar** e **cucuritar** só surgiram originados das onomatopéias que traduzem o cantar do galo e da galinha.

Em caso idêntico, está o verbo **mugir** (designativo da voz de vaca), proveniente da forma onomatopaica **muuu.**

1.8.2 — Filológico[24]

É preciso distinguir das onomatopéias as palavras de linguagem infantil, formadas pela repetição de sílabas, que não oferecem isoladamente nenhum sentido: **totó,** etc. Contudo, as palavras conhecidas como onomatopéias podem ter sido primitivamente desprovidas de qualquer sonoridade imitativa e ter sido transformadas mais tarde por meio de etimologia popular. O sentimento da onomatopéia varia, por outro lado, segundo as línguas, e, mesmo, segundo os indivíduos; êle repousa num acôrdo muito subjetivo, e freqüentemente acidental, entre o som e a idéia.

1.8.3 — Estilístico [25]

"O meio mais simples para obter efeito estilístico com o emprêgo de palavra sônicamente adequada é recorrer às onomatopéias, isto é, aos elementos vocabulares ainda à margem do sistema intelectivo, pròpriamente dito, da linguagem".

"Vamos encontrar assim a poesia — como a linguagem infantil — desenvolvendo na base das onomatopéias o conteúdo da motivação sonora. A intercalação de uma onomatopéia numa frase informativa, por exemplo, dá-lhe um inconfundível sainete expressivo."

1.9.0 — *Vocábulos Onomatopaicos e Vocábulos Expressivos*

1.9.1 — Vocábulos onomatopaicos

Derivam-se das onomatopéias. Nêles, "a onomatopéia é o semantema combinado com morfemas nominais ou verbais (ex.: **zumbido, cf. zum-zum; tilintar,** cf. **tlin-tlin)**".

1.9.2 — Vocábulos expressivos

Nêles, "a estrutura fonológica apresenta-se como apropriada ao significado; por exemplo, em **clarim** temos um leve efeito imitativo, para o qual é responsável o /i/ agudo secundado pela sonoridade do /a/ e pelo consonântico **cl-,** onde a plosiva lembra o som que irrompe e a líquida o seu prolongamento ecoante e fluido".

Carreter quer também o nome de **vocábulo fonossimbólico**[26].

1.10 *Bibliografia*

(1) KAYSER, Prof. Wolfgang. *Análise e Interpretação da Obra Literária.* Trad. Paulo Quintela. Coimbra, Arménio Amado, Editor, 1967.

(2) GRAMMONT, Maurice. *Traité de Phonétique.* Paris, Libraire Delagrave, 1965.

(3) NYROP, Krystoffer. "Gramática Histórica Francesa". Apud *Grande Enciclopédia Portuguêsa e Brasileira.* Lisboa, Editorial Enciclopédia Limitada, s/d.

(4) *Grande Enciclopédia Portuguêsa e Brasileira.* Lisboa, Editorial Enciclopédia Limitada, s/d.

(5) CARRETER, Fernando Lázaro. *Diccionario de Términos Filológicos.* Madrid, Editorial Gredos, 1968.

(6) MATTOSO CÂMARA JR., Joaquim. *Dicionário de Filologia e Gramática.* Rio, J. Ozon Editor, 1968.

(7) *Larousse du XXe Siècle,* Paris, Librairie Larousse, 1952.

(8) SÁ NOGUEIRA, Rodrigo de. "Tratado de Fonética Portuguêsa". Apud *Grande Enciclopédia Portuguêsa e Brasileira.* Lisboa, Editorial Enciclopédia Limitada, s/d.

(9) Vd. (8).

(10) ULLMANN, Stephen. *Semântica (Uma Introdução à Ciência do Significado).* Trad. J. A. Osório Nunes. Lisboa, Fundação Calouste Gulbenkian, s/d.

(11) Vd. (2).

(12) MATTOSO CÂMARA JR., Joaquim. *Princípios de Lingüística Geral.* Rio, Livraria Acadêmica, 1968.

(13) Vd. (10).

(14) RIBEIRO, João. *Curiosidades Verbais.* Rio, Livraria São José, 1963.

(15) LEMOS BARBOSA, Pe. A. *Curso de Tupi Antigo.* Rio, Livraria São José, 1956.

(16) Vd. (10).

(17) Vd. (6).

(18) Vd. (2).

(19) Vd. (2).

(20) Vd. (2).

(21) Vd. (6).

(22) Vd. (6).

(23) Vd. (4).

(24) Vd. (7).

(25) MATTOSO CÂMARA JR., Joaquim. *Contribuição à Estilística Portuguêsa.* Rio, Organização Simões, 1953.

(26) Vd. (5).

2. *Alguns exemplos de Onomatopéia em Literatura*

2.0 — INTRODUÇÃO

Não se pretendeu organizar uma antologia de autores que se tenham utilizado de onomatopéias em seus trabalhos. Apenas, colheram-se, aqui e ali, alguns exemplos de escritores consagrados que se valeram delas para dar um maior valor expressional aos textos.

Mas serão permeáveis à onomatopéia todos os gêneros literários? Ullmann, em *Semântica,* aborda exatamente êste assunto: "De um modo geral, certas situações

Duas tiras do Homem de Ferro: inglês e português.

e ambientes são propícios à onomatopéia, enquanto que outros lhe são pràticamente impermeáveis. Florescerá na fala emocional e retórica, cujo efeito geral ajuda a reforçar. Também estará mais no seu ambiente em forma de linguagens espontâneas, não artificiosas e expressivas tais como a fala das crianças, a linguagem coloquial e popular, o calão e a gíria. O poeta e o escritor de prosa artística explorarão naturalmente êstes recursos tanto quanto possível. Por outro lado, as variedades de estilo

A maioria não está no dicionário: são ruídos novos.

mais restritas, neutrais e positivas, usadas pelos cientistas, diplomatas, funcionários públicos, homens de negócio etc., terão pouco ou nenhum lugar para a onomatopéia; nestas formas não emocionais da fala, a expressividade estaria fora do seu lugar próprio, e por isso só muitas raras vêzes aparecerá".

Realmente, a grande incidência do uso de onomatopéias corresponde aos poetas, pois elas dão efeitos de grande beleza sonora; deve-se levar em conta que as páginas de João Guimarães Rosa e Clarice Lispector, Mario de Andrade, bem como as de Scholem Aleihem e James Joyce, possuem grande carga poética. Vale a pena, aqui, recordar que *Grande Sertão: Veredas* foi definido por M. Cavalcanti Proença como prosoema. Aliás, como curiosidade apenas, deve-se assinalar que o autor de *Sagarana,* várias vêzes, confessou-se grande leitor de revistas de histórias em quadrinhos, principalmente de *Edição Maravilhosa;* e que Clarice Lispector, lá pelos fins da década de 40, traduziu histórias em quadrinhos. Dignos de menção são os exemplos de Carlos Drummond de Andrade e Millor Fernandes, que se utilizaram de típicas onomatopéias de histórias em quadrinhos; apesar disso, sòmente o segundo, grande leitor de *Suplemento Juvenil* na infância, foi colocado entre os escritores diretamente influenciados pelos **comics.**

Procurou-se, apenas e òbviamente, os que fizeram uso de onomatopéias primárias, puramente fonéticas, ignorando-se as secundárias, fonético-ideológicas.

Para finalizar — e simplesmente como curiosidade — chama-se a atenção que a onomatopéia mais usada em quase todos os exemplos colhidos (e, por isso, não aproveitados) é a de sino tocando. As ortografias são variadas, mas o efeito é o mesmo — o que reforça o seu convencionalismo.

2.1 — ESCRITORES NÃO INFLUENCIADOS PELAS HISTÓRIAS-EM-QUADRINHOS:

2.1.1 — *Scholem Aleihem*(1): "Como um velho antes de tossir, o relógio faz **trrr**... E só depois: **Bom!**... **Bom!**... **Bom!**... E até mesmo o **"Bom"** não é o mesmo **"Bom"** de antes. O de antes era um **"Bom"** alegre, cheio de vida." (...) "De repente, em meio de tôda a gritaria de tia Iente, ouve-se: **Trrr**... **Tarrr**... **Bom**... **Dzim**... **Bom**..."

2.1.2 — *Mario de Andrade*(2): "— ... **plápláplá chiriri** cocô **pum. Bilimblimblim** tereré xixi **pum. Furrunfunfum furrufunfun.** Pipi Pipi pipi pipi a caridade, popô. **Zunzum zunzum zunzum** baile de rosas lerolero lerolero lerolero lerolero lerolero! Cacá cacá cacá cacá cacá cá-pum? Pois tataca, teteca, ticica, tucatuca! **Pum!**... Cocô **pum!**... Xixi **pum!**... Pipi

pum!... Sclá sclá sclá sclá sclá sclá sclá sclá Dem-dem pum!... pum!... Tereré tereré tereré tereré a ilustre Dama, popô. **Bois sacré railway** Tobias Barreto patati l e n g a l e n g a, **fonfom, pum. Sclá sclá scláá!... Scláááááá Scláááááááááááááááááá Scláááá! áááááá áááá!... Xi!... Xi!"**

2.1.3 — *Oswald de Andrade*(3): "O Zé Pereira chegou de caravela/ E preguntou pro guarani da mata virgem/ — Sois cristãos?/ — Não. Sou bravo, Sou bravo, sou forte, sou filho da Morte/ Teterê tetê Quizá Quizá Quecê/ Lá longe a onça resmungava **Uu! ua! uu!"**

2.1.4 — *Murillo Araújo*(4): "Trinam as avezinhas/ (**diling! dlém!**)[4] ou são as campainhas/ tocando?!"

2.1.5 — *Manuel Bandeira*(5): "Sinos de Belém, pelo que inda vêm/ Sino de Belém, bate **bem-bem-bem.**/ Sinos da Paixão, pelos que vão!/ Sino da Paixão bate **bão-bão-bão."**

2.1.6 — *Raul Bopp*(6):"Cai, lá adiante, um pedaço de pau sêco: **pum.**/ Um berro atravessa a floresta."

2.1.7 — *Carlos Drummond de Andrade*(7): "O que se escuta, normalmente/ pelas ruas sem pauta e solfa/ é o canto bárbaro de estouros/ regougos pipocas roucos/ melhor vertidos em quadrinhos:/ **Auch! Grunt! Grr!/ Tabuuum! Plaft!/ Pow! Waham!"**

2.1.8 — *Ascenso Ferreira*(8): **"Blém... blém... blém...** cantam os chocalhos/ dos tristes bodes patriarcais./ E os guizos fininhos das ovelhinhas ternas:/ **dlim... dlim... dlim...**/ E o sino da igreja velha:/ **bão... bão... bão..."**

2.1.9 — *João Guimarães Rosa*(9): "... um couro (...) por resguardar a pessoa do rumo donde vem o vento — o **bafe-bafe"** (pág 79); "... o xaxaxo de alpercatas" (pág. 87); "... o plequeio das alpercatas" (pág. 78); "e deu a panca, **troz-troz** forte..." (pág. 80); "... o revólver ainda em mão (...) e era o **pipôco-paco..."** (pág. 78); "... o **relincho-rincho** dum poldrinho" (pág. 81); "sempre ouvi **zum** de abelhas" (pág. 489) (10). "Todos tinham muita pressa: os únicos que interromperam, por momentos, a viagem, foram os alegres tuins, os minúsculos tuins de cabecinhas amarelas, que não levam nada a sério, e que cho-

Exemplo de onomatopéias usadas em histórias de super-heróis revividos na década de 60. Elas participam, gràficamente, dos quadrinhos.

veram nos pés de mamão e fizeram recreio, aos pares, sem sustar o alarido — **rrrl-rrril! rrrl-rrril!**. . ."

2.1.10 — *Guerra Junqueiro*(11): "Pela estrada plana, **toque, toque, toque,**/ Guia o jumentinho uma velhinha errante./ Como vão ligeiros, ambos a reboque,/ Antes que anoiteça, **toque, toque, toque,**/ A velhinha atrás, o jumentinho adiante!. . ."

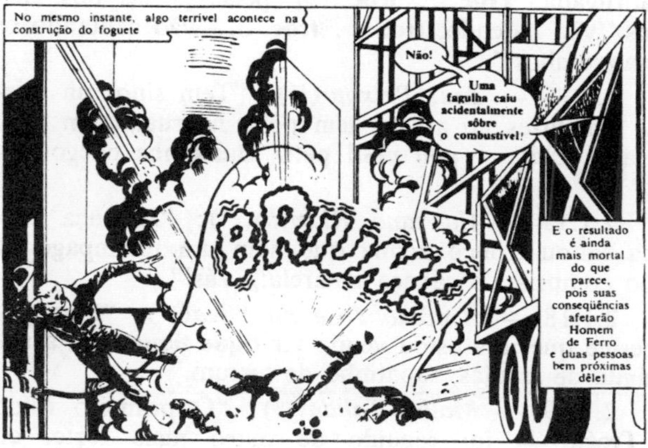

2.1.11 — *James Joyce*(12): "A gata miou em resposta e tornou a dar voltas em redor da perna da mesa, miando. Exatamente como desliza sôbre minha escrivaninha. **Prr.** Coça a minha cabeça. **Prr.** (. . .) **Côco cocô. Cleco cleco cleco.** Liz pretinha é a nossa galinha. Põe ovinho pra gente. Quando põe ovinho fica contentinha. **Côco. Claco cleco cleco.** Aí vem o bom do tio Leo. Põe a mão debaixo de Liz a pretinha e apanha seu fresco ovinho. **Cô cô cô côcô. Cleco cleco cleco.** (. . .) **fchiiiifchoooon** tem em algum lugar apitando a fôrça que essas locomotivas têm nelas como enormes gigantes..."

2.1.12 — *Stella Leonardos* (13): **"Chiquetique chiquetique**/ caixinha fósforos **tique.**/ Pandeiro deiro/ deiro deiro deiro deiro/ de pandeiro/ de pandeiro/ **pamparã pampã** dedeiro."

2.1.13 — *Jorge de Lima*(14): "Vamos ver quem é que sabe/ soltar fogos de São João?/ Foguetes, bombas, chuvinhas,/ chios, chuveiros, chiando,/ chiando,/ chovendo,/ chuvas de fogo!/ **Chá-Bum!"**

2.1.14 — *Clarice Lispector*(15): "A máquina do parai batia **taque-taque**. . . **taque-taque-taque**. . . O relógio acordou em **tin-dlen** sem poeira. O silêncio arrastou-se **zzzzzz."**

2.1.15 — *Cecília Meirelles*(16): **"Troc**. . . **troc . . . troc**. . . **troc**. . ./ ligeirinhos, ligeirinhos,/ **troc... troc... troc**. . . **troc**. . ./ vão cantando os tamanquinhos. . ./

Madrugada. **Troc**... **troc**.../ pelas portas dos vizinhos/ vão batendo, **troc**... **troc**.../ vão cantando os tamanquinhos."

2.1.16 — *Luiz Peixoto*(17): "Tem sinos na igreja,/ tem luzes no altar,/ tem povo na rua,/ tem fogo no ar!/ **Chis**... **pei! pou! pé**!!/ Baianinha chegou na Sé!"

2.1.17 — *Cassiano Ricardo*(18): "A onça pintada saltou tronco acima que nem um relâmpago de rabo comprido e cabeça amarela:/ **zás**!"

2.1.18 — *Antônio José da Silva*(19): "Mas parece-me que já a estou vendo vir **tique tique** com a sua anágua de franjas, sapatinho de tessum."

2.1.19 — *Malba Tahan*(20): "O primeiro ruído — **Treék** — foi seguido de outro mais forte, ou melhor fortíssimo, que seria difícil exprimir com tôdas as vinte e oito letras do alfabeto árabe: **Treeeeeeckekam-kein;** e, no mesmo instante, com pavoroso estrondo, em meio de densa nuvem de pó, o velho pavilhão desabou, ficando reduzido a um amontoado de vigas, tijolos e destroços."

2.1.20 — *Gil Vicente*(21): **"Hio! Hio! barca**.../ Rachador d'alverca, **hu ha!"**

2.2 — ESCRITORES DIRETAMENTE INFLUENCIADOS PELAS HISTÓRIAS EM QUADRINHOS:

2.2.1 — *Phillip J. Farmer*(22): "Fêz um **bum**, um

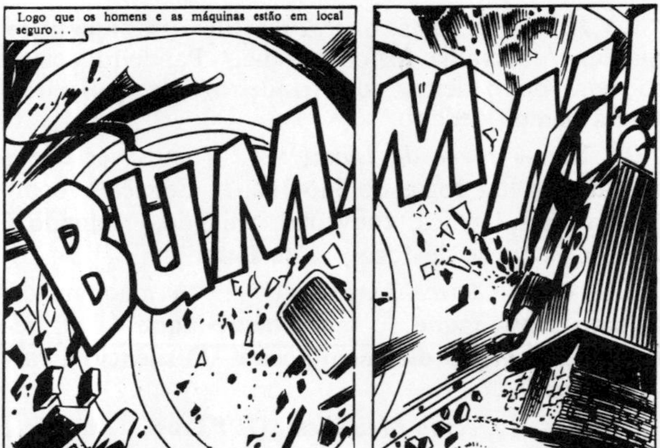

fffft, um put, um tuf tuf tuf, um ranger de engrenagem, e, finalmente, partiram **ca-im ca-á.**"

2.2.2 — *Millor Fernandes*([23]): "E, de repente, **catchmbooouuuummm, buuuummmmm, catroaummmm, raaassppp, pum, puuuum**! A floresta tôda estremeceu, aturdida, com o ronco sinistro lá longe, à distância imensa, no invisível além. Uma onda de ferro e fogo varreu tudo, calcinou tudo, destruiu tudo. E os meses se passaram."

2.2.2 — *Norman Mailer* ([24]): **"Shlup-shlup, shlup-shlup,** giggle in your pillow. (...) Martinez looks at a blade of grass. **BEEE-Yowwww!** (...) Momma's arms are great and her breats are soft. **BAAROWWMM, ROWWWWWMM, ROWWMM."**

2.2.4 — *Jean Shepherd*([25]): "Está cheio de **Kaaarrrooommm!, PPPPPP-OOOOMMM! BUMP BUMP BUMP K-THUMP!"**

2.2.5 — *Theodore Sturgeon*([26]): "... a exata reação entre um certo oficial e seu **ARGH!"**

2.3 — *Fontes bibliográficas*:

(1) ALEIHEM, Scholem. *A Paz Seja Convosco.* São Paulo, Editôra Perspectiva, 1966.

(2) ANDRADE, Mário de. "O Café — Quinteto dos Serventes". In *Poesias Completas.* São Paulo, Livraria Martins Editôra S.A., 1955.

(3) ANDRADE, Oswald de. "Brasil". In *Poesias Reunidas.* São Paulo, Difusão Européia do Livro, 1966.

(4) ARAÚJO, Murillo. "Domingo" — "Carrilhões". In *Poemas Completos.* Rio, Pongetti Editôres, 1960.

(5) BANDEIRA, Manuel. "Os Sinos" — "O Ritmo Dissoluto". In *Poesias.* Rio, Livraria José Olympio Editôra, 1955.

(6) BOPP, Raul. *Cobra Norato e Outros Poemas.* Rio, Bloch Editôres, 1951.

(7) DRUMMOND DE ANDRADE, Carlos. "Tempo de Canção (Qualquer)". In *Jornal do Brasil.* Rio, 4/10/69.

(8) FERREIRA, Ascenso. "Sertão". In *Catimbó e Outros Poemas.* Rio, Livraria José Olympio Editôra, 1963.

(9) GUIMARÃES ROSA, João. *Grande Sertão: Veredas.* Rio, Livraria José Olympio Editôra, 1956.

(10) GUIMARÃES ROSA, João. *Sagarana.* Rio, Livraria José Olympio Editôra, 1956.

(11) GUERRA JUNQUEIRO. "A Moleirinha". In *Os Simples.* Lello & Irmãos Editôres, s/ data.

(12) JOYCE, James. *Ulisses.* Trad: Antonio Houaiss. Rio, Editôra Civilização Brasileira, 1966.

(13) LEONARDOS, Stella. "A Escola de Samba Ensaia". In *Rio Cancioneiro.* Rio, Livraria São José, 1960.

(14) LIMA, Jorge de. "Noites de São João" — "Poemas". In *Obra Completa,* vol. I. Rio, Editôra José Aguilar, 1958.

(15) LISPECTOR, Clarice. *Perto do Coração Selvagem.* Lisboa, Edição Livros do Brasil.

(16) MEIRELLES, Cecília. "A Canção dos Tamanquinhos". In *Antologia Poética para a Infância e a Juventude* (Henriqueta Lisboa). Rio, Instituto Nacional do Livro, 1961.

(17) PEIXOTO, Luiz. "Festa". In *Poesia de Luiz Peixoto.* Rio, Editôra Brasil-América, 1964.

(18) RICARDO, Cassiano. "Relâmpago" — "Martin Cererê". In *Poesias Completas.* Rio, Livraria José Olympio Editôra, 1957.

(19) SILVA, Antônio José da ("O Judeu"). "Esopaida". In *Teatro,* vol. I. Edições Garnier, s/d.

(20) TAHAN, Malba. *Salim, o Mágico.* São Paulo, Ibrasa, 1970.

(21) VICENTE, Gil. In *Curiosidades Verbais* (João Ribeiro). Rio, Livraria São José, 1963.

(22) FARMER, Philip J. "The Alley Man". In *Tebeo y Cultura de Masas* (Luis Gasca). Madrid, Editorial Prensa Española, 1966.

(23) FERNANDES, Millor. "Depois que a Bomba Explodiu". In *Veja,* nº 93. São Paulo, Editôra Abril, 1970.

(24) MAILER, Norman. "The Naked and the Dead". In *Tebeo y Cultura de Masas* (Luis Gasca). Madrid, Editorial Prensa Española, 1966.

(25) SHEPHERD, Jean. "Ludlow Kissel and the Dago Bomb that Struck Back". In *Tebeo y Cultura de Masas* (Luis Gasca). Madrid, Editorial Prensa Española, 1966.

(26) STURGEON, Theodore. "The Nail and the Oracle". In *Tebeo y Cultura de Masas* (Luis Gasca). Madrid, Editorial Prensa Española, 1966.

3. *Onomatopéias nas histórias em quadrinhos*

3.0 No prólogo para *Los Comics — Arte para el consumo y formas pop*[1], de Ramón-Terenci Moix, Joaquim Marco escreveu: "Criação original são as expressões impressas pelo **comic,** série de onomatopéias que expressam um curioso funcionalismo estético". As onomatopéias não são, em absoluto, uma criação original das histórias em quadrinhos. Como já vimos, encontram-se onomatopéias, tanto em escritores antigos (Gil Vicente) quanto em modernos, e na linguagem infantil e no tupi antigo.

3.1 Ao surgirem as histórias em quadrinhos, as onomatopéias não existiam. A "trilha sonora" não tinha grande importância, pois o que mais interessava era o texto — texto abaixo do desenho — que tudo dizia, tudo explicava, tudo descrevia, misturando descrições com diálogos, ao contrário da história em quadrinhos moderna: as legendas "estabelecem a seqüência da ação, interligando cenas a acontecimentos"[2], completando-se com os balões, "onde se localizam os diálogos"[3].

3.2 Em 1895, na França, há o advento do cinematógrafo Lumière, coincidindo com o aparecimento do *Yellow Kid,* considerado o precursor das modernas histórias em quadrinhos, pois o personagem de Outcault, como que sentindo a possível concorrência da nova forma de expressão comunicativa, talvez tenha ido buscar o balão nos antiqüíssimos manuscritos medievais, onde os personagens davam o seu recado através de faixas e fitas saindo dos lábios. Poucos anos depois, o mesmo Outcault, ao criar *Buster Brown,* passou a utilizar o balão com maior freqüência.

3.3 Em 1920, já se começam a ver, nas histórias em quadrinhos, "tôda uma série de signos convencionais, destinados a expressar estados anímicos e cinemáticos", onde "as quedas livres são acentuadas por traços verticais como que emanados dos corpos dos perso-

nagens durante sua trajetória no vácuo; as correrias e os deslocamentos rápidos, por traços horizontais, rastreados de pequenas nuvens; a excitação e o nervosismo por gôtas que pingam do rosto; a embriaguéz por minúsculas borbolhas sôbre a cabeça; a dor provocada por um golpe é expressa por uma constelação sôbre a cabeça (representação sêmica da expressão popular "ver estrêlas"); o sono por um serrote cortando um tronco (. . .); uma idéia brilhante pela aparição de uma lâmpada sôbre a cabeça; os insultos por meio de um **melting-pot** ideográfico de cruzes, sinais de exclamação, cobras, raios, etc."[4] Ainda nesse mesmo ano, surgem

Com roteiro de Jorge Mora, Moliterni desenhou a história Leonero Brent, *onde, nas cinco páginas que a compõem, não empregou nem le-*

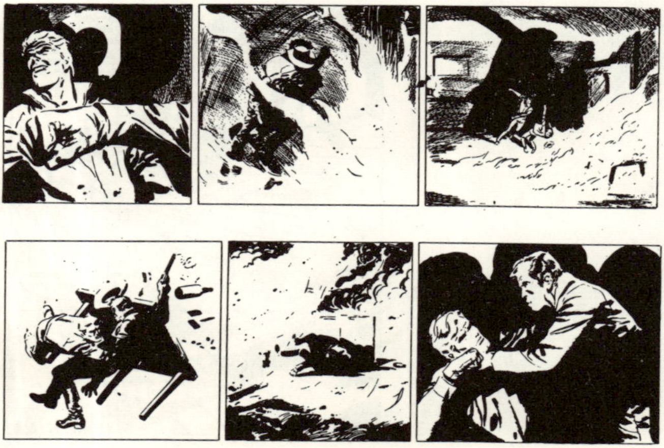

os desenhos animados do *Gato Félix*, um trabalho do australiano Pat Sullivan.

3.4 Em 1923, do desenho animado cinematográfico para as histórias em quadrinhos, surge o *Gato Félix*. "A importância dada ao desenho e ao "gag" gráfico nessa história em quadrinhos veio diretamente da influência do desenho animado. O cinema mudo obriga a achar equivalentes visuais para todos os tipos de ruídos; utilizam-se, assim, numerosos signos convencionais para apontar a explosão, o choque ou o movimento"[5]. Tais signos convencionais são os vários processos de "visualização da metáfora ou da similitude"[6].

3.5.0 Em 1927, finalmente, surgem os primeiros filmes sonoros, e Hollywood começa a tomar proporções gigantescas.

3.5.1 A história em quadrinhos — "falante desde o início"[7], muito antes do cinema já possuía "trilha sonora", com os balões (diálogos) — vai buscar na trilha sonora cinematográfica mais um elemento que possa dar uma maior movimentação, exprimindo sons e ruídos que não podiam figurar nos diálogos (balões): o bater de uma porta, o tiro de uma arma de fogo etc. São as

gendas, nem balões; onomatopéia, sòmente no penúltimo quadro. Foi uma das mais interessantes, esta experiência publicada no Kirk *nº 20.*

onomatopéias, "uma variante do código sonoro"[8], que "confere às histórias em quadrinhos o caráter de mensagens audiovisuais, porque permitem uma comunicação mais densa, mais direta"[9].

3.6.0 Em 1930, Hollywood atinge o auge.

3.6.1 Harold Foster lança a sua versão quadrinizada de *Tarzan,* lembrando muito as primitivas histórias em quadrinhos: um desenho/ilustração com bastante texto abaixo, explicando tudo o que acontecia acima. Aliás, Foster (mesmo mais tarde com o *Príncipe Valente*) e Burne Hogarth (que o sucedeu na série de Tarzan) ignoram tanto os balões, quanto as onomatopéias. Algo mais ou menos idêntico aconteceu a Alex Raymond: no princípio, Flash Gordon falava por meio de balões, que, mais tarde, desapareceram, dando lugar ao texto/diálogo, mas as onomatopéias jamais tiveram vez. Se em literatura, "de um modo geral, certas situações e ambientes são propícios à onomatopéia, enquanto que outros lhe são pràticamente impermeáveis"[10], nas histórias em quadrinhos dá-se o mesmo: ela só pràticamente existe nas histórias infantis, cômicas, de amor, de terror, de mocinho, de super-heróis, etc., sendo òbviamente desconhecida nas quadrinizações de biografias, romances ou assuntos chamados sérios. Explica-se, assim, o caso de Foster, Hogarth e Raymond, que desejavam conferir a seus trabalhos uma seriedade e uma dignidade, que êles tinham consciência de possuir.

Daniel Azulay fêz êstes desenhos exclusivos para nosso capítulo. Notem-se as onomatopéias que utiliza em seus personagens Capitão Cipó, Piparóti e Pita.

3.7.0. Em 1943, finalmente, surgiu a televisão. Blanchard afirma que, com ela, "nosso modo de ler muda"[11], pois êsse nôvo meio de comunicação "é uma técnica fundamentalmente nova de transmissão de imagens. Ela favorece uma visão direta, ela se orienta na exploração do documento humano"[12].

3.7.1. Enquanto isso, as onomatopéias passam a ser mais freqüentemente usadas, influindo "de forma decisiva na linguagem coloquial americana e de muitos outros países"[13]: "em Montevidéu, na década de 40, as mocinhas costumavam dizer de um bom rapaz, "é sensacional, eu o vi e fêz **plop!";** na França, usa-se muito: "voltei-me e **pif!,** tinha desaparecido"; na Espanha, são comuns as expressões: "foi e **zás!**, deu-lhe um sôco!, "**mmm**, que pudim mais gostoso!", "tenho uma fome que **nham! nham!**, comeria pedras!, "**catacroc!** caiu das escadas!"[14]. No Brasil, o paralelo existe e a exemplificação é vária.

3.8.0 Em 1946, nos E.U.A., a TV consegue um notável impulso — e prepara-se e já começa uma nova era das histórias em quadrinhos. Tal era "se produziu com o atraso inerente à assimilação da linguagem imposta pelo desenvolvimento da nova técnica dominante de difusão"[15]. Os heróis de Raymond, por exemplo, que, surgidos lá por volta de 1934, estabeleceram convenções e hábitos de leitura, por isso mesmo, evoluem (até 1946) muito lentamente. As histórias em quadrinhos sofrem o primeiro e grande impacto de um fortíssimo concorrente, pois, até então, apesar do grande sucesso e penetração, o cinema não fôra grande rival: tanto como os **comics**, obtém-se a mercadoria mediante pagamento. Já com o surgimento da TV, cada casa com seu aparelho, a imagem surgia real, verdadeira — e, de certa forma, gratuita — em todos os lares.

3.8.1 Como poderiam as histórias em quadrinhos combater em pé de igualdade com a TV? Esta última, além do fator economia, oferece imagem, ação, diálogos, ruídos, criando todo um clima de realidade. E as histórias em quadrinhos, que oferecem? A ilustração/imagem, a ação, os balões/diálogos e as onomatopéias/ruídos. Estas últimas, porém, apareciam de vez em quando, muito valorizadas. Uma das táticas, pois, de se lutar contra a TV seria encher, inflacionar, saturar a ilustração com as onomatopéias, que, com isso, vinham de encontro à "necessidade de reduzir ao máximo os textos"[16], que é a "obsessão da vida e da cultura atual"[17].

3.9.0 No período de 50-52, as histórias em quadrinhos atingem um outro período áureo, tal como entre 1934-1945, dando a impressão de que a sua maior ou menor popularidade depende dos conflitos mundiais. Se, durante a Segunda Guerra, os assuntos e os heróis são os mais variados (talvez por ser novidade), durante a guerra da Coréia, surge um assunto bem insólito — as histórias em quadrinhos de horror, com vampiros, frankensteins, violência, pavor, sexualidade, sadomasoquismo. A censura norte-americana intervém, e os editôres são obrigados a buscar nova fórmula.

3.9.1 Nessa mesma época, em 1952, surge o *Mad Comics*, parodiando as próprias histórias em quadrinhos e utilizando **ad nauseam** as onomatopéias.

3.9.2 Reed Crandall, no número 3 da revista *Creepy*, publica uma revolucionária adaptação do conto *Tell Tale Heart* (*Coração Revelador*), de Edgar Allan Poe, onde confia "parte principal, dentro da ação, às onomatopéias, que representam as batidas do coração **(Ta-Bum-Tum)**, e que alternadas com os textos, fundidas com a mente do assassino protagonista, entrelaçando os desenhos, criam um agoniante clima obsessivo"[18].

3.10 Na década de 60 — com a guerra fria e a ameaça atômica — assiste-se, nos E.U.A., ao ressurgimento de vários super-heróis (*Capitão América, Príncipe Submarino*), "mortos" na década de 50, enquanto outros (*Super-Homem, Batman* etc.), ainda vivos, atingem popularidade nunca dantes imaginada. Há agora, em todos êles, agressividade, movimentação alucinantemente cósmica, num dinamismo elétrico e uma ação constante e sucessiva. Tudo isso dependia de uma "trilha sonora" mais aperfeiçoada, completa e presente a todos os movimentos: a onomatopéia passa a ser utilizada com maior freqüência ainda, com pujança, fazendo sobressair, principalmente, os sons de choques; cria-se, então, "uma tabela de ruídos, bastante rigorosa"[19], cuja "lista é ilimitada"[20]. A utilização das onomatopéias é de tal forma realista, que "certas tiras de nossos jornais diários poderiam ser adaptadas ao rádio, tanto elas dependem de sua trilha sonora"[21].

3.11 Em meados da década de 60, a televisão norte-americana aproveitou o personagem *Batman* para figurar numa série de filmes. Fato interessante: antes, para lutar com ela, os quadrinhos foram buscar um aliado comum — a onomatopéia, ruído que, "mais do que sonoro, é visual"[22]; agora, a televisão, mesmo com todos os ingredientes que a completam, aproveita-se da onomatopéia das histórias em quadrinhos, utilizando-a, desenhada, para criar, na tela, um clima de **comics.** E mais: tôda a película foi dirigida e montada seguindo a técnica dos quadrinhos.

3.12.0 Hoje em dia, a influência das onomatopéias é tão grande, que "há ocasiões em que os puristas do idioma ficam perplexos ao tentar analisar a origem etimológica de determinadas expressões por desconhecerem que nasceram nas páginas das revistas ilustradas"[23]; "o aparecimento desta nova forma de linguagem oferecida pelas histórias em quadrinhos é realmente digna de ser estudada a fundo"[24]. E tal influência da onomatopéia, "longe de extinguir-se, aumenta contìnuamente, de forma paralela à progressão de leitores adultos"[25], pois "em cada dez onomatopéias e signos gráficos criados pelas histórias em quadrinhos, pelo menos cinco desfrutam do uso corrente na publicidade e duas na linguagem coloquial"[26].

3.12.1 Mas isso também acontece na literatura: "A nova geração de escritores norte-americanos deve muito de sua formação pré-escolar aos "livros de texto", dominicais, com os **comics.** Seus personagens falam de histórias em quadrinhos, lêem histórias em quadrinhos, dizem expressões saídas diretamente das histórias em quadrinhos: com onomatopéias. Ler os livros e os contos de William Styron, James Jones (especialmente em *From Here to Eternity*), James Baldwin, Saul Bellow, Phillip Roth, Joseph Heller, é submergir num universo de romance popular (*Doc Savage,* O Sombra), de **comic,** do seriado cinematográfico, do **soap opera** do rádio"[27]. A êsses escritores, podemos ainda acrescentar Mailer, Theodore Sturgeon e Jean Shepherd, os chamados "Playboy Writers". Phillips J. Farmer, ao escrever *The Alley*

Man, inspirou-se confessadamente em *Alley Oop* (
cutu), de V. T. Hamlin. No Brasil, vê-se um bom ex
plo em Millor Fernandes (vd. 2.2.2), que faz parte d
geração que, ansiosa, esperava por mais um número d
Suplemento Juvenil.

3.13 — *Fontes bibliográficas*

(1) MARCO, Joaquim. "Prólogo". In *Los Comics — Arte para el consumo y formas pop*, de Ramón-Terenci Moix. Barcelona, Llibres de Sinera, 1968.

(2) MARQUES MELO, José. *Comunicação Social — Teoria e Pesquisa*. Petrópolis, Editora Vozes Limitada, 1970.

(3) vd. (2).

(4) AUGUSTO, Sérgio. "A Linguagem dos Quadrinhos — Um Approach". In *Comentário*, nô 1 (41), vol. 11, ano XI. Rio, Instituto Brasileiro Judaico de Cultura e Divulgação. 1970.

(5) BLANCHARD, Gérard. *La Bande Dessinée*. Bélgica, Marabout Université, 1969.

(6) ECO, Umberto. *Apocalípticos e Integrados*. Trad. Pérola de Carvalho. São Paulo, Editôra Perspectiva, 1970.

(7) BENAYOUN, Robert. *Vroom, tchac Zowie — Le Ballon dans la Bande Dessinée*. Paris, André Balland, 1968.

(8) vd. (2).

(9) vd. (2).

(10) ULLMANN, Stephen. *Semântica (Uma Introdução à Ciência do Significado)*. Trad. J. A. Osório Nunes. Lisboa, Fundação Calouste Gulbenkian, s/d.

(11) vd. (5).

(12) vd. (5).

(13) GASCA, Luis. *Tebeo y Cultura de Masas*. Madrid, Editorial Prensa Española, 1966.

(14) vd. (13).

(15) vd. (5).

(16) vd. (13)

(17) vd. (13).

(18) vd. (13).

(19) vd. (6).

(20) vd. (13).

(21) vd. (7).

(22) CIRNE, Moacy. *Explosão Criativa dos Quadrinhos*. Petrópolis, Editôra Vozes Limitada, 1970.

(23) vd. (13).

(24) vd. (13).

(25) vd. (13).

(26) vd. (4).

(27) vd. (13).

4. Tentativa de dicionário inglês-português das onomatopéias mais utilizadas nas histórias em quadrinhos *

4.0 — INTRODUÇÃO

Hoje, mais do que nunca, é difícil organizar-se um dicionário de onomatopéias, pois são infinitas as variantes; cada dia inventam-se novas formas de expressar um sentimento ou uma situação.

Esta tentativa de dicionário é a fusão de quatro fontes:

a) a prévia, fornecida por Álvaro de Moya;

b) a do *A.B.C. das Histórias em Quadrinhos* de Reinaldo de Oliveira e Vicente Di Grado in *Aí, Mocinho!*, nº 76, de fevereiro de 1956, e *Papai Noel*, nºs 54, de novembro/dezembro de 1969; as duas são revistas da EBAL;

c) a da revista *Vozes*, nº 7, julho de 1969;

d) a de Sérgio Augusto, publicada como complemento do artigo "A Linguagem dos Quadrinhos: Um Approach", in *Comentário*, nº 1 (41), vol. 11, ano XI.

Além das quatro, houve uma quinta, fruto dos doze anos de trabalho dos autôres à frente da redação da Editôra Brasil-America (EBAL). Mesmo assim, sente-se que o trabalho é incipiente. É, na verdade, uma tentativa de dicionário.

Deve-se levar em conta as palavras de Umberto Eco (*Apocalípticos e Integrados*) quando diz que, em muitos casos, as onomatopéias, "já dotadas de significado em inglês e que se transferem para outros países com pura função evocativa, perdendo a imediata conexão como o significado — transformam-se de "signo" lingüístico que eram, em equivalente visivo do ruído, e voltam a funcionar como "signo" no âmbito das convenções semânticas da história em quadrinhos".

4.1 — Certas onomatopéias utilizadas nas histórias em quadrinhos de língua inglêsa são simplesmente verbos. Como exemplo, pode-se citar:

(*) Em colaboração com Fernando Albagli.

a) **roar** (rugir, berrar); b) **ding** (tilintar); c) **rip** (rasgar, descoser; d) **sigh** (suspirar, lamentar); e) **slam**- (dar pancada ou batida ruidosa); f) **smash** (golpear ou cair violentamente; colidir); tais onomatopéias, no entanto, não podem ser traduzidas como verbo; seriam, pois:

a) **gr-au;** b) **dlém** e **blém;** c) **rip;** d) **ai-ai;** e) **blam;** f) **pou** e **tum.**

4.2 — *Para dar intensidade*: tôda onomatopéia tem uma forma primitiva, que, no entanto, poderá ser mais extensa, de acôrdo com a intensidade que se desejar, para cada caso, isoladamente. Veja-se um quadro comparativo:

Forma primitiva	*Significado*	*Forma com intensidade*
Ah! ou Ai!	Grito de surprêsa ou dor	**Aaah! ou Aaai!**
Bum	Tiro de canhão	**Buuum!**
Bam!	Tiro de revólver	**Baaam!**

Como se viu, de uma forma geral, triplica-se a letra desejada.

43 — Certas onomatopéias ainda não foram bem adaptadas ao nosso idioma. Veja-se o caso de **smack!** (beijo). Há duas traduções para o português, que, mesmo em se tratando de história humorística ou infantil, são forçadas: a) **Vjjj!** (beijo estalado); b) **Mmm!** (beijo pròpriamente dito). Tentou-se arranjar outro correspondente em português, mas em vão. Henfil criou **Chuipt!**

4.4 — Convencionou-se que, em português, a matopéia correspondente à risada teria quatro for-:

a) **Ah! Ah! Ah!** (gargalhada comum);
b) **Eh! Eh! Eh!** e **Oh! Oh! Oh!** (riso zombeteiro);
c) **Ih! Ih! Ih!** (riso ridículo).

Tôdas as quatro formas, no entanto, poderiam ser 'adas de jeito mais simples e bem realistas: **Rá! Rá!** ou **Ré! Ré! Ré!** — e assim por diante. Tais s, aliás, são as usadas pela maioria dos desenhis- moristas brasileiros que se aproveitam das histó- n quadrinhos como forma de expressão: Ziraldo, Daniel, etc. Também se usa: **Quá! Quá! Quá!** o mesmo caso, encontra-se a onomatopéia corres- te a soluço, que foi adotado como **Hic! Hic! Hic!**, pode ser perfeitamente grafada como **Ic! Ic! Ic!**

— Certas onomatopéias, ao serem traduzidas, dois significados ou tradução-adaptação, con- de história onde apareçam. Assim, nesta de dicionarização, se a tradução aparece logo depois de um algarismo 1, ela se refere a história séria; se logo depois de um algarismo 2, a uma história humorística ou infantil. Se não houver algarismo algum, a traducão é válida para qualquer tipo de história.

Asterix *e sua onomatopéia, de Goscinny e Uderzo. Comparada com o grafismo americano dos super-heróis.*

A

Ah! — *Ah!* ou *Ai!* (grito de surprêsa, dor, mêdo, pavor ou descoberta).

Ah! Ah! Ah! — *Ah! Ah! Ah!* (risada ou gargalhada comum); *Quá! Quá! Quá!* (gargalhada, geralmente em história infantil ou humorística).

Ahhh! — *Ahhh!* ou *Aaah!* (alívio).

Ahn! — *Ahn!* (chôro).

Arf! — *Arf!* (animal arfando, ofegante, ou cheirando pista).

Argh! — *Aaai!* (grito de dor, desesperado). No Brasil, os humoristas, principalmente Jaguar, usam-na como grito de nojo ou terror.

Arrrgghh! — Vd. *Argh!*

Atchim ou *Ahchoo!* — *Atchim!* ou *Atxim!* (espirro).

Auch! — vd. *Ah!*

B

Bah! — *Bah!* (desagrado).

Bam! — *Bam!* (tiro de revólver).

Bang! — *Bam!* ou *Bum!* (tiro de revólver).

Baroom! — *Baruuum!* (trovões ou explosão de bomba atômica).

Baw! — 2) *Buá!* (chôro).

Bawoing! — 1) *Bóim!* (corda de arco, após soltar a flecha); 2) *Bóim!* (batida em cabeça, com objeto duro).

Bash! — *Bou* (choque causado por uma queda).

Bbrrzz! — *Bb-Rr-Zz!* (rádios sintonizados ao mesmo tempo).

Beep! — *Bip* (ruído de máquina eletrônica).

Biff — *Biff!* (sôco no queixo).

Blah! — 2) *Baaa!* ou *Buuu!* (zombaria, acompanhada de carêta).

Blast! — *Bruum!* (explosão, tiro de canhão).

Bleahh! — vd. *Blah!*

Bonc! — 1) *Bou!* (cabeça chocando-se com outra cabeça); 2) *Bóim!* (idem).

Boom! — *Bum!* (tiro, explosão).

Boomp! — vd. *Bash!*

Boot! — *Tum!* (pontapé no traseiro).

Booo! — *Uuu!* (vaia).

Bounce! — 1) *Bóim!* (mola soltando-se); 2) *Bóim!* (animal dando pulinhos).
Brrr! — *Brrr!* (sensação de frio ou pavor).
Brrr-Booom! — *Brrr-Buuum!* (trovão).
Buow! — vd. *Baw!*
Burp! — *Bô!* (eructação contida).
Buzzz! — *Bzzz!* (abelha voando; cochicho).
Bzzz! — vd. *Buzzz!*

C

Chomp! — *Nhoc!* ou *Nhac!* ou *Nhec!* (mastigação).
Chop! — *Tchap!* ou *Tchape!* ou *Tchope!* (chapinhar, patinhar).
Clang! — *Blém!* ou *Blém!* (batida em objeto metálico).
Clap! Clap! — *Plec! Plec!* ou *Pla! Pla!* (palmas).
Click! — *Clic!* (ligar ou desligar um aparelho).
Clink! — 2) *Plic!* (piscar de olhos).
Clomp! — 2) *Tlum!* ou *Vap!* ou *Vop!* (animal agarrando um objeto repentinamente entre os dentes).
Coff! — 1) *oss!* ou *uss!* (tosse por asfixia); 2) *Cof!* ou *Caf!* (idem).
Crack! — *Prac!* ou *Prec!* (objeto grande, partindo-se).
Crash! — *Praaa!* (objeto grande, caindo ou indo de encontro a outro; estouro).
Crunch! — *Croc!* (mastigar alimento torrado).

D

Ding! — *Dim!* ou *Plim!* ou *Tlim!* ou *Trim!* (campainha).
Drip! — *Pim!* ou *Ping!* ou *Plim!* ou *Plic!* (gôta caindo).
Dzzzt! — *Dzzzt!* ou *Bzzzt!* (vôo curto de abelha; rápido cochicho).

E

Eeek! — *Ic!* (soluço).
Er. . . — *Ahn. . .* (indecisão).

G

Gasp! — *Ufa!* (suspiro de cansaço).
Glub! — *Glub!* ou *Blub!* (líquido ao ser engolido).
Glug! — vd. *glub!*
Grrr! — *Grrr!* (animal — ou pessoa, em história infantil ou humorística — grunhindo com raiva).
Gulp! — *Glup!* (engasgo).

H

Ha! Ha! Ha! — vd. *Ah! Ah! Ah!*
He! He! — *Eh! Eh!* ou *Rê! Rê!* (riso de satisfação).
Hmmm... — *Hum...* (reflexão).
Honk! — *Fom! Fom!* (busina).
Hoot! — *Uuu!* (vaia).
Huh? — *Hã?* ou *Hem?* ou *Hein?* (interrogação).
Hum! — *Hum!* (satisfação).

I

Ih! Ih! Ih! — *Ih! Ih! Ih!* ou *Ri! Ri! Ri!* (riso ridículo).
Ioo-hoo! — *Iu-uu!* ou *U-uu!* (chamamento à distância).

K

Ka-Boom! — *Ta-Bum!* (bomba explodindo).
Klunk! — *Clunc!* ou *Plunc!* ou *Tlunc!* (ruído surdo, de objeto caindo).
Knock! Knock! — *Toc! Toc!* (batida à porta).

M

Meow! — *Miau!* (miado de felino).
Mmm! — *Huuum!* (satisfação, reflexão, espanto, dúvida).
Mooo! — *Muuu*! (mugido de boi ou búfalo).
Munch! — vd. *Chomp!*

O

Oof! — *Ufa!* (suspiro de cansaço ou dor).
Oops! — *Upa!* ou *Epa!* (espanto, mêdo, surprêsa).
Ouch! — *Ai!* (grito de dor).
Ow! — vd. *Ouch!*

P

Pat! Pat! — *Tap! Tap!* ou *Tep! Tep!* (tapinha carinhoso).
Pfft! — *Pfft!* (cuspir; som de desprêzo).
Phfpt! — vd. *Pfft!*
Ping! — vd. *Drip!*
Plomp! — *Plom!* (fruto caindo de árvore).
Plop! — *Poc!* (batida em objeto ôco; coaxar de sapo-martelo).
Pok! — vd. *Plop!*

Poof! — *Puf!* (desaparecer ou aparecer de repente).
Poof! Poof — *Puf! Puf!* (cansaço).
Pow! — *Pou!* (sôco).
Psst! — *Psst!* (expulsar ou chamar a atenção).

R

Rat-rat-rat! — *Rá-Tá-Tá-Tá-Tá!* ou *Ratataá-Tá!* (metralhadora).
Rawww! — *Grrr-ou!* (rugido de gorila em ação).
Riiinch! — *Riiinch!* (relincho).
Ring! — vd. *Ding!*
Rip! — *Rip!* (tecido rasgando-se; tesoura cortando).
Roar! — vd. *Rawww!*

S

Screeech! — *Iééé!* (freada de carro).
Sigh! — *Aì-ai!* (suspiro).
Slam! — *Blam!* (porta batendo).
Slop! — *Blob!* ou *Blab!* (pessoa ou animal babando-se).
Slurp! — 2) *Lamb! Lamb!* (lambida).
Smack — 2) *Vjjj!* (estalado) ou *Mmm!* (beijo pròpriamente dito).
Smash! — *Paft!* ou *Plaft!* (tapa, bofetão).
Snap! — *Tlec!* (estalar de dedos).
Snip-snip! — *Rasg!* ou *Riip!* (Rasgar).
Snore! — *Ron!* ou *Ronc!* (roncar).
Snort! — vd. *Snore!*
Sniff! — *Fniff!* ou *Chuif!* (aspirar, fungar; cão farejando).
Sob! — vd. *Ahn!*
Soc! — vd. *Pow!*
Sock! — vd. *Pow!*
Splash! — *Tchá!* ou *Chuá!* (pessoa ou objeto caindo na água).
Splait! — vd. *Splash!*
Splop! — *Ploc!* ou *Ploct!* ou *Plop!* (queda de objeto ôco).
Ssss! — *Ssss!* (objeto queimando; silvo de cobra).
Swat! — vd. *Zip!*
Swish! — *Tchuf!* (pistola de água).
Swooish! — *Fuiiim!* ou *Vuum!* ou *Zum!* (objeto cortando o ar, ràpidamente; zunindo).

T

Tåtata! — *Tarará!* (corneta).
Thud! — *Tum!* (pancada surda).
Thwack! — *Plaft!* ou *Pleft!* (chicotada).
Tickle! — 2) *Tic-Tic-Tic!* (cócegas).
Tic-Tac! — *Tic-Tac!* (mecanismo de relógio).
Tick-Tock! — vd. *Tic-Tac!*
Tingeling! — *Blim-Blém!* ou *Blim-Blom!* (campainha).
Toing! — *Tóim!* ou *Bóim!* ou *Póim!* (mola desprendendo-se).
Trash! — *Trá!* ou *Pra!* (objeto partindo-se).
Trim! — *Trim!* ou *Prim!* (toque de telefone).
Tsk! — *Tss-Tss!* (risadinha entre dentes, de desprêzo).

U

Ugh! — *Ugh!* ou *Ug!* (exclamação de pele-vermelha).
Uh-huh! — *Ã-hã!* (assentimento).
Uhn! — *Hã!* (surprêsa).
Ungh! — vd. *Ah!*

V

Va-Voom! — vd. *Swooish!*
Vop! — vd. *Swooish!*
Vrom! — *Brum!* (arranque de automóvel).
Wap! — *Vap!* (golpe com objeto).
Whack! — vd. *Pow!*
Wham! — vr. *Bam!*
Whap! — *Vapt!* (objeto zunindo no ar e atingindo o alvo).
Wheee! — *Fiii!* (bomba caindo).
Whew! — Uf! (suspiro de alívio ou cansaço).
Whiz! — *Zim!* ou *Tzim!* (zunido; ricochête de balas).
Whomp! — *Vump!* (queda).
Whoosh! — vd. *Swooish!*
Wooosh! — *Vu-uu-uu!* (vento uivando).
Wow! — *Uau!* (exclamação de admiração).

Y

Yeow! — *Uai!* (exclamação de espanto).
Yeowtch! — vd. *Yeow!*
Yipe! — *Ai!* (dor).

Z

Zak! — *Vap!* (pancada, cutelada).
Zap! — vd. *Zak!*
Zing! — *Zing!* ou *Zim!* (sibilar de flecha).
Zip! — *Zip!* ou *Vuup!* ou *Vap!* (zunido de objeto arremessado; golpe súbito).
Zok! — 2) *Pof!* ou *Tou!* (pedrada na cabeça).
Zoom! — *Zum!* (movimento rápido).
Zoop! — vd. *Zoom!*
Zowie! — *Zum* (zunido).
Zzz! — *Zzz!* (indicação de sono; zumbido de inseto).

COMO SE VIU, O OBJETIVO DÊSTE COMPÊNDIO É... BANG! CRASH! ARGH! BASH! SMACK... SNIFF... OUCH!
KNOCK-
KNOCK-
KNOCK!
GLUB... GLUB... GLUB...
ZZZZ
ZZZZ
ZZ... HONK! ZAK! (?) SWOISH! (..) PUTZ!
AH! AH! AH!

CRONOLOGIA

Álvaro de Moya

Nascimento e desenvolvimento da arte e da escrita no contexto das civilizações orais.

Aproximadamente 30.000 AC

Gruta Pech-Merle
Signos e figuras das grutas paleolíticas.

Aproximadamente 3.000 AC

Os egípcios se divertem com *cartoons* de animais, desenhados, copiados e circulados em papiros.

Aproximadamente 1550 AC

Livro dos mortos egípcios.
Pictografias esquimós.
Walam Olum dos índios Delaware.
A Grécia, Roma e Bizâncio.
O cavalo de Tróia.

Aproximadamente 500 AC

Combate de Héracles e Geryon, por Exekias.

Primeiro século AC	
	Tabulae (títulos), cartoons satíricos em Roma.
46 DC	Incêndio da Biblioteca de Alexandria.
105	Na China, Tsai-lun inventa o papel.
324	Bizâncio (Constantinopla), capital do Império.
726	Mosaico bizantino do Museu Kora de Istambul.
	A Idade Média.
1070	A tapeçaria de Bayeux.
1072	O apocalipse de São Severo.
1135	Igreja de Sainte-Foy em Conques.
1185	*Hortus deliciarum* de Hérade de Lansberg.
1230	O apocalipse inglês.
1250	A Bíblia moralizada, dita de São Luís.
1310	A vida de Raymond Lulle.
1343	Afrescos de Matteo de Viterbo, em Avignon.
1346	Portal policrômico de São Tiago de Compostela.
	A impressão antes de Gutemberg.
1370	O bosque de Protat, fragmento de Carème.
1374	A Bíblia dos pobres, xilográfica.
Século XV	Crimes famosos em *posters* vendidos na rua.
1420	As horas de Rohn, manuscritos.
1450	Gutemberg inventa os tipos móveis e dá assim impulso à arte de imprimir.
1460	As sete alegrias da Virgem Maria, de H. Memling.
1470	Parábola do mau rico.
1480	*Ars moriendi*, xilografia.
1485	*La danse macabre*, primeira edição francesa de G. Marchant.
1498	O apocalipse, gravuras de Dürer.
1510	A paixão de Cristo e a Vida da Virgem, de Dürer.
1529	O Grande Calendário dos pastôres, almanaque de êxito.
1538	A dança macabra, de Holbein em Treschsel, Lyon.
1570	Renovação da moda, na estamparia.
Século XVII	O personagem *Punch*, importado da Itália, torna-se popular na Inglaterra.

1620		Whilhelm J. Blaew, de Amsterdam, constrói o prelo holandês, primeiro melhoramento dos anteriores.
1649		La Belle Frondeuse, canção ilustrada.
1654		Lanterna mágica do Padre Kircher.
1734	(GB)	A carreira de uma cortesã, seqüência de gravuras de Hogarth.
1747	(USA)	Gravuras de Benjamin Franklin para seu panfleto *Plain Talk*.
1765	(USA)	Paul Revere grava seu primeiro *cartoon*.
1796	(A)	Aluísio Senefelder inventa a litografia.
1798	(F)	A primeira máquina de papel contínuo é fabricada pelos irmãos Fourdrinier sob modêlo de Louis Robert.
1809	(GB)	Thomas Rowlandson em continuidade satírica: *Tour of Dr. Syntax in search of picturesque*. Além dêsse, dois outros livros responderam à demanda popular.
1811	(GB)	George Cruikshank na revista *The scourge* (em 1836, com Dickens, fará *Sketches by Boz*).
1811	(GB)	Friedrich Koenig (alemão) constrói com André Bauer a primeira impressora cilíndrica (em 1814, com dois cilindros), para o *Times* produzir 800 fôlhas por hora.
1812	(GB)	Primeira agência de publicidade inglêsa.
1814	(USA)	*Charge* política diária no *New York Post*. Período dos jornais e livros em difusão.
1820	(E)	Os desastres da guerra, série de gravuras de Goya.
1820	(F)	Pellerin lança *Imagens d'Épinal*.
1822	(F)	Primeira fotografia de Niepce.
1827	(S)	Topffer faz *M. Vieux-bois*.
1827	(F)	Faust, litografias de Delacroix.
1829	(F)	Claude Genoud inventa a estereotipia que possibilitaria a futura impressão em alta velocidade.
1831	(USA)	Primeiro almanaque de Elms, em Boston.
1832	(F)	Daumier prêso por criticar o rei na revista *Caricature*, onde despontava Phillipon.
1832	(F)	*Le Journal des jeunes personnes* de Gouraud e *Le Journal des enfants* de Foa (1833)
1834	(USA)	*Uncle Sam* (Tio Sam) identificado em *cartoons*.

1836 (GB) *Pickwick Papers* folhetins ilustrados de Dickens.

1840 (A) Gottfried Keller, alemão, descobre o processo de fazer papel da madeira.

1841 (GB) A revista *Punch*.

1843 (F) Lapierre comercializa a lanterna mágica.

1845 (A) Hoffmann publica *Struwwelpeter*.

1846 (USA) Primeiro suplemento dominical *Yankee Doodle*, NY.

1847 (USA) Rotativa de Robert Hoe para o jornal *Philadelfia Ledger* (10.000 p/h). Uma cópia da máquina de Koenig.

1847 (F) *Os trabalhos de Hércules* álbum do Gustave Doré.

1848 (F) *Monsieur Réac* de Nadar.

1848 (F) Primeira semana cômica do *Charivari* de Cham.

1850 (F) Gillot patenteia o primeiro processo de fazer clichês.

1851 (F) *A vida dos santos* em bandas verticais desenhadas.

1851 (USA) *The lantern* semanário humorístico com desenhos de Frank Bellew.

1851 (GB) John Tenniel começa a desenhar para o *Punch*.

1855 A guerra da Criméia de Gustave Doré em reportagem.

1855 (F) Fotos coloridas por estereoscópio.

1859 (A) Primeiras histórias ilustradas de Busch (em 1865, *Max und Moritz*)

1866 Começa a funcionar o cabo transatlântico ligando a América a Londres e daí para a Índia e Oriente.

1867 (F) Primeira rotativa francesa a fazer mais de 20.000 exemplares por hora. Construída por Hipolite Marinoni para o *Petit Journal*.

1868 (F) A história da França, de Touchatout.

1870 (USA) Nast desenha o burrinho, símbolo, desde Jackson, do Partido Democrático Americano.

1871 (USA) Fred Opper começa sua carreira no *Ohio Gazette*.

1872 (USA) A.B. Frost inicia-se como ilustrador de *Out of the Hurly-Burly* de Clarke.

1874 (USA) Nast desenha o elefante republicano.

1876 (USA) O telefone de Bell.

1877 (USA) *Puck* estabelecido em New York como edição em inglês do semanário alemão Puck.
1878 (USA) Fotografias instantâneas de Muybridge.
1878 (USA) O fonógrafo de Edison.
1880 (USA) É fundada a *American Press Association* que começa a distribuir chapas gravadas com novelas, ilustrações e caricaturas para os jornais assinantes.
1881 (F) Primeiras leis sôbre a escola pública.
1882 (F) Escola obrigatória, gratuita.
1883 (USA) *Life,* semanário satírico.
1886 (F) Reportagem fotográfica de Nadar.
1886 (USA) A linotipo de Mergenthaler.
1887 (F) *L'arroseur arrosé* de Vogel.
1888 (F) A epopéia, sombras chinesas de Caran d'Ache.
1888 (F) *Le bon bock,* desenho animado de Emile Reynaud.
1889 (F) Colomb cria *La Famille Fenouillard* com o pseudônimo de Christophe.
1892 (USA) *Little Bears and Tigers* de James Swinnerton no *San Francisco Examiner* diàriamente em continuação.
1893 (F) *Le Rire.*
1893 (USA) *New York World* publica a primeira página em côres desenhada por Walt Mc Dougall.
1894 (USA) *The origin of a New species* de Outcault no *World.*
1895 (F) O cinematógrafo de Lumière.
1895 (USA) *Yellow Kid* de Outcault no *World.*
1896 (USA) O *New York Journal* edita a primeira seção completa de *comics* incluindo *Katzenjammer Kids* de Dirks e de Frederick Burr Opper *Happy Hooligan* além de *Alphonse and Gaston* em colaboração com Swinnerton. (Outros indicam 1897 como o ano certo dêsse suplemento).
1897 (USA) *Happy Hooligan* vai ao cinema com J. Stuart Blackton interpretando o vagabundo, em filme seriado.
1902 (USA) *Buster Brown* de Outcault no *Herald.*
1903 (USA) *Up-Side-Downs* de Gustave Verbeek.
1903 (F) *La semaine de Suzette.*
1904 (USA) George McManus começa as histórias de famílias com *The newlyweds,* no *World.*
1904 (USA) A primeira tira diária: Clara Briggs *A. Piker Clerk* no *American* de Chicago (*A. Mutt* de Fisher seguiu a idéia em 1907).

1905 (USA) *Little Nemo in Slumberland* de Windsor McCay.

1905 (F) *Bécassine* de Languerau (Caumery) e Pinchon.

1905 (B) No Brasil, começa o *Tico Tico,* nacionalizando *Buster Brown* como *Chiquinho.*

1906 (USA) O pintor Lyonel Feininger é contratado pelo Chicago Tribune para fazer quadrinhos (*Kin-der-kids* e *Piemouth*).

1907 (USA) Rube Goldberg começa a desenhar no *Evening Mail.*

A. Mutt (Mutt & Jeff, em Fisher no *Chronicle.*

1908 (F) *Pieds Nickelés* de Forton no *L'Épatant.*

1908 (F) *Les joyeux microbes,* desenho animado de E. Cohl.

1908 (I) *Corrieri dei piccoli,* existente até hoje.

1908 (USA) Fontaine Fox começa *Toonerville folks.*

1909 (USA) *Gertie the dinosaur* de McCay. *The newlyweds and their baby* vira *show* musical.

1909 (USA) William Randolph Hearst funda o *International News Service,* primeiro grande *syndicate* distribuidor de *comics* que se transformará no *King Features Syindicate,* em 1914.

1911 (USA) *Krazy Kat* de George Herriman.

1912 (USA) *Bringing up father* de McManus (Vida apertada) e *Polly and her pals* de Cliff Sterret.

O processo entre *Katzen jammer Kids* e *Captain and the kids.*

1914 (USA) Surge o primeiro romance de *Tarzan* de Burroughs.

1915 (USA) *The birth of a nation* de Griffith.

O cinema já é considerado uma arte.

1915 (F) Série de desenhos para *Le Potomak* de Jean Cocteau.

1916 (USA) *The debut of Thomas Cat,* primeiro desenho animado colorido, produzido por J. R. Bray.

1916 (USA) TAD (T.A. Dorgan) enriquece a linguagem popularizando palavras e expressões como *hot dog, baloney* etc.

1917 (USA) *The gumps,* de J. M. Patterson, desenhado por Sidney Smith e depois Gus Edson.

1918 (USA) O presidente Wilson lê *Krazy Kat* em seu gabinete.

1919 (USA) Billy De Beck, *Barney Google*.
Thimble Theatre de Elzie C. Segar
Gasoline Alley de King.

1919 (GB) Payne cria *Pip, Squeak and Wilfrid*.

1920 (USA) *Winnie Winkle* de Branner (chamado *Bicot* na França)

1920 (USA) *O Gato Félix* de Sullivan, em desenho animado.

1921 (F) Primeiras emissões de rádio.

1921 (USA) *Tillie the toiler* de Russ Westower.
Acredite ou não de Ripley.
Primeiros desenhos de Disney em Kansas *Laugh-O-grams*.

1922 (USA) A censura no cinema: Código Hayes.

1923 (USA) Primeiras publicidades no rádio.

1923 (F) *Gédéon le canard* de Benjamin Rabier.

1923 (USA) *Felix the cat* em quadrinhos.
Disney mistura desenhos e personagens em *Alice*.

1924 (USA) *Little Orphan Annie* de Harold Gray, ex-fantasma de *The gumps*.

1924 (USA) *Wash Tubbs* de Roy Crane (em 32, *Captain Eeasy*)

1925 (USA) A revista *New Yorker* é fundada.

1925 (USA) *Betty Boop* desenho animado de Fleischer.

1925 (F) *Zig et puce* de Alain Saint Ogan.

1926 (USA) *Krazy Kat* e os *comics* saudados por Gilbert Seldes em *Seven Lively Arts*. KK é tema de balé, música de John Alden Carpenter.

1926 (USA) Primeiro número de *Amazing Stories*.

1927 (USA) Primeiro desenho animado sonoro de *Gato Félix*.

1927 (USA) Em Outubro, *Jazz Singer* com Al Jolson. Então, começa o cinema falado.

1927 (USA) *Joe Palooka* de Ham Fisher.

1927 (F) *Napoléon*, cinema em tela tríptica de Abel Gance.

1927 (USA) *Little Annie Rooney* escrito por Brandon Walsh, desenhos de A. Fonsky, depois Darrel McClure.
Nize baby e *Count Screwloose* de Milt Gross.

1928 (USA) Morre Outcault.

1928 (USA) *Mickey Mouse*, desenhos animados de U.B. Iwerks e Walt Disney: *Steamboat Willie*.

1928 (USA) *Captain Easy* de Roy Crane.

1928 (B)	*A Gazeta* de São Paulo lança sua edição infantil, depois *Gazetinha,* e *A Gazeta Juvenil.*
1929 (USA)	*Tarzan* nos quadrinhos por Harold Foster.
1929 (USA)	*Buck Rogers* concebido por John F. Dille, escrito por Nowlan e desenhado por Dick Calkins.
1929 (USA)	*Popeye* aparece no *Thimble Theatre.*
1929 (USA)	*Silly Symphonies* de Disney
1929 (USA)	*Crack* da Bôlsa de Wall Street, New York.
1929 (F)	*Tintin et Milou* de Hergé.
1930 (USA)	*Blondie* de Chic Young. *Mickey* nos quadrinhos. *Scorchy Smith* de Noel Sickles.
1931 (USA)	*Dick Tracy* de Chester Gould.
1932 (GB)	*Jane* de Norman Pett. *Strip-tease* diário.
1932 (USA)	*Dickie Dare* de Milton Caniff (depois, Coulton Waugh e Odin). *Connie* (No século XXX) de Frank Goodwin. *Henry* (Pinduca) de Carl Anderson. *Pete the tramp,* C.D. Russell *Tim Tyler's luck* de Lyman Young. *Apple Mary* de Martha Orr. Segar inventa e introduz o termo *jeep* no *Thimble Theatre* estrelado por Popeye.
1933 (USA)	Alexander Gillespie Raymond cria *Flash Gordon, X-9,* e *Jim das Selvas* lançando-os em 7 de janeiro de 34.
1933 (USA)	*Brick Bradford* (também Dick James no Brasil) de William Ritt, desenhado por Clarence Gray.
1934 (USA)	*Terry e os piratas* de Milton Caniff *Rádio Patrulha* de Schmidt e Sullivan. Começa a revista *Esquire.*
1934 (USA)	*Mandrake* de Lee Falk e Phil Davis.
1934 (USA)	*Li'l Abner* (depois Ferdinando, no Brasil) de Capp.
1934 (USA)	*Alley Oop* (Brucutu) de V.T. Hamlin.
1934 (USA)	*Little King* de Soglow deixa o *New Yorker* e passa para os quadrinhos.
1934 (USA)	Primeiros *comic books,* histórias completas: *Famous Funnies* com Mutt & Jeff e *Connie.*
1934 (F)	*Journal de Mickey.* *As aventuras do Prof. Nimbus* de Daix.
1934 (I)	*L'avventuroso.*

1934 (B) *Suplemento Juvenil,* no Brasil, de Adolfo Aizen.

1934 (USA) *Red Barry* de Will Gould (capítulos dominicais em 35).

1935 (USA) *Bronc Peeler* (depois *Red Ryder*) de Fred Harman.

1935 (USA) *Rei da Polícia Montada* de Zane Grey, ilustrado por Allen Dean, depois Charles Flanders e Jim Gary.

1935 (USA) Fred Lasswell começa *Barney Google e Snuffy Smith.*

1936 (USA) *The Phantom* (O Fantasma) de Lee Falk e Ray Moore. Uma estátua de Popeye é erigida no Texas.

1936 (F) *Robinson*

1936 (USA) Hogarth desenha *Tarzan.*

1937 (USA) *Detective Comics.*

1937 (USA) *Príncipe Valente* de Harold Foster.

1937 (F) *Songes et mensonges de Franco,* Aucas, por Picasso.

1938 (USA) *Superman* de Siegel e Shuster: *Action Comics.*

1938 (USA) *Donald Duck* vai para os quadrinhos. Disney.

1938 (USA) *Lone Ranger* (Zorro) de Flanders.

1938 *Journal Spirou.* Na Bélgica.

1939 (USA) De Bob Kane *Batman* (*& Robin.* em 40).

1939 (USA) *Charlie Chan* nos quadrinhos, por Alfred Andriola.

1940 (USA) *Comic books* usados como manuais de instrução pelo Exército Americano.

1940 (USA) Os super-heróis se multiplicam: *Capitão América, Capitão Marvel,* etc.

1940 (USA) *The Spirit* de Will Eisner.

1942 (USA) *Male Call* (Miss Lace) de Milton Caniff, para os soldados no *front.*

1942 (A) Goebbels: "Superman é um judeu!"

1942 (USA) *Private Breger* de Dave Breger origina o têrmo *G. I. Joe* (pracinha).

1943 Primeiro jornal televisado.

1943 (USA) Roy Crane lança *Buz Sawyer.*

1943 (USA) *Cartoon Cavalcade,* livro de Thomas Craven.

1944 (USA) Televisão em côres.

1944 (USA) Martin Sheridan escreve o livro *Comics and their creators*

1944 (USA) *Johnny Hazard* de Frank Robbins.
1945 (B) No Brasil, surge a EBAL, de Adolfo Aizen.
1946 (USA) *Rip Kirby* criação de Alex Raymond desmobilizado dos *Marines*, escrito por Ward Greene.
1946 (USA) Criação da *National Cartoonists Society* que lança o *Reuben* (*Oscar* dos *comics*) premiando Caniff. Al Capp, Chic Young, Alex Raymond, Hal Foster, Walt Kelly, Jules Feiffer, Schulz, entre outros, serão os vencedores dos anos seguintes.
1946 (F) Depois de um hiato, ressurge a revista *Vaillant*. (Hoje, *Pif*).
1946 Na Bélgica, *Tin Tin* e *Spirou* se renovam.
1947 (USA) Enorme campanha de publicidade lança em janeiro, *Steve Canyon* de Milton Caniff, no KFS.
1947 (USA) *The comics*, livro de Coulton Waugh.
1947 (I) "Explosão" da fotonovela na Itália.
1947 Na Bélgica, *Lucky Luke* de Morris.
1948 O transístor.
1948 (USA) *Pogo*, de Walt Kelly.
1950 (USA) *Peanuts* (Minduim), de Schulz.
1950 (USA) *E. C. Horror Comics*.
1951 (B) No Brasil, a Primeira Exposição Internacional de Histórias em Quadrinhos, pioneira no mundo, SP, em 18 de Junho.
1951 (USA) Emissões públicas de televisão em côres.
1951 (AR) Na Argentina, José Luis Salinas desenha *Cisco Kid*, para o KFS.
1952 (USA) *Mad*, revista criada por Harvey Kurtzmann.
1953 (USA) *The heart of Juliet Jones* de Stan Drake, escrita por Elliot Caplin.
1953 (AR) *La historieta mundial*, livro de Enrique Lipszyc.
1954 (USA) Aparição do livro *Seduction of the innocents*, do dr. Frederic Wertham, início duma violenta campanha contra os quadrinhos.
1954 (GB) *Jeff Hawke*, de Sidney Jordan.
1956 (USA) Morre Alex Raymond num desastre automobilístico e John Prentice passa a desenhar *Rip Kirby*.
1956 (USA) Jules Feiffer começa sua série de anti-heróis.
1956 (USA) *Archie* de Bob Montana no KFS.
1957 (USA) *Mary Perkins on stage* (Glória) de Leonard Starr.

1958 (USA) *BC* (AC) de Johnny Hart.

1959 (USA) *Comic Art in America,* livro de Stephen Becker.

1959 (F) *Journal Pilote.*

1959 (F) *Asterix* de Goscinny e Uderzo.

1960 (F) *Hara kiri.* Revista humorística.

1961 (USA) *Fantastic Four,* de Stan Lee e Jack Kirby. Saga dos super-heróis.

1962 (USA) *Little Annie Fanny* de Kurtzmann e Elder.

1962 (F) *Barbarella,* de Jean-Claude Forest.

1962 (F) Surgimento do *Club des Bandes Dessinées.* Presidente: Francis Lacassin. Vice-presidente: o diretor Alain Resnais. Revista *Giff-Wiff.*

1963 Primeiras manifestações de *Pop Art,* pintura baseada nos quadrinhos.

1964 (USA) *The Wizard of Id,* de B. Parker e J. Hart.

1964 ((F) Revista *Chouchou* revelando novos desenhistas franceses, inclusive *Náufragos do Tempo* de Paul Gillon.

1965 (USA) *Great comic books heroes* de Jules Feiffer.

1965 (GB) *Modesty Blaise* de Peter O'Donnell e Jim Holdaway.

1965 (I) Primeiro Congresso Internacional dos Quadrinhos em Bordighera, Itália, organizado pela Universidade de Roma e a CELEG de Paris.

1965 (F) Primeira reedição luxuosa de *Pieds-Nickelès.*

1965 (I) Surgimento da revista *Linus.*

1965 (USA) *Eerie, Creepy,* revistas de terror de alto nível. Capas de Frazzetta.

1965 (F) Paris. Exposição *Dix millions d'images* da SOCERLID.

1966 (F) Revista *Phenix.*

1966 (F) *Jodelle* de Guy Pellaert e Pierre Bartier.

1966 (I) *Satanik,* história erótica e sádica.

1966 (I) Segundo Congresso de Comics agora em Lucca, Itália.

1967 (F) *Pravda* de Pellaert.

1967 (I) Guido Crepax, em *Neutron* (depois, *Valentina*).

1967 (F) Exposição no Palais do Louvre: *Bande dessineé et figuration narrative* da SOCERLID.

1968 (F) *Saga de Xam*, de Nicolas Devil.

1968 (USA) *Zap Comix*, quadrinhos underground, pornográficos, revelando R. Crumb, Clay Wilson e outros.

1970 (...)

BIBLIOGRAFIA

ADAMS, John Paul. *Milton Caniff Rembrandt of the comic-strips*. David McKay Co., Philadelphia, 1946.

AL CAPP. *The World of Li'l Abner*. Introdução de John Steinbeck, apresentação de Charles Chaplin. Farrar, Straus & Young, December 1952.

AL CAPP. *The lifes and times of the Shmoo*. New York, Simon & Schuster, 1948.

ALDRIDGE, Alan & PERRY, George. *The Penguin Book of Comics*. London. Harmonsdsworth, Penguim Books.

BARRY, Sir Gerald; BRONOWSKI, Dr. J.; FISHER, James e HUXLEY, Sir Julian. *Communication and language*, New York, Doubleday & Company, 1965.

BECKER, Stephen. *Comic art in America*. New York, Simon & Schuster, 1959.

BENAYOUN, Robert. *Vroom, tchac, zowie (le ballon dans la bande dessinée)*, Paris, André Balland éditeur, 1968.

BERTIERI, Claudio, e colab. *Az Comics*. Genova. Archivio

Internazionale della Stampa a Fumetti, 1969.
—— *Citizen Can iff*. Editrice Sgt. Kirk, 1969.
BLANCHARD, Gérard. *La bande dessinée*. Verviers (Belgique), Marabout Université, 1969.
BLASCO J., e PARRAMON, J. M. *Como dibujar historietas*. Barcelona, Ed. Inst. Parramon.
CALISI, Romano, e colab. *Stampa a fumetti cultura di massa societá contemporanea*. Edizione communicazione di massa, quaderni di communicazioni di massa nº 1, Roma, 1965.
CIRNE, Moaci. *Bum! A explosão criativa dos quadrinhos*. Petrópolis, Ed. Vozes, 1970.
CIRNE, Moaci. *A linguagem dos quadrinhos*. Petrópolis, Ed. Vozes, 1971.
Comics. Archivio Italiano della Stampa a Fumetti, Settembre 1966, Roma.
CORTEZ, Jaime. *A técnica do desenho*. S. Paulo, Bentivegna Editôra.
COUPERIE, Pierre; DESTEFANIS, Proto; HORN, Maurice; MOLITERNI, Claude, e GASSIOT-TALABOT, Gerald. *Bande dessinée et figuration narrative*. Musée des Arts decoratifs, Palais du Louvre, Avril 1967.
CRAVEN, Thomas. *Cartoon Cavalcade*. New York, Simon & Schuster, 1943.
CRUMB, R. *Head Comix*. Mârz, Stuttgart, 1970.
ECO, Umberto. *Apocalittici e integrati*. Milano, Bompiani, 1966. Edição brasileira: Editôra Perspectiva, São Paulo, 1970.
FEIFFER, Jules. *The great comic book heroes*. New York, The Dial Press, 1965.
GASCA, Luís. *Tebeo y cultura de massas*. Madrid, Editorial Prensa Española, 1966.
— *Cine y ciencia-ficción*. Barcelona, Llibres de Sinera S.A., 1969.
— *Los comics en la pantalla*. San Sebastian, Ed. Festival Internacional del Cine, 1966.
GROS, Milt. *He done her wrong*. New York, Dell Publishing Co., 1930.
HEGERFORS, Sture. *Svisch! Pow! Sock!* Lund Malmo (Sweden), Bokforlaget Corona, 1966.
HEGERFORS, Sture. *Sex & Serier*. Stockholm. Pan. 1970.
HOGARTH, Burne; BURROUGHS, Edgar Rice. *Tarzan*. Paris, Editions Azur, 1967.
HOGBEN, Lancelot. *From cave painting to comic strip*. New York, Chanticler Press, 1949.
I primi eroi. Presentazione di René Clair. Milano, Garzanti Editore, 1962.
La Historieta Mundial. Catálogo da I Bienal Mundial de la Historieta. Buenos Aires, 1968.
LIPSZYC, Enrique. *La historieta mundial*. Buenos Aires, Coleccion Famosos Artistas, 1958.
— *Tecnica de la historieta*. Buenos Aires. Escuela Panamericana de Arte, 1958.

— *El dibujo de 150 famosos artistas.* Buenos Aires, Coleccion Famosos Artistas, 1958.
MARNY, Jacques. *Le monde étonnant des bandes dessinées.* Paris, Le Centurion — Sciences Humaines, 1968.
McLUHAN, Marshall. *Understanding Media. The Extension of Man,* New York, Toronto, London, McGraw-Hill Book Co., 1964.
— *Os meios de comunicação,* ed. brasileira, S. Paulo, Ed. Cultrix, 1968.
MELO, José Marques de. *Comunicação social: teoria e pesquisa.* Petrópolis, Ed. Vozes, 1970.
PIGNATARI, Décio. *Informação. Linguagem. Comunicação.* São Paulo, Ed. Perspectiva, 1968.
RAYMOND, Alex. *Flash Gordon.* New York, Nostalgia Press, 1967.
SADOUL, Jacques. *L'enfer des bulles.* Paris, Jean-Jacques Pauvert, 1968.
STERNBERG, Jacques; CAEN, Michel; LOEB, Jacques. *Les chefs-d'oeuvre de la bande dessinée.* Paris, Anthologie Planète, 1967.
SHERIDAN, Martin. *Comics and their Creators.* Hale, Cushman & Flint, 1942.
SULLEROT, Evelyne. *Bande dessinée et culture.* Paris, Opera-Mundi.
TENCER, S. W. *Arte y ciencia de la historieta.* Buenos Aires, Editorial Hobby, 1948.
TUBAU, Ivan. *Dibujando historietas.* Barcelona. Ed. Ceac, 1969.
TRAINI, Rinaldo. *Almanaco Comics 1968.* Archivio Italiano della Stampa a Fumetti, Roma, Mondadori, 1968.
WAUGH, Coulton. *The comics.* New York, Macmillan, 1947.
WHITE, David Manning, e ABEL, Robert H. *The funnies, an American idiom.* London, The Free Press of Glencoe, 1963.
WERTHAM, Frederic. *The seduction of the innocent.* New York, Rinehart-House, 1954.

Agradecemos a colaboração:
King Features Syndicate, United Feature Syndicate, Walt Disney Productions, Adolfo Aizen, EBAL, Editôra Abril, Victor Civita, A Gazeta, Salvador Bentivegna, Luis Gasca, Romano Calisi, Claude Moliterni, Escola Panamericana de Arte, Mauricio de Sousa, Jayme Cortez, Rogério Sganzerla, Eric Losfeld, Opera Mundi, NEA Service, Walt Kelly, McClure Newspaper Syndicate, International Features Service, Consolidated News Feature, New York Herald Tribune, H. C. Fisher, Publishers Syndicate, Editors Press, Bell Syndicate, Chicago Tribune — New York News Syndicate, National Periodical Publications, Willi Mendel, Western Printing & Lithographing Co.
Edgar Rice Burroughs, ICA (APLA), David Pascal Rio Gráfica Editôra, Folha de S. Paulo, O Pasquim, Paulo C. Marti, Studio 13, Planète, Linus, Phenix, Giff-Wiff, Comics Club, Sgt. Kirk, Milano Libri Edizioni, Hogarth, Woody Gelman, Nostalgia Press, J. J. Pauvert, Ziraldo, Milton Caniff, Mauricio Kus, Rinaldo Traini, Lee Falk, Harvey Kurtzmann, Distribuidora Record, Alfredo B. Machado

ÍNDICE ALFABÉTICO

C

F

M

O

P

Q

R

S

COLEÇÃO DEBATES

1. *A Personagem de Ficção,* A. Rosenfeld, A. Cândido, Décio de A. Prado, Paulo Emílio S. Gomes.
2. *Informação. Linguagem. Comunicação,* Décio Pignatari.
3. *O Balanço da Bossa, e outras Bossas,* Augusto de Campos.
4. *Obra Aberta,* Umberto Eco.
5. *Sexo e Temperamento,* Margaret Mead.
6. *Fim do Povo Judeu?,* Georges Friedmann.
7. *Texto / Contexto,* Anatol Rosenfeld.
8. *O Sentido e a Máscara,* Gerd A. Bornheim.
9. *Problemas de Física Moderna,* W. Heisenberg, E. Schroedinger, Max Born, Pierre Auger.
10. *Distúrbios Emocionais e Anti-Semitismo,* N.W. Ackerman e M. Jahoda.
11. *Barroco Mineiro,* Lourival Gomes Machado.
12. *Kafka: pró e contra,* Günther Anders.
13. *Nova História e Novo Mundo,* Frédéric Mauro.
14. *As Estruturas Narrativas,* Tzvetan Todorov.

15. *Sociologia do Esporte*, Georges Magnane.
16. *A Arte no Horizonte do Provável*, Haroldo de Campos.
17. *O Dorso do Tigre*, Benedito Nunes.
18. *Quadro da Arquitetura no Brasil*, Nestor Goulart Reis Filho.
19. *Apocalípticos e Integrados*, Umberto Eco.
20. *Babel & Antibabel*, Paulo Rónai.
21. *Planejamento no Brasil*, Betty Mindlin Lafer.
22. *Lingüística. Poética. Cinema*, Roman Jakobson.
23. *LSD*, John Cashman.
24. *Crítica e Verdade*, Roland Barthes.
25. *Raça e Ciência I*, Juan Comas e outros
26. *Shazam!* Álvaro de Moya.
27. *As Artes Plásticas na Semana de 22*, Aracy Amaral.
28. *História e Ideologia*, Francisco Iglésias.
29. *Peru: Da Oligarquia Econômica à Militar*, Arnaldo Pedroso D'Horta.
30. *Pequena Estética*, Max Bense.
31. *O Socialismo Utópico*, Martin Buber.
32. *A Tragédia Grega*, Albin Lesky.
33. *Filosofia em Nova Chave*, Susanne K. Langer.
34. *Tradição, Ciência do Povo*, Luís da Camara Cascudo.
35. *O Lúdico e as Projeções do Mundo Barroco*, Affonso Ávila.
36. *Sartre*, Gerd A. Bornheim.
37. *Planejamento Urbano*, Le Corbusier.
38. *A Religião e o Surgimento do Capitalismo*, R. H. Tawney.
39. *A Poética de Maiakóvski*, Bóris Schnaiderman.
40. *O Visível e o Invisível*, Merleau-Ponty.
41. *A Multidão Solitária*, David Riesman.
42. *Maiakóvski e o Teatro de Vanguarda*, A. M. Ripellino.
43. *A Grande Esperança do Século XX*, J. Fourastié.
44. *Contracomunicação*, Décio Pignatari.
45. *Unissexo*, Charles Winick.
46. *A Arte de Agora, Agora*, Herbert Read.
47. *Bauhaus – Novarquitetura*, Walter Gropius.
48. *Signos em Rotação*, Octavio Paz.
49. *A Escritura e a Diferença*, Jacques Derrida.
50. *Linguagem e Mito*, Ernst Cassirer.
51. *As formas do Falso*, Walnice Galvão.
52. *Mito e Realidade*, Mircea Eliade.
53. *O Trabalho em Migalhas*, Georges Friedmann.
54. *A Significação no Cinema*, Christian Metz.
55. *A Música Hoje*, Pierre Boulez.
56. *Raça e Ciência II*, L. C. Dunn e outros.
57. *Figuras*, Gérard Genette.
58. *Rumos de uma Cultura Tecnológica*, A. Moles.
59. *A Linguagem do Espaço e do Tempo*, Hugh Lacey.
60. *Formalismo e Futurismo*, Krystyna Pomorska.

61. *O Crisântemo e a Espada*, Ruth Benedict.
62. *Estética e História*, Bernard Berenson.
63. *Morada Paulista*, Luís Saia.
64. *Entre o Passado e o Futuro*, Hannah Arendt.
65. *Política Científica*, Darcy M. de Almeida e outros.
66. *A Noite da Madrinha*, Sergio Miceli.
67. *1822: Dimensões*, Carlos Guilherme Mota e outros.
68. *O Kitsch*, Abraham Moles.
69. *Estética e Filosofia*, Mikel Dufrenne.
70. *Sistema dos Objetos*, Jean Baudrillard.
71. *A Arte na Era da Máquina*, Maxwell Fry.
72. *Teoria e Realidade*, Mario Bunge.
73. *A Nova Arte*, Gregory Battcock.
74. *O Cartaz*, Abraham Moles.
75. *A Prova de Goedel*, Ernest Nagel e James R. Newman.
76. *Psiquiatria e Antipsiquiatria*, David Cooper.
77. *A Caminho da Cidade*, Eunice Ribeiro Durhan.
78. *O Escorpião Encalacrado*, Davi Arrigucci Júnior.
79. *O Caminho Crítico*, Northrop Frye.
80. *Economia Colonial*, J. R. Amaral Lapa.
81. *Falência da Crítica*, Leyla Perrone-Moisés.
82. *Lazer e Cultura Popular*, Joffre Dumazedier.
83. *Os Signos e a Crítica*, Cesare Segre.
84. *Introdução à Semanálise*, Júlia Kristeva.
85. *Crises da República*, Hannah Arendt.
86. *Fórmula e Fábula*, Willi Bolle.
87. *Saída, Voz e Lealdade*, Albert Hirschman.
88. *Repensando a Antropologia*, E. R. Leach.
89. *Fenomenologia e Estruturalismo*, Andrea Bonomi.
90. *Limites do Crescimento*, Donella H. Meadows e outros.
91. *Manicômios, Prisões e Conventos*, Erving Goffman.
92. *Maneirismo: O Mundo como Labirinto*, Gustav R. Hocke.
93. *Semiótica e Literatura*, Décio Pignatari.
94. *Cozinhas, etc.*, Carlos A. C. Lemos.
95. *As Religiões dos Oprimidos*, Vittorio Lanternari.
96. *Os Três Estabelecimentos Humanos*, Le Corbusier.
97. *As Palavras sob as Palavras*, Jean Starobinski.
98. *Introdução à Literatura Fantástica*, Tzvetan Todorov.
99. *O Significado nas Artes Visuais*, Erwin Panofsky.
100. *Vila Rica*, Sylvio de Vasconcellos.
101. *Tributação Indireta nas Economias em Desenvolvimento*, John F. Due.
102. *Metáfora e Montagem*, Modesto Carone Netto.
103. *Repertório*, Michael Butor.
104. *Valise de Cronópio*, Julio Cortázar.
105. *A Metáfora Crítica*, João Alexandre Barbosa.
106. *Mundo, Homem, Arte em Crise*. Mário Pedrosa.

107. *Ensaios Críticos*, Ramón Xirau.
108. *Do Brasil à América*, Frédéric Mauro.
109. *O Jazz – do Rag ao Rock*, Joachim E. Berendt.
110. *Etc... Etc... (Um Livro 100% Brasileiro)*, Blaise Cendrars.
111. *Território da Arquitetura*, Vittorio Gregotti.
112. *A Crise Mundial da Educação*, Philip H. Coombs.
113. *Teoria e Projeto na Primeira Era da Máquina*, Reyner Banham.
114. *O Substantivo e o Adjetivo*, Jorge Wilheim.
115. *As Estruturas das Revoluções Científicas*, Thomas S. Kuhn.
116. *A Bela Época do Cinema Brasileiro*, Vicente Paula Araújo.
117. *Crise Regional e Planejamento*, Amélia Cohn.
118. *O Sistema Político Brasileiro: Estrutura e Processo*, Celso Lafer.
119. *O Êxtase Religioso*, Ioan M. Lewis.
120. *Pureza e Perigo*, Mary Douglas.
121. *História: Corpo do Tempo*, José Honório Rodrigues.
122. *Escrito sobre um Corpo*, Severo Sarduy.
123. *Linguagem e Cinema*, Christian Metz.
124. *O Discurso Engenhoso no Brasil*. Antônio José Saraiva.
125. *Psicanalisar*, Serge Leclaire.
126. *Magistrados e Feiticeiros na França do Século XVIII*, R. Mandrou.
127. *Conjunções e Disjunções*, Octavio Paz.
128. *Cabala*, Gershom G. Scholem.
129. *Sintaxe e Semântica na Gramática Transformacional*, A. Bonomi e G. Usberti.
130. *O Teatro e sua Realidade*, Bernard Dort.
131. *Escritos Sobre a História*, Fernand Braudel.
132. *Escritos;* Jacques Lacan.
133. *De Anita ao Museu*, Paulo Mendes de Almeida.
134. *A Operação do Texto*, Haroldo de Campos.
135. *Arquitetura, Industrialização e Desenvolvimento*, Paulo J. V. Bruna.
136. *Poesia-Experiência*, Mario Faustino.

A suivre
To be continued
Continua no próximo livro